国际传播：

用外语讲好中国故事

U0577704

主　编　黄　慧

副主编　胡瑶星　李一可

编　委　易平理　彭　云　莫章月　丁韬文　李梦圆

北京理工大学出版社
BEIJING INSTITUTE OF TECHNOLOGY PRESS

内 容 简 介

本教材共7章，主要从国际传播理论、中国故事案例研究以及用外语讲好中国故事三个方面进行讲解。旨在培养学生的国际传播能力，构建新时代"外语+国际传播"的复合型人才培养模式。使学生将来能够从事对外传播工作，在世界新闻传播领域进行对话和交流，在国际舞台上增加中国的声音，传播中国的故事。

本教材适合英语专业、传播学专业或其他非传播学专业的学生使用。

版权专有　侵权必究

图书在版编目（CIP）数据

国际传播：用外语讲好中国故事：英、汉 / 黄慧主编 . —— 北京：北京理工大学出版社，2024.4

ISBN 978−7−5763−3703−7

Ⅰ . ①国… Ⅱ . ①黄… Ⅲ . ①传播学 – 研究 – 英、汉 Ⅳ . ① G206

中国国家版本馆 CIP 数据核字 (2024) 第 059513 号

责任编辑：王梦春		**文案编辑**：芈　岚	
责任校对：刘亚男		**责任印制**：施胜娟	

出版发行 / 北京理工大学出版社有限责任公司

社　　址 / 北京市丰台区四合庄路 6 号

邮　　编 / 100070

电　　话 / （010）68914026（教材售后服务热线）

　　　　　（010）68944437（课件资源服务热线）

网　　址 / http：//www.bitpress.com.cn

版 印 次 / 2024 年 4 月第 1 版第 1 次印刷

印　　刷 / 沂南县汶凤印刷有限公司

开　　本 / 787 mm × 1092 mm　1/16

印　　张 / 15

字　　数 / 242 千字

定　　价 / 90.00 元

图书出现印装质量问题，请拨打售后服务热线，负责调换

前言

党的二十大报告强调，"加强国际传播能力建设，全面提升国际传播效能，形成同我国综合国力和国际地位相匹配的国际话语权"。在历史之变、世界之变、时代之变中，中国的国际传播战略已经成为全面建设社会主义现代化国家的重要目标。以中国智慧、中国力量、中国方案、中国精神为维度书写中国国际传播的新篇章，既需要把握当下国际传播的宏观格局，在复杂多变、相互交缠的全球政治经济体系中寻求中国故事的切入点，也需要在面对中国信息流进流出存在"逆差"、中国真实形象和西方主观印象存在"反差"、中国软实力和硬实力存在"落差"的国际传播瓶颈的情况下寻求进一步解困与突围的有效路径。

高等外语专业教育作为我国高等教育的重要组成部分，担当着培养能理解中国、沟通世界的高端外语人才的重要使命。《国际传播：用外语讲好中国故事》借助传播学的经典框架，结合中国传统文化、热点新闻与历史题材等国际传播的经典案例，从国际传播的主体研究、媒介研究、受众研究、内容研究、控制研究以及效果研究等维度进行系统性论述，并从故事叙事的策略、话语体系的构建、文化共情的效果等方面探讨如何在讲述中国故事的同时把故事讲好、讲深。此外，本书也旨在从国际传播教育的维度为学生提供理念指引与方法指导，从"译""写""说"三个方面详细论述如何培养学生的国际传播能力，在国际传播中进一步打通"语言关"、筑牢"素养关"、把好"意识形态关"。

在当前新的国际传播形势下，外语专业的学科教育急需发挥学科优势，通过将外语专业教学与国际话语能力建设、国际传播效能提升等"高社会功能"的结合，更有利于以"新文科"的建设思路、"新外语"的教学为指引，有效服务应用型外语教学体系的建构与服务国际传播大局的国际传播人才培育，高效提升学生的外语运用能力、国际传播理解能力及其跨文化沟通能力。

本书在编写时立足于应用型院校外语人才的培养，注重将国际传播理论与国际传播的案例进行深度关联，因此在从"译"到"写"再到"说"的学生能力培养中，注重打造学生在讲述中国故事时的复合能力。其中对"译"的能力培养打破了传统的对外翻译研究领域的"单模态"形式，在翻译活动中注重"多模态"的内容建构如何影响国际传播的翻译体系，同时关注生动、形象的"多模态叙事"如何拓宽中国故事的叙事路径，进而使得讲述的中国故事读之更有底气、传之更为广泛、品之更有意蕴。"说"的能力培养则更加讲求在国际传播中的针对性与有效性，在坚守文化立场的同时以国际受众喜闻乐见的方式提升中国故事传播的精准化程度。"写"的能力培养则更加注重学生国际传播创作能力的培养，如引导学生借助用英语非虚构写作的方式提升讲述中国故事的效力与跨文化传播的效果，减少"文化折扣"并最大程度避免"文化误读"，以更好地展现真实、立体、全面的中国形象。

本书也将当下融媒体语境下国际传播的效果评估理念作为重要章节展开论述，因为以往以议题设置、内容生成等作为主要体现的传播指标已经不能准确地评估国际传播的实际效果，所以在本书中主要从当前国际传播在评估主体、评估范围、评估方法等方面的创新来展开论述。通过该章节引导学生突破传统的国际传播评估模型认知局限，结合全媒体产品引领力、网络平台传播力和全球用户影响力重新思考当下评估国际传播能力的合理化模型。

本书兼顾外语学科与其他学科之间的交叉性与破壁性，将外语在国际传播中的角色定位与国际政治、国际关系、新闻传播学等相结合，为构建新时代"外语＋国际传播"的复合型人才培养模式提供了教学新视角。

编　者

目录

第一章

导　论

学习目标

◇掌握国际传播的含义及其主要研究问题

◇明确讲好中国故事与国际传播的逻辑关联

◇了解国际传播学与外语学科的关系

思考题 如何"讲好中国故事，传播好中国声音"？

 单元导读

　　国际传播的研究起源其实并不十分明确，西方最早的关于国际传播的记载可追溯到罗马、古巴比伦等古帝国时期。而国际传播活动的开展也得益于这些国家与国家之间因贸易、文化交流、旅行探险所发展出来的信息交流活动[1]。由于传播技术等因素的限制，在国际传播的早期阶段，国家之间主要借助非大众媒体进行规模与范围较小的贸易、交流和交往。随着信息与媒介全球化的程度越来越高，国际传播的重要性与必要性得到显著提升，这为国际传播的快速发展奠定了坚实基础。

　　进入 21 世纪以后，中国在全球政治、经济、军事、科技等方面实力的增长令人瞩目，并作为国际社会中负责任的利益相关者更广泛地参与到国际事务当中。中国的崛起正以不可逆转的趋势迅猛推进，综合实力的快速提升一方面使中国更有效地参与国际分工，与世界各国展开互利合作，另一方面，出于忌惮、猜疑与挑衅，一些西方国家大肆鼓吹"中国威胁论""中国霸权论"，抹黑中国的国家形象，企图影响中国与国际社会的友好往来。在这种情况下，让其他各国民众听到中国声音、理解中国故事和文化显得尤为重要。值得注意的是，建设国际化、专业化的国际传播人才队伍在增强国际传播能力、提升国际传播效能、讲好中国故事的过程中发挥着举足轻重的作用，是重塑全球传播秩序的积极探索实践。这要求国际传播人才既能熟练使用中外语言，又能融通中外文化，在掌握新闻传播领域理论知识与专业技能的同时，具备坚定的政治立场、灵活的思辨能力、扎实的实践经验等，为改变不平衡、不平等的国际传播格局做出贡献，更好更快地展示真实、立体、全面的中国。

1　哈罗德·伊尼斯. 帝国与传播 [M]. 何道宽，译. 北京：中国大百科全书出版社，2021.

第一节 关于国际传播

一、国际传播的定义

国际传播（International Communication）是一种古已有之的传播活动，自人类历史上出现国家以后就已存在[2]。实际上，自古代国与国之间产生外交活动以来，各国之间的元首出访、货物贸易、文化交流、对外战争等都是信息跨国流动的形式。随着技术的发展与全球化进程的推进，这种形式逐渐演变成现代国际传播的信息交流活动。在国际传播研究中，涉及政治学、经济学、社会学、人类学、新闻传播学等领域的跨学科的理论框架与方法得到广泛应用。然而，不同学科的研究重心与研究方法迥然有别，这导致世界各国学者对国际传播的认知和理解存在差异。

对于国际传播的定义，各国学者从不同的学术视角给出不同的看法。结合科技、经济、文化、政治等方面的影响因素，美国学者罗伯特·福特纳（R. S. Fortner）认为，国际传播主要依靠大众传播媒介进行跨越国界的信息传播，是超越各国国界的传播，即在各民族、各个国家之间进行的传播[3]。考虑到国际传播与国际政治密切相关，日本学者田正辉指出："国际传播的首要特征，是它与政治有着极为密切的关系，它是一种由政治所规定的跨国界传播。"英国学者达雅·基山·屠苏（Daya Kishan Thussu）对于国际传播的界定是"穿越国界的传播"，他强调国际传播因20世纪后期出现的信息技术的进步而得到发展，超越了政府与政府之间的传播，进一步融入了商业与商业、人与人之间的互相传播和沟通[4]。基于不同学科的研究重点，学者们对国际传播进行定义的侧重点亦有差别，因此，国际传播的概念仍未有统一的定论。

实际上，在国际传播学界，国际传播学有广义和狭义两种不同的界定。广义的国际传播是指国与国之间的外交往来，包括首脑互访、双边会谈等相关事务[5]。广义论国际传播学者哈米德·莫拉纳（Hamid Mowlana）认为，国际传播是"研究个人、群体、政府利用技术在两国、两种文化或多国、多种文化之间传递价值观、态度、观点和信息的领域的探索，同时也是对促进或者抑制这类信息

2　郭庆光. 传播学教程 [M]. 2 版. 北京：中国人民大学出版社，2011.

3　罗伯特·福特纳. 国际传播：全球都市的历史、冲突及控制 [M]. 刘利群，译. 北京：华夏出版社，2002.

4　达雅·屠苏. 国际传播：延续与变革 [M]. 北京：新华出版社，2004.

5　郭可. 国际传播学导论 [M]. 上海：复旦大学出版社，2004.

体系结构的研究"[6]。而狭义的国际传播则把国际传播理解成一种通过各国大众媒体而展开的国际信息交流和传播形式，其关注点聚焦在国际信息传播对国家和国际组织产生重大影响的领域，如国际政治、国际外交、国际文化交流等方面[7]。我国新闻传播学界对于国际传播概念的认知主要从狭义的角度展开，如刘继南等学者认为，国际传播是指特定的国家或社会组织通过大众传播媒介面向其他国家或地区所进行的跨国传播或全球范围传播，它是世界各国、各地区政治、经济与文化发展综合实力的一个局部的具体体现[8]。程曼丽教授认为，国际传播就是指以民族、国家为主体而进行的跨文化信息交流与沟通[9]。学者蔡帼芬认为，国际传播是指国际社会组织或集团利用大众传播媒介进行的跨越国家边界、跨越国家传播体制的交流[10]。本书倾向于采用国内学者从狭义角度对国际传播概念的界定，重点研究以大众媒体为传播手段的跨国信息传播和流通。

二、国际传播学的问题意识与研究内容

国际传播学是研究国际传播现象及其规律性的学科，涉及诸多问题，如国际信息、国际舆论与国际政治、经济和文化之间的关系。从学科分类的角度来看，国际传播学属于新闻学和传播学的学科范畴[11]。在我国，国际传播与新闻传播学学科下的传播学隶属同一个专业方向。但区别于传播学和大众传播学，国际传播并不是研究大众媒体传播信息的一般现象或一般规律的，而是研究大众媒体传播信息的特殊现象和特殊规律，也是研究大众传播的国际化过程[12]。

作为传播学四大奠基人之一的哈罗德·德怀特·拉斯韦尔（Harold Dwight Lasswell）在其 1948 年发表的《社会传播的结构与功能》一文中提出了传播过程的五个要素，即 5W 模式："传播就是'谁'通过'什么渠道''对谁'说了'什么'，最终'取得了什么效果'。" 5W 传播模式为国际传播学提供了研究范围与路径，在此基础上，考查国际传播现象时，我们还要对以国家为"基本主体"的传播者进

6　Mowlana H. Shapes of the Future: International Communication in the 21st Century [J]. Journal of International Communication, 1994, 1 (01): 14-32.

7　郭可. 国际传播学导论 [M]. 上海：复旦大学出版社，2004.

8　刘继南，周积华，段鹏，等. 国际传播与国家形象——国际关系的新视角 [M]. 北京：北京广播学院出版社，2002.

9　程曼丽. 国际传播学教程 [M]. 北京：北京大学出版社，2006.

10　蔡帼芬. 国际传播与对外宣传 [M]. 北京：北京广播学院出版社，2000.

11　郭庆光. 传播学教程 [M]. 2 版. 北京：中国人民大学出版社，2011.

12　程曼丽. 国际传播学学科体系建立的理论前提 [J]. 北京大学学报 (哲学社会科学版)，2006 (06): 116-121.

行专门的研究，这就构成了国际传播学六个方面的研究内容："主体研究""控制研究""媒介研究""内容研究""受众研究"以及"效果研究"。

（一）主体研究

国际传播主体是国际传播信息内容的发起者、施动者，是开展和实施国际传播活动的组织管理者以及相关信息收集、加工与传递的控制者。很长一段时期内，国际传播就是"以国家社会为基本单位，以大众传播为支柱的国与国之间的传播"[13]。国际传播是各国主导下的传播，国家和政府是国际传播最基本的主体[14]。值得注意的是，当下国际传播的传播者趋于多元化，除了国家和政府，企业、社会组织、个人等也参与到国际传播活动中。鉴于此，国际传播主体的研究也包含了以国家为首的多元化传播主体的传播规律和特征。这意味着国家虽然不再是国际传播的唯一主体，但社会组织、企业和个人等传播主体若要向外传递信息，仍要经过国家的把控，在国家的主体框架下进行。

（二）控制研究

国际传播学考查的是国家控制下的信息对外传播的具体现象和行为，相应地，控制研究成为该学科研究的基础，其重要性不言而喻。一方面，对外传播的信息关乎国家形象，对外信息的流动是国家控制的重点。另一方面，由于外来信息的良莠不齐，如何对其进行有效监管和筛选成为各国政府普遍面临的一道难题。在以上因素的影响下，进行对外信息传播之前，各国政府均致力于做好国内舆论的引导和协调工作，使国内外信息统一起来，形成一致对外的口径。与之相对的是国内信息一旦出境且在世界各地进行流通，便会受到国际组织的制约和管理，因此国际组织对国际传播行为的控制也是不容忽视的。

（三）媒介研究

传播往往需要通过媒介才能进行[15]。媒介作为信息传递、交流的工具和手段，在人类传播中起着极为重要的作用[16]。媒介的目标是实现主体与其传播手段、传播效果之间的协调，并最终实现有效传播[17]。技术媒介的变革与进步是国际传播发展的基础，从传统的新闻传播媒介，如报章杂志、广播电视、书籍等，到互联网等新

13　郭庆光 . 传播学教程 [M]. 北京 : 中国人民大学出版社 , 1999.

14　程曼丽 . 国际传播学教程 [M]. 北京 : 北京大学出版社 , 2006.

15　汪名鸣 . 科技发展对人类传播事业的影响 [J]. 科技传播 , 2012, (10): 9-10.

16　郭庆光 . 传播学教程 [M]. 2 版 . 北京 : 中国人民大学出版社 , 2011.

17　刘利群，张毓强 . 国际传播概论 [M]. 北京 : 中国传媒大学出版社 , 2011.

兴的传播媒介，传播技术的发展给信息传播活动带来了翻天覆地的变化。作为国际信息交流活动，国际传播往往也是跨语言和跨文化的传播。除了技术媒介，通过跨越语言的隔阂从而进行跨文化交流与传播的符号媒介（语言符号和非语言符号媒介）同样也是国际传播媒介研究的内容。

（四）内容研究

从本质上来说，国际传播内容也就是国际传播信道里流动的信息，因此对国际传播内容的研究也就是对对外流动信息的研究[18]。过去的几十年里，国际传播中的信息流动涉及国际社会的方方面面，包括政治、外交、经济和文化等，这也决定了信息种类的多样性。从国际传播的发展历程来看，国际传播信道里流动的信息大致可分为政治信息、经济信息和文化信息等。国际传播学所研究的内容以国际传播主体向外传播的信息为主。因此，可以根据国际传播主体对国际传播内容进行分类，分为国家政府对外传播的内容、公司企业对外传播的内容、社会组织对外传播的内容和个人主体对外传播的内容等。

（五）受众研究

有别于国内传播，国际传播的对象是其他目标国家和地区的民众。由于处在不同的国家，受众群体的身份更加复杂和多元，对信息的理解和接受也受到不同的自然、历史、经济、政治以及意识形态和文化背景的影响，国外受众的价值观和认知习惯与国内受众可能截然不同。如果把对国内受众传播的路径和方法复制到国外受众群体上，则可能导致传播失效，甚至有引发国家或民族间矛盾的风险。如何使不同社会环境下的受众理解和接受传播者的信息是国际传播受众研究的一项重要内容。因此，国际传播受众研究需要对各类受众的基本特征和需求等进行分析，针对不同受众采取相应的传播策略。

（六）效果研究

效果研究是国际传播学研究的重要一环，其为国际传播能力的提升提供不可或缺的指标与参考。国际传播本质上是由国家利益所驱动，传播效果的产生与国家战略主导下的传播能力建设是分不开的[19]。许多学者在讨论国际传播能力建设的时候，会从"能力"和"效力"两个方面着手，也就是国际传播中的"硬实力"和"软实力"。如在《国际传播与国家形象》一书中，"国际传播力评估指标体系"包含了国际传播力、

18　程曼丽. 国际传播学教程 [M]. 北京：北京大学出版社，2006.

19　刘燕南，刘双. 国际传播效果评估指标体系建构：框架、方法与问题 [J]. 现代传播（中国传媒大学学报），2018, 40 (08): 9-14.

传播能力和效力。该书认为国际传播效力是一国国际传播工作的"产出"，表现为一国达到的国际传播效果，如受众数量、受众对传播内容的认知程度、国内外舆论导向的力度等[20]。也有学者认为国际传播效力是国际传播对国际受众及国际社会产生的有效结果，具体指国际受众接受信息后在认知、情感、态度、行为等方面发生的变化以及对国际社会产生的一切影响和结果[21]。

三、国际传播学科与外语学科的关系

语言和文化的多元化趋势是国际传播的影响因素之一，世界各国语言、文化的渗透和交融与国际传播的发展相辅相成。为讲好中国故事、传播中国声音，中国在国际传播建设中需要在对外传播话语体系上下功夫，采用外国受众能够理解的语言、能够接受的思维方式以及能够接纳的价值理念进行表达。目前，全世界有近3.8亿人把英语作为母语，约2.5亿人把英语用作第二语言[22]。到2050年，全球一半人口会较熟练使用英语[23]。英语国家在国际传播中拥有巨大的影响力和语言优势，主要表现在：当今媒体信息主要载体为英语；国际传媒中的信息内容制作主要源于英语国家；全球前300家国际媒体中有144家来自英语国家[24]。考虑到英语在国际传播中的重要位置，本书所讨论的外语学科主要以英语为主。

（一）国际传播学与外国语言研究的关系

当今世界正经历百年未有之大变局，国际传播学与外国语言研究面临着许多重大机遇和挑战。国际传播学研究的是国际传播的现象及其规律，涉及多个学科领域。其中，语言是传播最重要的基础工具，语言文字功底决定着国际传播成功的基础[25]。因此，国际传播人才需要用外语来宣传和解释中国故事、中国理念及中国智慧。相应地，外语学科教育肩负着为国家的国际传播建设提供智力支持和人才保障的重任。

历经百余年的发展，我国外国语言文学一级学科已经从过去由单一的英语语言文学、法语语言文学等不同语种的划分，走向了更为系统的规范性分类。它目前涵盖五大研究领域，即外国语言研究、外国文学研究、翻译研究、国别与区域研究、比较文学与跨文化研究。这一分类打破了语言的界限，也与国际传播学的研究有了

20 刘继南，周积华，段鹏，等.国际传播与国家形象——国际关系的新视角 [M].北京：北京广播学院出版社，2002.

21 邵瑞.媒介素养：构建国际传播力的一种新途径 [J].东南传播，2015 (11)：90-92.

22 郭可.国际传播中的英语强势及影响 [J].现代传播，2002, (06)：26-29.

23 朱凤娟.浙江杭州地方性英文媒体发展现状及其建议 [J].东南传播，2011 (03)：116-117.

24 郭可.国际传播学导论 [M].上海：复旦大学出版社，2004.

25 孙有中.外语教育与跨文化能力培养 [J].中国外语，2016 (03)：17-22.

更多、更深层次的交集。对国际传播研究的关注，有利于拓展外语学科的发展路径，更好地服务于国际传播能力建设，这已成为外语学科发展的新趋向，也推动了国际传播成为外国语言文学一级学科下新的研究领域 [26]。

（二）国际传播学与国别区域研究的关系

掌握国际传播的发展规律及提高传播效能是需要建立在对不同国家和区域传播生态谱系的全面了解和深刻认识上的 [27]。因此，开展区域国别国际传播研究有重要的现实意义。区域国别学是一个涉及众多领域理论知识，与多学科联动的交叉学科领域，国内多位学者认为区域国别研究是对特定区域或国家的历史、政治、经济、社会、文化、语言等领域展开的跨学科综合性研究，其研究目的是构筑全方位的知识体系，为世界整体和自己的国家服务 [28, 29, 30]。

从学科设置上来看，国别与区域研究一般被定位为外国语言文学、政治学等一级学科之下的二级学科 [31]。国别与区域研究是外语学习的自然延伸，因为后者不仅是掌握语言技能的过程，也是了解对象国政治、外交、历史、文化、经济等诸多方面的过程 [32]。基于上述分析，本书认为提升中国国际传播力的基础在于构建区域国别研究范式、加强中外合作交流、借鉴其他语种的海外传播经验、夯实区域国别数据库的建设，培养区域国别国际传播专业化人才。

（三）国际传播学与翻译研究的关系

人类学学者霍尔曾提出"文化即传播，传播即文化"的概念 [33]。因此国际传播实质上是一种跨文化传播的活动。从跨文化传播角度来看，无论是书面新闻还是广播新闻，最终都要落实到对外翻译能力上。对外翻译能力是指一个国家使用他国语言，向外部世界系统化表达国家意志与思想、文化与文明，与世界对话、相处

26 郭英剑 . 国际传播是外语学科发展新趋向 [N]. 中国社会科学报，2022-09-13 (08).

27 李宝贵，刘家宁 . 区域国别中文国际传播研究：内涵、进展与优化策略 [J]. 语言文字应用，2022 (01): 44-45.

28 王周谊 . 高校学科组织建设与人才培养机制研究——以"世界文明与区域研究协同创新中心"为例 [J]. 学位与研究生教育，2014 (01): 46-49.

29 郭树勇 . 加强区域国别研究 [EB/OL]. 中国共产党新闻网，(2016-02-14) [2023-09-14]. http://theory.people.com.cn/n1/2016/0215/c40531-28123693.html.

30 张清俐，宋瑞娟 . 深化区域与国别研究 [N]. 中国社会科学报，2019-01-18 (001).

31 杜飞 . "英语＋国别与区域研究"复合型人才培养路径探索——基于英语专业本科教学视角 [J]. 浙江外国语学院学报，2020 (04): 57-63.

32 谢韬，陈岳，戴长征，等 . 构建中国特色的区域国别学：学科定位、基本内涵与发展路径 [J]. 国际论坛，2022 (03): 3-35.

33 爱德华·霍尔 . 超越文化 [M]. 居延安，等译 . 上海：上海文化出版社，1988.

和共存的言语符号形态的能力综合[34]。翻译与传播虽然是不同的两个学科体系，但是传播学与翻译有着共同的本质，即信息的处理和交流。德国翻译理论学家沃尔夫拉姆·威尔斯（Wolfram Wilss）于 2001 年在《翻译学：问题与方法》一书中指出，翻译这门学科就是关于国际信息传递的特点和方式研究。吕俊教授认为，翻译是一种跨文化的信息交流与交换的活动，其本质是传播，无论口译、笔译、机器翻译，也无论是文学作品的翻译，抑或是科技文体的翻译，它们所要完成的任务都可以归结为信息的传播[35]。实际上，翻译的本体是语言符号，是通过不同的语言实现转换信息的交流和传播[36]，因此，翻译的本质也是传播。在传播学领域当中，传播（communication）是一个系统通过操纵可选择的符号去影响另一个系统，这些符号能够通过连接它们的信道得到传播，以达到一种信息的交流和共享[37]。由此看来，传播过程中的传播者和接收者模式在某种意义上等同于翻译理论中的源语言和目标语言模式，跨语言的翻译在传播当中是一种特殊的存在[38]。传播中的接受者即翻译受众。在此意义上，中国掌握国际话语权的基础是提升对外翻译能力，综合运用传播渠道，塑造强大的话语自塑体系。

第二节　关于中国故事

一、"中国故事"的界定

"中国故事"是指总结中国人民的共同经历和感受，体现中华民族特性的叙事[39]。讲好中国故事，就是要总结中国的历史和现实、中国人的生活价值体系，展示中国人的生活节奏、心路历程和价值观，反映中国人克服自然、社会和自身的挑战和积极努力[40]。中国故事可以是纪实的，也可以是虚构的，或者是纪实与虚构的融合[41]。

34　吴赟. 中国特色对外话语体系译介与传播研究：概念、框架与实践 [J]. 外语界，2020 (06)：2-11.

35　吕俊. 翻译学——传播学的一个特殊领域 [J]. 外国语，1997 (02)：40-45.

36　彭清. 传播视角下的民族典籍英译研究 [J]. 安徽理工大学学报 (社会科学版)，2012, 14 (02)：83-86.

37　陈道德. 传播学教程 [M]. 武汉：武汉测绘科技大学出版社，1996.

38　沃尔夫拉姆·威尔斯. 翻译学：问题与方法 [M]. 上海：上海外语教育出版社，2001.

39　李云雷. 何谓"中国故事" [N/OL]. 中国作家网，(2014-01-24) [2023-09-14]. http://www.chinawriter.com.cn/wxpl/2014/2014-01-24/189861.html.

40　任仲文. 讲好中国故事 [M]. 北京：人民日报出版社，2017.

41　王一川. 中国故事的文化软实力 [M]. 南京：江苏人民出版社，2016.

2016 年 2 月，习近平总书记在党的新闻舆论工作座谈会上提出了讲好中国故事的具体内容："要讲好中国特色社会主义的故事，讲好中国梦的故事，讲好中国人的故事，讲好中华优秀文化的故事，讲好中国和平发展的故事。"[42] 因此，"中国故事"可以依其具体内容来界定。

（一）中国特色社会主义的故事

经过长期努力，中国共产党带领全国各族人民成功走出了一条中国特色社会主义道路，取得了举世瞩目的辉煌成就。习近平总书记明确指出，"中国特色社会主义是中国改革开放以来党的全部理论和实践的主题"[43]，并多次宣介中国特色社会主义道路、理论、制度和文化，加深了国际社会对中国特色社会主义的认识。习近平总书记在党的十九大报告中说："中国特色社会主义道路、理论、制度、文化不断发展，拓展了发展中国家走向现代化的途径，给世界上那些既希望加快发展又希望保持自身独立性的国家和民族提供了全新选择，为解决人类问题贡献了中国智慧和中国方案。"[44] 中国特色社会主义最重要的特征是中国共产党的领导，中国特色社会主义的成功离不开中国共产党领导的伟大实践。因此，我们必须着眼于当前中国的现实，加大力度推进中国特色社会主义的宣传，讲中国共产党和中国共产党领导的故事，分享中国经验，讨论中国智慧和中国方案，增进中国与外界的相互了解和友谊。

（二）中国梦的故事

实现中华民族伟大复兴的中国梦是现代中国最宏大、最激动人心的故事。习近平总书记指出，"实现中华民族伟大复兴的中国梦，就是要实现国家富强、民族振兴、人民幸福"，"中国梦归根到底是人民的梦，必须紧紧依靠人民来实现，必须不断为人民造福"[45]。要讲好中国故事，就要像习近平总书记在全国宣传思想工作会议上的讲话那样，深入推进中国梦的对外宣传，全面、准确、生动地传递中国梦。要讲好中国梦，

42　习近平：讲好中国故事，传播好中国声音 [EB/OL]. 求是网，(2021-06-02) [2023-09-14]. http://www.qstheory.cn/ laigao/ycjx/2021-06/02/c_1127522386.htm.

43　戴木才. 中国特色社会主义是改革开放以来党的全部理论和实践的主题 [EB/OL]. 求是网，(2017-08-09) [2023-09-14]. http://www.qstheory.cn/dukan/hqwg/2017/08/09/c_1121455809.htm.

44　国防大学习近平新时代中国特色社会主义思想研究中心. 中国特色社会主义：解决人类问题的中国方案 [N/OL]. 光明网，(2019-06-05) [2023-09-14]. https://epaper.gmw.cn/gmrb/html/2019-06/05/nw.D110000gmrb_20190605_1-06.htm.

45　李泽泉. 中国梦：国家梦、人民梦、世界梦 [N/OL]. 浙江日报，(2013-05-17) [2023-09-14]. http://theory.people.com.cn/n/2013/0517/c40531-21520546.html.

就必须注重在历史、国家、社会、个人和全球层面上讲清楚、弄明白，把对中国梦的解读与中国道路、中国精神、中国力量紧密结合起来，使中国梦成为传播现代中国价值观的鲜活手段。

（三）中国人的故事

中国人是在中国文化的熏陶下成长起来的，因此，中国人的故事可以传达中国人行为背后的中国特色、民族风格和文化底蕴，弘扬并践行社会主义核心价值观。习近平总书记指出：“国际社会对中国的关注度越来越高，他们想了解中国，想知道中国人的世界观、人生观、价值观，想知道中国人对自然、对世界、对历史、对未来的看法，想知道中国人的喜怒哀乐，想知道中国历史传承、风俗习惯、民族特性，等等。”[46] 因此，我们要讲述普通中国人怀有家国情怀的故事，体现中国人精神力量的故事，以及具有国际视野的中国人的故事。我们需要以更具体、更真切的方式讲述中国人的家国情怀。我们要通过真实的故事和生动的形象，向世界讲述中国人仁义礼智信、温良恭俭让、忠孝廉耻勇的良好家风。让世界认识到，我们的人民是淳朴、善良、诚实、勇敢和美丽的，这就是中华民族的底色。

（四）中华优秀文化的故事

中国文化历史悠久，源远流长。习近平总书记指出：“中华优秀传统文化是中华民族的文化根脉，其蕴含的思想观念、人文精神、道德规范，不仅是我们中国人思想和精神的内核，对解决人类问题也有重要价值。要把优秀传统文化的精神标识提炼出来、展示出来，把优秀传统文化中具有当代价值、世界意义的文化精髓提炼出来、展示出来。”[47] 讲好中国优秀文化的故事，向世界展示中华文明的风采，不仅可以增强我们的文化自信，还可以鼓励推动更多其他优秀文化的传播；中外文化可以在交流互鉴中积极互动，世界可以通过文化认识和解读中国，文化也可以成为连接中外友谊的桥梁。

（五）中国和平发展的故事

中国梦是国家富强、民族复兴、人民幸福的梦，也是和平、发展、合作、共赢的梦，与其他国家的梦息息相关，不仅惠及中国人民，也惠及世界人民。习近平总书记明确表示：“中国梦是追求和平的梦。中国梦需要和平，只有和平才能实现

46　文艺是最好的交流方式（习近平讲故事）[N/OL]. 人民网，(2019-07-18) [2023-09-14]. http://paper.people.com.cn/rmrbhwb/html/2019/07/18/content_1936780.htm.

47　【每日一习话】中华优秀传统文化是中华民族的文化根脉 [EB/OL]. 央广网，(2021-08-30) [2023-09-14]. http://m.cnr.cn/news/20210830/t20210830_525583604.html.

梦想。天下太平、共享大同是中华民族绵延数千年的理想。历经苦难，中国人民珍惜和平，希望同世界各国一道共谋和平、共护和平、共享和平。历史将证明，实现中国梦给世界带来的是机遇不是威胁，是和平不是动荡，是进步不是倒退。拿破仑说过，中国是一头沉睡的狮子，当这头睡狮醒来时，世界都会为之发抖。中国这头狮子已经醒了，但这是一只和平的、可亲的、文明的狮子。"[48]讲中国和平发展的故事，就是要全面深入地宣传我国走和平发展道路的战略思想，引导国际社会对我国发展的正确认识和态度，确保中国的发展决不以牺牲其他国家的利益为代价，坚定不移地寻求和平发展，促进共同发展。

关于讲好中国故事的具体内容，除了以上的分类阐述外，还有其他内容相近的表述。比如，讲好中国故事就要理直气壮地讲述中国对世界的贡献；主动面对和积极回应国际社会的质疑和关切；把中国的外交理念阐释清楚，展现大国情怀和责任担当[49]。

二、"讲好中国故事"的意义

讲好中国故事的意义在于可以提高中国的国际话语权，建构与国家综合国力相契合、与国家国际地位相匹配的国际话语权；可以提高国家的文化软实力，形成与中国经济社会发展和国际地位相适应的文化优势；可以让世界全面认识中国，并为全球经济社会发展提供思想资源；可以化解公众的误解，消除"中国威胁论"等负面声音，帮助其他国家和地区认识中国、了解中国[50]。

（一）提高中国的国际话语权

国际话语权是指以国家利益为核心、就国家事务和相关国际事务发表意见的权利。它体现了知情权、表达权和参与权的综合运用[51]。国际话语权涉及一个国家在国际舞台和外交环境中的话语权和影响力。它关系到一个国家主权、尊严和利益的维护，以及该国家的国际地位和影响力[52]。国际话语权的大小，取决于世界各国保护其国家利益、维护其国家主权、荣誉和尊严以及合理地承担其国际义务和责任的

48　习近平谈和平发展：让人类命运共同体建设的阳光普照世界 [EB/OL]. 求是网，(2019-05-13) [2023-09-14]. http://www.qstheory.cn/zhuanqu/bkjx/2019/05/13/c_1124484091.htm.

49　任仲文. 讲好中国故事 [M]. 北京：人民日报出版社，2017.

50　习近平：讲好中国故事，传播好中国声音 [EB/OL]. 求是网，(2021-06-02) [2023-09-14]. http://www.qstheory.cn/ laigao/ycjx/2021-06/02/c_1127522386.htm.

51　国际话语权 [EB/OL]. 百度百科，(不详) [2023-09-14]. https://baike.baidu.com/item/%E5%9B%BD%E9%99%85%E8%AF%9D%E8%AF%AD%E6%9D%83?fromModule=lemma_search-box.

52　张国祚. 努力提高中国国际话语权 [N/OL]. 人民日报，(2017-05-16) [2023-09-14]. http://views.ce.cn/ view/ent/201705/16/t20170516_22849487.shtml.

能力。讲故事是加强国际话语权的一种有效方式。语言与故事相连。活泼动人的故事可以增强讲故事者的话语权，加强人们对故事、事件和相关主张的认同。的确，事实一再表明，用生动而富有想象力的话语讲述鼓舞人心的故事会产生强大的吸引力，会增加讲述者的话语权。

（二）提高国家文化软实力

一个好的中国故事是一个国家文化软实力的象征，是国家形象的外在表现。故事是民族文化的重要组成部分，讲好中国故事无疑会增强一个国家的文化软实力。讲好中国故事，一方面可以通过各种方式塑造国家的正面形象，向国际社会展示一个文明、进步、民主、守法、繁荣的现代中国，展现一个具有 5 000 多年悠久历史、不断与时俱进、充满活力和创新精神的中国国家形象。另一方面，传播好的中国故事，可以将文化软实力的提升与国家的核心战略利益联系起来，形成与其他国家合作对话的平等机制，创造具有民族和中国特色的国家价值体系[53]。强大的文化软实力，可以让国家在激烈的国际竞争中赢得主动，有利于形成与国家经济社会发展和国际地位相适应的文化优势。

（三）让世界全面认识中国，为全球发展提供思想资源

中国的事情，中国人最有发言权。中国发展进步的话语权、解释权要牢牢掌握在中国人手中，让世界通过中国故事了解发展变化中的中国，了解中国道路、中国理论、中国制度、中国文化，了解中国对世界的责任和义务[54]。讲好中国故事，一方面是让世界全面认识中国及了解中国的现代化道路，消除对中国的误解和片面的看法；另一方面是为世界经济社会的发展提供思想资源，即中国理念、中国智慧和中国主张[55]。因此，我们必须讲好具有全球意义的中国故事，尊重与其他国家和地区的文明差异，用开放包容的态度对待其他文明，重视跨文化交流和国际传播。从某种意义上说，中国故事是一种全球公共产品。中国故事所蕴含的全球意义在于向世界传达了正义至上、人人享有美好的价值观，这对于构建人类命运共同体是必要的[56]。

53　刘亚琼.习近平关于"讲好中国故事"的五个论断 [J]. 党的文献，2019 (02): 17-23.

54　王树成.争取国际话语权是我们这一代媒体人的使命 [N/OL]. 人民日报，(2016-12-29) [2023-09-14]. http://opinion.people.com.cn/n1/2016/1229/c1003-28984479.html.

55, 56　李友梅.新论：讲好有世界意义的中国故事 [N/OL]. 人民日报，(2017-03-30) [2023-09-14]. http://theory.people.com.cn/n1/2017/0330/c40531-29179122.html.

（四）化解公众的误解，消除"中国威胁论"等负面声音

东西方在意识形态、自然地理、历史文化和人文环境等方面的差异，往往导致西方媒体戴着"有色眼镜"看中国，夸大报道问题，甚至在国际舞台上营造"中国威胁论"的氛围，这让外界对中国的认识存在误解，让外国公众误以为中国是一个没有人权、"咄咄逼人"的国家，甚至有人误解中国对非洲的援助是新殖民主义。讲好中国故事，就是指中国要对世界表现出友好和平的态度，向国外传播真正的中国文化信息和理念，与外国群众沟通，提高中国的影响力和号召力，从而建立密切的身份认同关系，逐步消除外国群众对中国的误解，建构一个良好的国际形象。对外讲好中国故事也可以帮助其他国家的人民了解中国的"和而不同"文化以及真正的和平外交政策，并逐步消除"中国威胁论"的舆论基础。

三、中国故事与国际传播

习近平总书记指出：讲故事是最好的国际传播方式。在 2018 年全国宣传思想工作会议上，习近平总书记指出："坚持讲好中国故事、传播好中国声音，是党的十八大以来宣传思想工作的重要理论创新，是做好新形势下对外宣传工作的根本遵循。"[57]他呼吁要对其进行长期坚持和发展。习近平总书记指出，新形势下的宣传思想工作要自觉承担起举旗帜、聚民心、育新人、兴文化、展形象的任务。展示中国形象的目标是"提高国际传播能力，讲好中国故事，传播中国声音，向世界展现真实、立体、全面的中国，提高国家文化软实力和中华文化影响力，让世界更好了解中国"[58]。因此，为了讲好中国故事，做好国际传播，我们要坚定中华文化立场，创新国际传播话语体系，拓展国际传播平台和渠道。

（一）坚定中华文化立场

习近平总书记指出："全面建设社会主义现代化国家，必须坚持中国特色社会主义文化发展道路，增强文化自信。"[59]在国际传播中讲好中国故事，传播好中国声音，需要展示中国道路、中国治理、中国理念背后的思想和精神力量，坚定中华文化立场，构建中国话语和中国叙事体系。由于独特的文化传统、历史命运和基本

57, 58　张福海. 坚持讲好中国故事、传播好中国声音 [EB/OL]. 求是网，(2018-10-31) [2023-09-14]. http://www.qstheory.cn/dukan/qs/2018-10/31/c_1123632534.htm.

59　习近平. 高举中国特色社会主义伟大旗帜 为全面建设社会主义现代化国家而团结奋斗——在中国共产党第二十次全国代表大会上的报告 [N/OL]. 人民日报，(2022-10-26) [2023-09-14]. http://politics.people.cn/n1/2022/1026/c1024-32551597.html.

国情，我们要走一条与自身特点相适应的发展道路。因此，要保持我们的中华文化地位，就必须弘扬中华优秀传统文化，坚持中国特色社会主义文化的发展方向。新时代的伟大发展增强了我们的文化自信，给予了我们做好国际传播工作的力量和信心。为帮助外界更好地认识和理解中国特色社会主义现代化的本质要求，引导国际社会正确认识中国共产党和中国的现实情况，有必要加强对中国共产党理念和治国方略的宣传和解读，全面介绍新时代中国的高质量发展理念；有必要积极发展和展示中华文明的精神特性和文化精髓，向世界介绍具有中国特色的优秀文化，让国外公众认识到中国特色社会主义是人类文明进步的一部分[60]。

（二）创新国际传播话语体系

习近平总书记强调，讲好中国故事，做好国际传播，我们"要采用贴近不同区域、不同国家、不同群体受众的精准传播方式，推进中国故事和中国声音的全球化表达、区域化表达、分众化表达，增强国际传播的亲和力和实效性"[61]。我们要创新对外话语表达方式，研究不同外国受众的习惯和特点，采用联系中外受众的概念、范畴和表达方式，把我们"想说的"和外国受众"想听的"结合起来，把"陈情"和"说理"结合起来，将"自己讲"与"别人讲"结合起来。讲有具体细节和典型事例的中国故事，与受众进行思想交流和情感互动[62]。同时，讲故事能增强传播内容的丰富性和生动性。一个轻松活泼的故事可以减少其背后思想理论的抽象和无聊，让人们保持兴趣来理解并思考故事。此外，从故事中获得的知识和真理往往更容易被记住，而从中国故事中看到的中国现实也会更加真实可信、深入人心。如今，国际传播方式包括在联合国的演讲、出版政策文件、新闻发布会、出版党中央报告的外文版以及翻译政治家的作品等。值得注意的是，社交媒体等国际化传播平台上的个体发言也越来越常见，我们应充分重视网上的个体，重视作为传播主体的普通公众，重视"小人物"讲述的"小故事"，让更多个体通过新的媒体环境参与国际交流、开展国际传播活动、展现中华文明，更生动、更直观地呈现中国。

60　中国社会科学院习近平新时代中国特色社会主义思想研究中心.加强我国国际传播能力建设 [N/OL].人民日报,(2022-10-27) [2023-09-14]. http://paper.people.com.cn/rmrb/html/2022/10/27/nw.D110000renmrb_20221027_2-10.htm.

61　习近平在中共中央政治局第三十次集体学习时强调 加强和改进国际传播工作 展示真实立体全面的中国 [EB/OL].人民网,(2022-06-02) [2023-09-14]. http://politics.people.com.cn/n1/2021/0602/c1024-32119745.html.

62　陈理.讲好中国故事,让世界更好了解中国 [J].党的文献,2020 (01): 12-16.

（三）拓展国际传播的平台和渠道

习近平总书记强调："必须加强顶层设计和研究布局，构建具有鲜明中国特色的战略传播体系，着力提高国际传播影响力、中华文化感召力、中国形象亲和力、中国话语说服力、国际舆论引导力。"[63] 新形势下的国际传播是至关重要且意义深远的。为了讲好中国故事，做好国际传播，我们要充分整合利用各种传播资源、拓展传播渠道。一方面，要重视发挥主流媒体的积极作用，以先进技术为支撑，以创新管理为保障，构建以内容建设为基础的跨学科传播体系。另一方面，还应该把制度优势、组织优势和人力资源优势有效地转化为传播优势，形成强大的、协调的、统一的、有效的国际传播体系[64]。此外，要利用新闻发布机制、高端智库交流互动渠道、重大活动和赛事平台、中国传统节日载体、海外文化阵地和各种文化形式，做好中国故事的国际传播。同时，要积极发挥社会各阶层在国际传播中的作用，发挥专家学者利用国内外主流媒体平台和渠道讲好中国故事的作用，发挥海外华人和国际友人促进中外文明交流学习的作用，发挥跨国企业在跨国经营活动中与其他国家和地区民众进行文化交流的作用。由此，通过各种方式和形式讲好生动真实的中国故事，以增强中国文化的软实力和影响力[65]。

讲好中国故事，进行国际传播。对于外语专业的学生来说，就是要发挥语言学科优势，以互联网技术赋能，站在构建人类命运共同体的高度，不断提升国际传播的能力和水平，向世界讲好中国故事[66]。下一节将从"译""写""说"三个具体层面来讨论如何用外语讲好中国故事，做好国际传播。

---

63 习近平在中共中央政治局第三十次集体学习时强调 加强和改进国际传播工作 展示真实立体全面的中国 [EB/OL]. 人民网, (2021-06-02) [2023-09-14]. http://politics.people.com.cn/n1/2021/0602/c1024-32119745.html.

64, 65 中国社会科学院习近平新时代中国特色社会主义思想研究中心. 加强我国国际传播能力建设 [N/OL]. 人民日报, (2022-10-27) [2023-09-14]. http://paper.people.com.cn/rmrb/html/2022-10/27/nw. D110000renmrb_20221027_2-10.htm.

66 姜锋, 李岩松. 提升国际传播能力讲好中国故事 [N/OL]. 光明日报, (2021-06-07) [2023-09-14]. https://epaper.gmw.cn/gmrb/html/2021-06/07/nw.D110000gmrb_20210607_3-15.htm.

第三节 用外语讲好中国故事

一、在"译"中讲好中国故事

讲好中国故事，传播好中国声音，展示真实、立体、全面的中国。[67]

——习近平总书记在主持中共中央政治局第三十次集体学习时发表的重要讲话

2021 年 5 月 31 日

加快国际传播能力建设，向世界讲好中国故事，传播好中国声音。[68]

——《中共中央关于党的百年奋斗重大成就和历史经验的决议》

2021 年 11 月 16 日

习近平总书记多次在重要讲话时明确指出了向世界讲好中国故事的重要性和必要性。当今世界百年未有之大变局，用外语讲好中国故事，是时代赋予每一位外语学习者的使命。今天我们面临着对外讲好中国故事、做好国际传播的艰巨任务。但就目前"西强我弱"的国际话语形势来看，我国的国际传播在今后较长的一段时间里仍要依靠外文，翻译就成为讲好中国故事、做好国际传播的基本途径[69]。

翻译历来是推动社会发展进步的重要媒介。近百年来，翻译给中国社会带来的影响巨大。俄国十月革命一声炮响，给中国送来了马克思列宁主义。而实际上送来的是《共产党宣言》和马恩思想的中译本，从而唤醒了中国的革命者，中国共产党才得以成立。改革开放期间，翻译为"走出去""引进来"搭建了桥梁。21 世纪以来，中国国际化日益增强，中国道路、中国方案、中国智慧等被越来越多的外国人所关注和了解。向世界讲好中国故事，也必然离不开翻译。

讲故事，是国际传播的最佳方式。讲好中国故事，翻译使命在肩，大有可为。本书将在第二章、第三章和第四章从以下三个方面阐述如何用外语在"译"中讲好中国故事。首先要解决的是翻译传播主体问题，即谁作为中国故事的主体向世界

---

67 习近平在中共中央政治局第三十次集体学习时强调 加强和改进国际传播工作 展示真实立体全面的中国 [EB/OL]. 共产党员网，(2021-06-01) [2023-09-14]. https://www.12371.cn/2021/06/01/ARTI1622531133725536.shtml.

68 中共中央关于党的百年奋斗重大成就和历史经验的决议 [EB/OL]. 人民网，(2021-11-16) [2023-09-14]. http://politics.people.com.cn/GB/n1/2021/1116/c1001-32284163.html.

69 黄友义. 翻译要为国际传播与社会发展服务 [J]. 上海翻译，2022 (04): 1.

传播；其次是翻译传播媒介问题，即如何翻译才能更好地讲好中国故事；最后是翻译传播受众问题，即向谁翻译好中国故事。

（一）译者主体意识与讲好中国故事

国际传播主体是国际传播最基本的要素。随着传媒技术的发展和世界格局的变化，国际传播主体由以国家为主体的单一形式发展成为多元主体结构——政府、企业、社会组织和个人等，这些主体都是中国故事的主人公。在翻译传播活动中，译者作为翻译主体，往往充当"把关人（gatekeeper）"角色，翻译质量的高低影响着翻译传播的效果。因此，翻译传播中的译者应该具备强烈的译者主体意识。译者的主体意识是指"译者在翻译过程中体现的一种自觉的人格意识及其在翻译过程中的一种主观创造意识"[70]。在"译"中讲好中国故事，首先需要译者在翻译传播材料的选取中发挥译者主体意识，即向世界讲中国的什么故事，这是译者需要思考的问题。译者要有意识地在国家的语言规划政策和国家战略的指引下精选出具备"中华优秀传统文化、中国精神、中国思想、中国道路"等相关关键词的故事素材，自觉地规避宣扬西方思想的文本，积极主动地向世界展示可信、可爱、可敬的中国形象。此外，译者还要在翻译传播过程中正确发挥译者主体意识。对内坚持以我为主的原则[71]，从维护国家利益、国家形象和国家意识形态出发来进行翻译传播活动，摒弃对我国不利的意识形态符号，在以"译"讲好中国故事的过程中自觉维护我国的国家权益和话语权；对外坚持融通中外的原则，在凸显中国特色的基础上融通国外的语言习惯与表达方式，让世界能够真正听懂中国故事，从而达到国际传播的效果。

（二）多模态翻译与讲好中国故事

在"译"中讲好中国故事，提升国际传播能力，构建话语体系，就要打破传统的研究领域，创新对外翻译[72]。在"译"中讲好中国故事，在一定程度上就需要译者突破中国故事的原有叙事。当前翻译活动中的中国故事大多停留在单一的文字符号形式上。在信息技术时代，除了文字符号以外，非语言符号的使用日益频繁，多模态话语已经发展成为一种普遍的传播形态。要实现中国故事的"新叙"，就要改变单一的文字符号形式，采用以多种符号、多种模态进行翻译的多模态翻译策略。

70　许钧 . "创造性叛逆"和翻译主体性的确立 [J]. 中国翻译，2003 (01): 6-11.

71　张杰 . 向世界讲好中国故事的翻译原则和策略 [J]. 理论与现代化，2019 (02): 122-128.

72　黄友义 . 讲好中国故事 引领国际舆论 [J]. 公共外交季刊，2015 (01): 48-52.

语言符号只是多模态网络中的一种，图像、声音、颜色等非语言符号模态也是创造意义的资源，具有与语言符号同等的重要性[73]。多模态翻译把文本在生成与传播过程中的多模态作为对象与归宿，是对以语言为中心的传统翻译观的突破。通过多模态翻译在"译"中讲好中国故事，通过图像叙事、视听叙事和超文本叙事等策略将承载中国故事的各类文本翻译改写为多模态文本，增强中国故事在国家对外译介中的塑造力、感召力和感染力，提升国际传播力[74]。

（三）翻译认同意识与讲好中国故事

在"译"中讲好中国故事，就是要以翻译传播受众"认同"中国故事为目的，提升中国国际传播能力。因此，在翻译传播的过程中，要树立翻译认同意识。所谓"认同"，对内是指译者要对我国的意识形态、中华文化、政治经济等持自信和认同的态度；对外是指要让传播受众认可中国故事背后蕴含的理念和价值观。在"译"中讲好中国故事，树立翻译认同意识，从本质上要解决两个层面的认同问题[75]。一是语言认同。语言是话语的载体和表征，语言翻译是话语符号的跨文化转译。在"译"中讲好中国故事，用外语让中国故事在世界有效传播，就要实现中国故事在语言层面的有效认同，实现翻译传播受众对翻译传播语言的认可和认同。二是文化认同。文化是语言的内在规范，规定不同语言之间的符号意义属于更深层次的认同。在"译"中讲好中国故事，对翻译传播受众来说本身就是对其他文化符号的认知行为。鉴于中西方之间存在的文化差异，能否在国际舞台上讲好中国故事，文化认同是必须克服的挑战。在"译"中讲好中国故事，实现有效的国际传播，就要让翻译传播受众实现对中国故事从表层的语言认同到深层的文化认同，才能达到理想的翻译传播效果。

二、在"写"中讲好中国故事

中国故事作为我国文化国际传播的载体，具有独特的优势，讲好中国故事也是我国文化实力和综合实力的体现。用英语"写"好中国故事既有丰富的历史经验，在新的国际形势及科技发展的今天，也担负着不同的传播任务与使命。

73　Jewitt C. An Introduction to Multimodality [A]. In C. Jewitt (ed.). The Routledge Handbook of Multimodal Analysis [C]. London: Routledge, 2009: 14-27.

74　吴赟，牟宜武. 中国故事的多模态国家翻译策略研究 [J]. 外语教学，2022, 43 (01): 76-82.

75　翟石磊. 话语认同与话语协调：论政治话语翻译中的国家意识 [J]. 学术探索，2017 (05): 28-34.

20 世纪 30 年代，美国记者埃德加·斯诺（Edgar Snow）写下了《红星照耀中国》，将以毛泽东主席为代表的中国共产党人用"延安故事"的形式，把党的政治制度、理念、价值观及富有成效的社会改革举措传播出去，有效地扩大了我党在国内外的影响。2020 年 3 月 28 日，荷兰一些媒体报道，从中国购买的 60 余万只口罩存在质量问题，被其卫生部全部召回。经过调查后，4 月 2 日，我国外交部对此次事件进行解释[76]。首先，所有口罩均为荷兰代理商自行购买，且订购的是私人防护用口罩，并非医疗用途口罩。其次，发货前中方企业也将此告知荷兰方面，出口报关手续中标明的也是"非医用口罩"，并不存在医疗用品质量不达标的问题。然而，真相还未了解之前，一些西方媒体大肆进行有关"中国制造"的不实报道，对中国的国家形象造成了恶劣的影响。国内多家媒体对这次事件的调查过程以及真相进行了真实、详细的报道，其中不乏权威媒体，如《环球时报》等。从国际传播角度来看，荷兰及其他西方媒体报道的不实内容属于对我国国家形象的"他塑"，我国媒体对此次事件的报道以及外交部的及时反馈则属于对国家形象的"自塑"。二者皆对国家形象的构建起着至关重要的作用。在世界格局变幻莫测、国际舆论复杂多变的背景下，让世界了解真实的中国，依赖"他塑"明显是不现实的。"写好中国故事"这一自塑策略，无疑是很明智的选择。另外，在有效的叙事策略的加持下，中国故事的感召力、影响力和传播力都得到了极大提升，在向世界介绍中国智慧、弘扬中国精神、传播中国价值的过程中发挥着重要作用。

习近平总书记在 2015 年《人民日报（海外版）》创刊 30 周年时提出："用海外读者乐于接受的方式、易于理解的语言，讲述好中国故事，传播好中国声音。"[77]作为全球化语言之一，英语被广泛应用于政治、经济、科技等各领域的国际交流之中；无疑，英语仍是无可替代的跨文化国际传播语言媒介。相较于其他国际传播形式，文学书写有着特殊的优势，能够更细腻地展示中国传统文化魅力，思想情感影响持久深远。比如，美国记者埃德加·斯诺所著的纪实文学作品《红星照耀中国》。2022 年是该书问世 85 周年。书中呈现了一个真实、系统的红色中国，将中国共产党和红军的声音传遍了全世界，至今已被翻译成 20 多种文字，产生了经久不衰的

76　荷兰从中国购买 60 万只口罩有质量问题？中国大使回应 [EB/OL]. 人民网，(2020-03-30) [2022-11-15]. https://baijiahao.baidu.com/s?id=16625449102608 02070&wfr=spider&for=pc.

77　杨振武. 把握对外传播的时代新要求 [N]. 人民日报，2015-07-01 (007).

广泛影响[78]。可见，用英语写好中国故事、传播国家声音、塑造国家形象是有成功案例可循的，也是跨文化国际传播的有效途径，值得进行深入的研究与探讨。

（一）非虚构写作与讲好中国故事

在新媒体时代，信息传播呈现碎片化和娱乐化的趋势。在这种背景下，中国故事的国际传播要获得传播先机、保证传播内容真实、实现传播有效性，用英语进行非虚构写作无疑是最佳途径之一。"非虚构写作"这一概念源于20世纪的美国，以"忠于事实，还原真实"为准则，用文学写作的手法，利用讲故事的叙事方式"描写社会与生活的人物、事件和现象"[79]。2010年，《人民文学》推出非虚构写作专栏，大量非虚构作品问世，作品中包含的众多社会热点话题引起了全民关注，作品体现出的现实性和亲历性引发了受众的广泛共鸣。讲好中国故事，概括来讲就是选择好故事、好内容，用合适的方式写给合适的人看。在跨文化传播领域，讲好中国故事就是选择真实发生的中国故事，以非虚构写作的方式，用英语这一国际通用语讲给期待真实中国的国际社会听。

用英语非虚构写作的方式讲好中国故事，有几点是需要做好充分准备的。首先，作为跨文化传播者，中国故事的讲述者和优秀的作家都应明确，创作的目的是运用非虚构写作的方式记录历史、关注现实，向国际社会传播中国人民精神、民族气质、国家形象。其次是故事的选题。非虚构写作的对象，不能完全由社会热点牵着走，尤其对于中国在国家层面的跨文化传播而言，传播主体、客体的特殊性都决定了故事保持多层次为佳。可以从日常叙事、宏大叙事和文化历史叙事三个层面选取中国故事的非虚构写作。在日常叙事中，作者应该关注个人价值和幸福生活，以小见大，见微知著。通过普通人的平凡与幸福，讲述最真实的"中国故事"。在跨文化传播中，宏大叙事的中国故事是必不可少的组成部分。如果说局限性是个人叙事不可避免的问题，那么宏大叙事的非虚构写作就能弥补这一缺陷。从民族、国家的高度，以新时代的经济发展、国家富强为写作内容，真实、形象地向世界展示中国的精神与格局。"去哪寻找能够支撑我们这个民族的精神价值呢？我们只能从本民族的历史

78　计亚男.《红星照耀中国》何以历久弥新 [N/OL]. 光明网，(2022-07-01) [2023-09-14] https://m.gmw.cn/baijia/2022-07/01/35852323.html.

79　刘蒙之，张焕敏. 非虚构写作：内涵、特点以及在我国兴起的多维因素 [J]. 媒介批评，2017 (01)：216-224.

中去寻找"[80]。因此，历史叙事是中国故事国际传播的必然组成部分。与历史学家的作品相比，非虚构写作更能讲述更加立体、形象，更具感染力的中国故事，这样的国家意象也更容易被国际社会接受。

（二）接受美学与讲好中国故事

如果说非虚构写作是从传播主体的角度分析中国故事的国际传播，那么接受美学则是以传播客体为出发点，分析如何写好中国故事，进行有效的跨文化传播。接受美学，又称接受理论，属于文艺理论的范畴，起源于 20 世纪 60 年代的德国，代表人物是德国康斯坦茨学派的汉斯·罗伯特·姚斯（Hans Robert Jauss）和沃尔夫冈·伊瑟尔（Wolfgang Iser）。他们提出"读者中心论"，其中的"文本未定性"与"期待视野"[81]等核心概念与传播学中的"受众中心"原则相符，多被用来指导大众传播、文化传播以及对外传播。这也是本书将其纳入理论体系，用于指导如何将中国文化、中国精神写入中国故事，并以英语的呈现形式进行国际传播的原因。

在"读者中心论"中，姚斯提出在叙事性文学中，作者、文本、读者紧密联系，其中读者是文本阐释的中心，文本只有通过读者，才能进入连续的、变化的经验视野之内，实现审美价值和历史意义；没有读者的接受，文本的价值只是"可能的存在"，只有通过读者的阅读，文本才能被赋予生命，成为"现实的存在"[82]。对于中国故事的国际传播而言，传播客体是在创作及传播开始之前，需要考虑的重要对象。如果忽略了中国故事读者，或是接受者的文化背景、价值观等特殊性，故事创作得再好，翻译得再精妙，都达不到跨文化传播预定的目标。同一篇优秀的中国故事，在国内读者中能引起极大的共鸣和民族自豪感，但是在国际环境中，反响平平的可能性是很大的，因为任何信息的传递，都需要符合传播受众的"期待视野"。只有将中国故事与国际读者的"期待视野"相结合，其中蕴含的国家精神、民族形象才能被接受，完成跨文化的有效传播。这也是用英语写好中国故事，进行国际传播的重要原则。

80　王树增 . 关于《长征》的写作 [J]. 当代长篇小说选刊 , 2006 (06): 127.

81　方维规 . 文学解释学是一门复杂的艺术——接受美学原理及其来龙去脉 [J]. 社会科学研究 , 2012 (02): 109-137.

82　朱立元 . 当代西方文艺理论 [M]. 上海 : 华东师范大学出版社 , 2014.

三、在"说"中讲好中国故事

党的十八大以来，"让世界读懂中国"被提到战略高度。用海外受众"乐于接受的方式、易于理解的语言"讲好中国故事是当前对外文化输出的核心[83]。"用外语讲好中国故事"，不仅在于"译"好中国故事、"写"好中国故事，更在于"说"好中国故事，前两者都是以书面语的形式呈现，唯有"说"好中国故事，是以口语的形式传播。本节谈及的"讲故事"特指口语化传播路径。

在文字还未出现之前，人们就已经通过"讲故事"编织起了人类社会的意义之网。随着文字和印刷术的出现，"讲故事"逐渐被媒介取代而一度归于沉寂。在中华文化的发展面临新的机遇与挑战时，"讲故事"的实践被再度唤醒、强力激活，"讲好中国故事"将在吸纳其内在逻辑和天然优势的基础上将中国故事传播得更远。当前，无论是专业媒体、机构媒体还是个人自媒体都将"讲故事"视为创新传播理念、增强传播能力的重要方式；此外，从国家政治领域，到专业群体、行业精英，亦或是普通个体都开始了自身的"讲故事"实践[84]。

当代大学生正见证着新时代的深刻变化，经历着新时代的迅猛发展。作为中国特色社会主义的建设者和接班人，当代大学生应身体力行，将"讲故事"从文化理念转变为生活实践，主动承担起"讲好中国故事"的文化重担；对于外语专业的学生而言，更应将"用外语讲好中国故事"作为专业进修的目标，提高自身的国际传播能力，将语言技能应用于实践，借助语言优势为中国故事的传播赋能。

用"外语讲好中国故事"，要求外语专业学生不仅要掌握基础的语言知识和语言技能，更要学习语言背后承载的文化和思想；除了通过外语学习西方的文化思想，更要了解和熟悉中国文化的内核，如此才能将两种语言背后的文化融会贯通，搭建好中外交流的桥梁，做中外文化传播的使者。在"说"中讲好中国故事，意味着要将所学的外语知识和语言技能内化后再次输出，以语言为基，以中国文化为核，用外国受众乐于接受的方式和易于理解的语言为中国故事的传播赋能。

（一）乐于接受的方式

1. 数字时代的口语化传播

数字时代主要是指信息领域的数字技术向人类生活各个领域的全面推进过程，这个过程以互联网为载体和依托。与过去的媒介文化相比，数字文化具有高度的

83 咸佩心，张冬昊. 讲好中国故事 助力中国文化走出去 [J]. 杭州，2019 (38): 62-63.

84 印心悦."美好生活"的中国表达：媒介化视域中的"讲故事" [D]. 安徽大学，2019.

弹性，其内容生态更为多元，其文本更加去标准化，并会随着时空语境的不同而拥有不同的样态。在数字时代，国际传播已经演变成一种传播主体多元、价值诉求多样、实践体系多维的日常行为模式。无远弗届的互联网和数字媒体终端，将所有国家、媒体、企业和个人"平等地"连接起来，并为彼此间的互动提供了畅通的管道，这也意味着每一个数字网络中的"行动者"都被赋予了传播的权力[85]。TikTok（抖音海外版）作为近年发展起来的短视频行业巨头，其受众涵盖了各个年龄段并且突破了国籍束缚，成为普通群众在数字时代进行国际传播的重要途径，为大学生在数字时代的国际传播中讲好中国故事提供了可行的渠道。除了选择恰当的传播渠道，掌握一定的传播技巧也至关重要，循着前辈的脚印，去挖掘他们留下的宝藏。

1976 年牛津大学教授理查德·道金斯（Richard Dawkins）在其出版的著作 *The Selfish Gene*（《自私的基因 》）一书中提出了"模因论"的理念。他认为文化是通过模仿和传播模型来进化的，人类的文化由一些基本的模式和符号构成，这些模式和符号可以通过模仿和传播来传递，而人类天生就具有模仿他人的倾向，这种倾向使得人类能够快速地学习和接受新的思想和文化[86]。"模因论"的思想对于人们理解和分析文化现象提供了一个有益的角度。它提醒我们应该留意那些在社会中流传的模式和符号，并思考它们是如何影响我们的行为和思维方式的。将"模因论"应用到数字化时代的媒体传播，探索如何让优质文化像基因一样复制传播，是让中国故事传播到更深更远处的有效途径。本书将在第七章的第三节中详细论述如何将"模因"的理论知识与大数据平台相结合，使其成为提高传播效力的工具。

2. 注重叙事风格的选择

了解符合受众的故事叙述体裁是提高故事传播影响力的有效途径。讲好中国故事，意味着要以故事受众为导向，以符合听者的叙事习惯为途径，而非直接以自身的文化思维将中国故事转换成其他语言。在当代西方文化中，受众倾向于接受的叙事体裁应包括开场、中场、结尾、冲突、分享、评论等多层结构[87]。对外传播的内容应注重"以小见大"，尤其应当加大对社会普通群众的关注。西方公众倾向于关注社会中普通人的言行举止，并将其作为一国的形象缩影。因而在讲好中国故事的对

85　常江，张毓强. 从边界重构到理念重建：数字文化视野下的国际传播 [J]. 对外传播，2022 (01): 54-58.

86　何自然，谢朝群，陈新仁. 语用三论：关联论·顺应论·模因论 [M]. 上海：上海教育出版社，2007.

87　咸佩心，张冬昊. 讲好中国故事 助力中国文化走出去 [J]. 杭州，2019 (38): 62-63.

外传播中，注重"以小见大"，通过多元叙述结构、方法，运用多种语言风格，关注目的语受众的接受体验和反馈，对提高故事传播影响大有裨益。

（二）易于理解的语言

1. 口语表达能力

从本质来看，"用外语讲好中国故事"是用外语的语言形式阐释中国故事中的文化，在这个过程中，既能提高学生的外语输出水平，将理论应用到实践，又能提高学生的国际传播能力，增强中国文化的国际影响力。

语言交流是一个编码和解码的过程，口语交流用发音编码，越接近故事受众的讲话方式，交流的效率也就越高。因而，在用外语讲好中国故事的过程中，外语的口语表达能力至关重要。正确的发音方式和地道的口语表达不仅能够提高受众对故事的理解，更体现了对他国文化的尊重与包容。

2. 共情的内容

从内容来看，"用外语讲好中国故事"是中国文化的对外输出，选择能引发接受者共情的内容进行传播有助于消除隔阂和误解。当人们能够感受到彼此的情感和体验时，他们更容易建立情感连接，相互理解并凝聚共同的价值观。选取产生共情的内容关键在于理解和尊重不同文化背景的价值观。选取那些多样性和包容性的主题，如平等、人权、环境保护等。确保故事内容能够创造一个公正、积极和产生共鸣的环境，让不同背景的人都能参与和表达观点。在选择特定话题时，多方面了解相关文化、历史和背景，以便传播内容更好地反映和尊重各个群体的观点和利益。尽量避免负面的内容或刻板印象的传播，这可能会导致偏见和误解的产生。通过选取能够激发共情的故事内容，可以促进不同文化之间的交流和融合，共情内容能够跨越语言和文化的界限，帮助人们更好地了解和欣赏彼此的价值观和传统。

学会用海外受众乐于接受的方式和易于理解的语言在"说"中讲好中国故事，就要懂得借力数字时代的大数据平台，发挥抖音海外版等媒介的生态传播功能；了解符合故事受众的叙事体裁，跳出已有的文化思维惯性，以听者为导向，提高故事的吸引力；认识到对外传播过程中正确的发音方式和地道的口语表达的重要性，这不仅关乎传播效率的提高，更是对他国文化尊重与包容的体现。此外，在故事内容的选择方面，要着重挖掘中国故事与国外文化之间的共通之处，着重渲染能引发共情的关键内容，如此方能有效减弱文化的排异反应，从而提高故事传播的影响力。

1. 为什么要构建融通中外的话语体系，其目的、核心和立足点是什么？

2. 请谈谈社交媒体环境下，中国声音应该如何"传出去"？

3. 请简述国际传播和大众传播的异同。

讨 论 题

我们应该如何让"国际受众"听到我们的声音？

第二章

国际传播的多元主体

学习目标

◇ 掌握国际传播主体的分类及特征

◇ 理解中国故事中国际传播主体的作用

◇ 了解翻译传播译者的主体意识在讲好中国故事中的作用

思考题 《人民日报》上"中国故事"的传播主体属于哪一种？

单元导读

在国际传播中，以"借船出海、造船出海"整合多元传播力量、精心构建对外话语体系，既需要有日益完善的顶层设计，也需要有精准传播的主体力量。既要实现国际传播的主体力量从"国家主导"向"个人参与"延伸，也要在"新地球村"与全球化的国际传播语境中将跨国企业打造成中国故事的闪亮名片、将非政府组织视为国际传播的重要主体，以海外读者喜闻乐见的方式、易于理解的语言，努力架构国际传播中增信释疑、凝心聚力的桥梁与纽带。

从"脱贫攻坚"到"乡村振兴"，从"一带一路"到"冰雪冬奥"，通过用外语来讲好中国故事，传播中国声音，展示真实、客观、立体、全面的中国形象[1]，翻译是实现文化出海的必经之路。面对目前国际舆论中"正负兼有、偏见犹存"的现状，树立"翻译传播者主体意识"对于构筑积极正面的中国形象是非常有利的。因此，中国特色外宣话语体系的确立就更为关键。

第一节　国际传播主体概述

进入 21 世纪以来，既往"中心—半边缘—边缘"的国际传播格局正在发生深刻变化。互联网技术实现地理空间与传播空间相互剥离，"地球村"预言已经成为现实。但与此同时，国际传播旧格局尚未被打破、"东方学"叙事扭曲东方信息、高素质国际传播人才仍然较为缺乏、国际舆论引导的难度日益加剧等也使得国际传播面临着巨大挑战。

1　习近平. 加强和改进国际传播工作 展示真实立体全面的中国 [J]. 经济导刊, 2021 (05): 2.

当前，"下大气力加强国际传播能力建设，形成同我国综合国力和国际地位相匹配的国际话语权，为我国改革发展稳定营造有利外部舆论环境，为推动构建人类命运共同体做出积极贡献"是国际传播的主要目标，国际社会期待着中国特色的战略传播体系能够通过其特有的中华文化的感召力、中国形象的亲和力、中国话语的说服力，以及国际舆论的引导力来提高其国际传播影响力[2]。让世界了解真实全面的中国形象，在纷繁复杂的思想交锋中、众说纷纭的国际舆论中传递中国自信和中国故事，这都需要加强国际传播主体的建设力量。国际传播的主体也不再仅仅局限于政府与国家层面，民间传播、组织传播、企业传播等共同形成了国际传播的主体结构。

本章通过对国际传播中各类传播主体的特征、作用与价值等维度的系统性阐述，探寻全球数字化语境下国际传播的主体如何讲好中国故事、凝练文化资产、寻找价值符号。

一、国际传播主体的界定

美国学者拉斯韦尔曾在其《传播在社会中的结构与功能》一文中提到了传播过程的 5W 模式，即"Who"（传播主体）、"What"（信息 / 说了什么）、"Which channel"（媒介）、"Whom"（受众）、"What effect"（效果）。在 5W 模式中，传播主体是信息传播的首要环节，对传播主体的研究称为控制研究。

国际传播的主体是相对于国际传播的客体或对象而言的，是指在开展和实施国际传播活动时的自主性实体。一般而言，国际传播主体是国际传播信息的提出方，是开展和实施国际传播活动的组织管理者以及相关信息收集、加工和传递的控制方。

有研究指出，国际传播主体研究的是实施国际传播与内容这个动作的主体，因此，只要是能够发出国际传播信息与内容的对象，都属于国际传播主体，简称国际传播者[3]。确切地说，国际传播主体是处于一定的国家传播生态环境中，利用传播手段将信息传送给不同国家的受众人群或组织。在国际传播主体的界定中，有关国际传播主体的描述大致可以分为三类：国家主体说、多元主体说以及无主体表述[4]。在过去由传统媒体主导传播过程的情况下，国家占据着国际传播的主导地位，把握着信息跨国流动的主导权。很长一段时期内，国际传播就是"以国家社会为基本单位，

2 江时学.论中国的国际话语、话语权及话语力 [J]. 国际关系学研究，2023 (03): 3-19.

3 刘利群，张毓强. 国际传播概论 [M]. 北京：中国传媒大学出版社，2011.

4 程曼丽. 国际传播主体探析 [J]. 中国传媒报告，2005 (04): 83-87.

以大众传播为支柱的国与国之间的传播"[5]。在传统的国际传播中，从事国际传播的媒体都是由国家出资创办的，如美国的"美国之音"、英国广播公司及前苏联的莫斯科广播电台等。因此，国际传播主体的性质也是政治性的[6]。然而，随着传播技术和互联网技术的发展，全球信息的传播范围跨越了以国家为主体的国际传媒。国际传播的主体也相应地发生了质的变化。在讲好中国故事、传播好中国声音的国际传播战略背景下，中国的国际传播主体也完成了从单一向多元多样、从政府到组织、从组织到个人的转变。除了国家和政府力量，国际组织、跨国企业、社会组织及个人共同构成了国际传播的主体。简言之，国际传播主体大致分为四类：国家政府、企业、社会组织及个人[7]。企业之所以能作为国际传播的主体，主要得益于国际媒体商业化的产生和发展。互联网媒体的兴起也进一步为个人和非政府组织提供了传播渠道，使得他们也成了国际传播的主体。在有关国际传播主体的界定中，还有仿效"大众传播"界定的一种"无主体"说法，认为国际传播不存在一个独立而明确的主体。然而，大众传播以研究信息传播过程和特点为主，国际传播则不同，其研究的不仅是传播信源，还包括在国家控制下的控制研究和媒介研究。中国于1992年出版的《宣传舆论学大辞典》对国际传播的界定是："国家与国家之间的信息交流活动，尤指以其他国家为对象的传播活动，可通过人际传播或大众传播形式进行，但以大众传播为主。"不同于一般意义的大众传播，国际传播具有跨国界、跨社会、跨文化性和时代性等特点。

二、国际传播主体的分类

从冷战到21世纪初，在世界传媒的国际传播史中，国家和政府曾是国际传播的最重要的主体，这种主体对国际传播的要求，先是基于安全，然后是基于国家发展需要[8]。然而，随着信息传播媒介技术的发展和社会的变迁，国际传播形态发生了相应的变化。国内学者指出，1990年前后，新型传播媒体的发展大幅度降低了信息跨境传播的成本，带来无域化网民全球性的大规模增长，实现了日益精确化的分众化传播[9]。伊万·波特（Evan H. Potter）曾在《网络外交：掌握21世纪的外交政策》一书中指出，"新传播科技为接触全球目标受众提供了一种新的机遇"[10]。

5　郭庆光. 传播学教程 [M]. 北京：中国人民大学出版社. 1999.

6　郭可. 国际传播学导论 [M]. 上海：复旦大学出版社，2004.

7　程曼丽. 国际传播学教程 [M]. 北京：北京大学出版社，2006.

8　周庆安. 当代中国国际传播的主体视野和身份认同变迁 [J]. 对外传播，2018 (11): 11-13.

9　李希光. 软实力与中国梦 [M]. 北京：法律出版社，2013.

10　Potter E H. Cyber-diplomacy: Managing Foreign Policy in the Twenty-first Century [M]. Montreal: McGill-Queen's University Press, 2002.

在世界交往如此频繁的地球村里，政府与国家力量在国际传播中虽已无法笼括国际传播的主体性，却已经在国际传播中占据主导性。"对外传播效果不再由单一主体决定，而是由多元主体形成的合力决定。"[11] 联合国教科文组织认为在世界报道中，各国媒体依赖传统三大通讯社的信息来源，造成了全球传播秩序的不平衡。从信息来源的角度看，呈现全球世界多样性的前提是报道视角的多样性，而主体的多元化为报道视角的多样性提供了重要的价值依据。政府之外的其他机构与个人也摆脱了在国际传播中的被动属性，以主体性的自我定位积极参与国际传播。传播主体的身份从"一元"到"多元"、从"官方"到"民间"、从"政府"到"行业"、从"宣教"到"专业"的过程，也是我国国际传播的主体性力量逐渐丰富、日益完备的过程。

（一）国家与政府：国际传播主体之一

即使在"新全球村"的全球传播语境下，国家与政府仍然是国际传播中最具权威性与主导性的主体力量。政府作为国家权力、国家意志的体现，其官方发布的权威性、信息获取的准确性、覆盖用户的广泛性使其在国际传播中长期占据主导地位。历史上，《史记·秦始皇本纪》记载：欲有学法令，以吏为师。《尚书·胤征》载有：每岁孟春，遒人以木铎徇于路，官师相规，工执艺事以谏，其或不恭，邦有常刑。不管是"遒人以木铎徇于路"，还是"以吏为师"，中国古代都是由官吏为百姓读法释法以维护礼制，官吏便是当时的传播主体[12]。在很长一段历史时期里，由于传播技术手段的限制，国际传播的主导者都是国家和各国政府[13]。

政府作为国家对外传播的"法定代言人"，通过代表各国实施国际传播战略、行使对外传播活动、展开公共外交等履行其主体职责。作为传播主体，政府传播既是一种政府在国际传播过程中的制度化传播行为，也是一种基于顶层设计与战略需要而进行的政府管理行为。各国政府在国际传播中最突出的特点是其主体身份的双重性，即既是国际传播活动的发出者和传播者，也是国际传播活动的控制者和管理者。

1. 信息传播者

在国际传播中，政府作为信息的传播者，其主要的职能表现在积极营造良好的国家形象、积极推进对外传播战略、深入推进国际传播合作、优化国际传播的基础设施等方面。为更好地加强对外宣传各自国家的国情和文化，世界各国都非常重视

11 程曼丽. 中国对外传播的历史回顾与展望 (2009—2017) [J]. 新闻与写作, 2017 (08): 5-9.
12 张晶晶. 传播主体与中国法治传播实践的变迁 [J]. 政法论丛, 2021 (06): 147-158.
13 高荣. 浅析互联网对国际传播的影响及策略 [J]. 今传媒, 2010, 18 (12): 131-132.

加强国际传播能力建设。如美国前总统布什于2003年1月21日签署了一项行政命令，成立了白宫"全球宣传办公室"（Office of Global Communication, OGC），该办公室力图通过更好地宣传美国的政策来改善美国在国外的形象，为美国赢得广泛的国际舆论支持。2008年，奥巴马上台仅4个月就建立了"战略传播机构间政策委员会"（Strategic Communication Interagency Policy Committee），以一个相对固定的机构来全面领导全球传播和重塑美国形象[14]。同年，我国国务院新闻办启动了国家形象系列宣传，力求用中国理论阐释中国实践，用中国实践升华中国理论，打造融通中外的新概念、新范畴、新表述，更加充分、更加鲜明地展现中国故事及其背后的思想力量和精神力量[15]。

随着我国日益走向世界舞台的中央，国际社会中不同的政治交锋和文化对冲使得我国的国际传播屡遭形象危机。面对"西方中心论"主导下的国际舆论态势，我国亟需强大的国际传播后盾力量。公共外交的出现改变了以往国际传播中传统的外交策略，并未将外交的主体局限在国与国之间、政府与政府之间，反而是在以国家和政府的意志为依托下，开展的一种新型外交。

清华大学著名国际传播学者周庆安曾在《超越有形疆界》一书中对传统外交与公共外交进行区分，指出公共外交的出现，首先对传统外交的结构和形式构成了革新。传统外交是国与国、政府主体与政府主体之间的关系，而公共外交则主要是在国家意志下，政府主体针对国际公众舆论的外交行为，并指出公共外交既是一种外交模式，又是一种传播模式，还是一种社会动员模式。[16]中国国务院新闻办公室原主任、公共外交研究学者赵启正也曾对公共外交进行界定："公共外交也叫公众外交，是面对外国公众，以文化交往或日常的往来为主要方式，在交往中表达本国文化、国情和政策。"[17]政府在公共外交中积极设置国际传播议题，借助文化交流、信息项目等形式，灵活深入地建立融通中外的话语体系，能有效影响外国受众，提高本国国际影响力，加强国际话语权[18]。

近年来，中国政府在国际传播中广泛宣介中国主张、中国智慧和中国方案，在倡导多边主义和全球治理观，积极推动建构全球人类命运共同体，全面阐述"中国

14　姜飞.美的传播与传播美学——在"三个一百年"意识下讲好中国故事 [J].中国记者,2021 (07): 28-33.

15　齐卫平.提升中国共产党执政话语国际传播力 [N/OL].人民论坛网,(2023-02-22) [2023-09-14]. http://www.rmlt.com.cn/2023/0222/666631.shtml.

16　周庆安.超越有形疆界:全球传播中的公开外交 [M].北京:中国传媒大学出版社,2018.

17　沈国放,赵启正.赵启正谈跨文化交流 [J].世界知识,2008 (04): 05-07.

18　程小玲.公共外交视野下我国主流媒体的国际传播力研究 [D].武汉大学,2016.

式现代化"等方面做出重要贡献。在 2013 年全国宣传思想工作会议上，习近平总书记强调要精心做好对外宣传工作，提升我国软实力，讲好中国故事；要推动国际体系和全球治理改革，增加我国和广大发展中国家的代表性和话语权[19]。2016 年，为了让世界都能听见中国声音，中国国际广播电台在 G20 杭州峰会前与意大利国家广播电视台合作推出"意中新丝绸之路——中国日"广播特别节目，全天候播出有关中国时政、科技、文化等内容。在大型国际活动中，作为国际传播主体的国家新闻媒体需承担起传播良好国家形象的职责。

2. 信息控制者

国际传播作为政府的一种制度化手段，从 2023 年 7 月 1 日起，已经以《中华人民共和国对外关系法》的法律形式开始施行，国际传播能力建设首次被写入了国家法律。政府在国际传播活动中既是信息传播者，也是宏观层面的信息"把关人"与"管理者"。作为信息的控制者，政府的职能是从战略维度保护国家信息主权，并将其他传播主体的行为纳入国家利益轨道。刘继南等主编的《国际传播与国家形象》一书中认为，国际传播在国际政治事件中除了引导舆论，还会对事件本身施加影响[20]。直到今天，国家政府还会对传播过程及传播信息源进行把关控制，这使得国际传播往往带有较浓厚的政治色彩。主权国家的权威性主要表现在信息占有和信息控制两个方面[21]。

在信息占有方面，国家或政府会对某些重要信息（如政治信息、军事信息等）高度垄断和占有。由于政治和军事信息是复杂且隐蔽的，在一定程度上会涉及国家机密，因此作为传播主体的国家和政府在信息占有上拥有绝对优势。如二十世纪五六十年代，面对严峻的国际形势，中共中央为保卫国家安全、维护世界和平，做出独立自主研制"两弹一星"的战略决策[22]。在当时，"两弹一星"属于绝密工程，一大批科技工作者为此以身许国，隐姓埋名多年。改革开放以后，有关情况才逐步披露，并引起了海内外各方面的注意。

在信息控制方面，政府通过管理和操控信息，控制信息发布的数量、种类和传播的内容等实现对信息传播有效的"把关"和"控制"。不同的意识形态决定了政

19 重温习近平8·19讲话：宣传思想部门必须守土有责 [EB/OL]. 中国共产党新闻网，(2013-08-19) [2015-8-19] http://cpc.people.com.cn/xuexi/n/2015/0819/c385474-27483230.html.

20 刘继南，周积华，段鹏，等. 国际传播与国家形象——国际关系的新视角 [M]. 北京：北京广播学院出版社，2002.

21 李智. 国际传播 [M]. 北京：中国人民大学出版社，2016.

22 钟久萱. 和衷共济同心同行——专访全国人大常委会副委员长、九三学社中央主席韩启德 [J]. 中国统一战线，2011 (10): 9-13.

府多样化的信息控制方式。一般而言，政府会通过法律法规等强制行政手段或是通过监督、引导等信息手段来控制其他传播主体。以美国为例，1941年12月7日，日本海军航空兵对珍珠港发动空袭；同年12月19日，美国政府依照《第一战争权力法》（*The First War Powers Act*）设立了新闻检查局（The Office of Censorship），并由美联社执行新闻主编拜伦·普赖斯（Byron Price）亲自挂帅，带领一万四千余名工作人员，开始对美国与其他国家之间的往来邮件、电报和无线电通信展开强制性检查。为了最大限度抹去不利于战局的消息，美国政府于1942年1月15日颁布了《美国报刊战时行为规约》（*Code of Wartime Practices for the American Press*），明确要求所有印刷品不得刊登有关军队、飞机、舰艇、战时生产、武器、军事设施乃至有关天气的不适当信息。

此后，美国政府又发布了类似《美国广播界战时行为规约》（*Code of Wartime Practices for American Broadcasters*），将这方面的禁令又进一步扩大至广播电台。国际传播在信息控制方面还可以体现在美伊战争期间。2003年的伊拉克战争之前，美国政府媒体就引导民众支持布什政府发动这场战争。美伊战争的"不对称"不仅是双方军事实力的悬殊，也因美国媒体借助强大载体所传播的信息具有明确的倾向性和舆论导向性。美国电视媒体利用自己强有力的舆论导向来影响美国民众，正是利用国际传播作为一种政治手段来引导大众。

（二）公司企业：国际传播主体之二

1996年，美国的《电信法》放宽了对广播和电视媒体所有权的限制，"放松管制"运动使美国的广播和电视媒体之间的商业化趋势日益明显。在全球经济一体化和媒体国际化的背景下，20世纪80年代后出现的跨国媒体集团进一步扩大了国际传播的范围，跨国企业也逐渐成为参与国际传播的重要主体力量之一。企业作为国际传播的主体主要呈现以下特点：

企业是营利性组织，一般分为非跨国企业和跨国企业。非跨国企业的市场和客户主要在国内，所以这类企业一般不会产生较大规模的国际传播行为，其国际传播行为带有偶发性和阶段性。跨国企业的经营范围一般是跨地域的，市场和客户遍布全球，如华为、苹果、联想、三星、飞利浦等。跨国企业在寻求全球市场的活动过程中必定会与外界产生信息交流，其中包括对外广告和公关宣传，从而产生了参与国际传播活动的需求。因此，跨国企业也已经成为当今国际传播的主体之一，其国际传播活动是经常性和持续性的。实际上很多跨国企业并没有专门负责国际传播的业务部门，在一些大型国企央企内，企业文化部和企业文化中心等宣传部门也同时承担着国际传播的工作。在民营跨国企业中，企业传播都是以盈利为目的的，所以这些职能主要由市场营销部和广告部承担。跨国企业参与国际传播活动多在国际广告和公共关系中呈现，如2022年中国北京举行的冬奥会上，各大跨国企业纷纷通过赞助、参加运营、组织活动等一系列方式来进行自我宣传。

在国际形势复杂多变的背景下，中国跨国企业在深度参与全球化的过程中，也需要进一步加强其国际传播能力，促成跨国企业成为国际传播的"闪亮名片"。尤其在面对国际负面舆论和突发危机的时候，企业创始人作为企业第一形象代言人，能够代表企业成为国际传播中的关键主体[23]。例如，在华为受到美国的制裁和"孟晚舟事件"之后，华为创始人任正非密集接受国内外主流媒体的采访，以跨国企业的视角正面回应了美国制裁可能对华为产生的影响，华为计划如何应对此次危机，以及未来如何加强与伙伴的合作等公众关心的一系列问题，不仅代表企业积极回应热点议题、应对企业形象危机，还在国际传播的维度建构了积极负责的中国企业形象，起到了驳斥负面国际舆论的造谣污蔑等定向"黑帽"的作用。

从专门从事国际传播活动的特殊公司属性来看，企业还可以分为非媒体企业和媒体企业。这类企业又可以具体分为跨国和非跨国两大类。非跨国媒体企业虽然也是主要面对国内市场的经营企业，但是其企业性质有别于生产型的非跨国企业，且随着国际互联网的出现，国内媒体企业和跨国媒体企业的界限逐渐变得模糊。国内媒体传播内容和传播行为直接关系到国家稳定与社会大局发展，他们所传播的信息大多有浓重的国家色彩和本体意识。因此，政府会通过法律法规、许可证制度和内容评级制度等对他们进行监督管理[24]。

跨国媒体企业在本质上仍属于跨国企业的经营范畴，但其传播属性相比一般跨国企业更加明显。通常指的是在全世界范围内经营的专业性国际传播企业，如美国时代华纳、迪斯尼公司，英国的皮尔逊公司，巴西的环球公司等。这些企业都是真正意义上的全球性媒体集团，但与非跨国媒体企业不同，跨国媒体企业既是传播的主体，又是传播的渠道和手段，集传播的主客体双重身份于一身，兼具目的和手段的双重性[25]。因此，跨国媒体企业的产品会尽可能地避免政治色彩，借助"文化例外"的原则积极寻求全球客户的"最大公约数"，最终采用搭建"共同的意义空间"，以共通的语言符号和特定的视听画面诠释全球传播中的"文化杂糅""文化融合"与"文化转型"。本土化语言是跨国媒体企业顺利进行国际传播的前提所在，如由

23　靳旭鹏.中国企业国际传播的四大传播主体 [J].对外传播，2021 (03): 51-52.

24　程曼丽.国际传播学教程 [M].北京：北京大学出版社，2006.

25　李智.国际传播 [M].北京：中国人民大学出版社，2016.

中国国际广播电台控股的环球时代传媒有限公司（Gbtimes）就把总部设在芬兰，面向欧洲传递"中国故事和中国声音"，其旗下的 Radio Classic 电台则雇用本地员工用芬兰语播放古典音乐节目。除此之外，Gbtimes 新闻网站还提供英语、法语、德语等其他语言的选择，同时也通过与不同地区的文化、媒体和受众深度融合来实现传播效果最大化。

（三）社会组织：国际传播主体之三

作为国际传播主体的社会组织，泛指政府与企业之外的、不以营利为目的的组织机构和团体。一般社会组织可以分成两大类：非政府组织（Non-Governmental Organizations）和政党组织。非政府组织通常是作为主权国家和政府间国际组织之外的"第三方"出现的，其基本特征是国际性的非政府组织，主要由国际性的非政府组织和主权国家内的非政府组织组成[26]。对于非政府组织的定义，莱斯特·M. 萨拉蒙（Lester M. Salamon）教授提出五特征法：组织性、非政府性、非营利性、自治性、志愿性。其中非政府性和非营利性被公认为非政府组织的基本特征。除了非政府组织外，社会组织还包括政党组织。政党组织是在政府和企业之外的社会组织成员，同样也是重要的国际传播主体。

作为国际传播主体之一的社会组织具有三大特点：组织主体的多样性、组织主体的多层次以及具有一定的国家色彩[27]。社会组织主体的多样性主要表现在社会组织的数量众多、种类繁杂，在组织定位、目标宗旨、组织形态、成员分工等方面各具特色。组织主体的多层次则表现为覆盖范围的地域性、区域性与跨国性等方面，其中可分为国内团体、区域团体、跨国团体、全球团体等；从行业领域细分，又可分为专业性组织或行业性组织。各自分属的层次不同，参与国际传播的程度与辐射范围也有所不同。

非政府组织是国际传播中的重要参与力量，可分为国际性非政府组织和主权国家内的非政府组织。1994 年联合国经济及社会理事会（Economic and Social Council，ECOSOC）将非政府组织定义为非营利机构，其成员是一个或多个国家的公民或公民的联合体，行动是由成员根据集体需要、或与其合作的团体需要而决定的。[28]一般而言，国际性非政府组织是指多个国家和地区为实现某一目标在全世界范围内建立的非营利性的跨国性社会组织。

26　邱凌. 国际传播案例库 [M]. 济南：山东大学出版社，2018.

27　程曼丽. 国际传播学教程 [M]. 北京：北京大学出版社，2006.

28　刘俊梅.INGO 对华"灰色区域"贸易措施的国际法规制困境与应对 [J].重庆社会科学，2023 (12)：156-169.

非政府组织既不以营利为目的，也不参与公共权力的竞争，其参与的大多是公共事务领域的议题倡导，旨在推进人类的公共利益。因非政府组织的非营利性与弱政治性，其在发起全球议题、倡导全球治理与人类命运共同体理念的推进等方面具有巨大的情感集结作用和舆论引导功能，从而对当前仍然欠合理的国际传播秩序施加压力。如国际上的非政府组织较多关注国际和平与安全、环境保护及人权领域，世界卫生组织（World Health Organization, WHO）、世界贸易组织（World Trade Organization, WTO）、非洲统一组织（Organization of African Unity, OAU）等都是非政府组织参与国际传播、探讨全球治理的典型代表。

需要特别指出的是，尽管非政府组织并不具有官方的政治属性，但其活动的推行与国家政府之间仍然存在密切关联。政策倾斜、资金帮扶、渠道拓展、活动审批等均受到政府的影响，因此在国家监管之下的非政府组织具有一定的国家色彩。

主权国家内部的非政府组织是指在一国范围内建立的由国内各方面成员参加的非营利性组织（包括各种学会、研究会、联合会或学校等），以及国际性的以国际交流为目的的各种团体、组织（包括中国人民对外友好协会、中国国际贸易促进委员会、国际商会等）[29]。如中国的孔子学院就是作为推广汉语和传播中华文化的非营利性的非政府组织。为促进汉语在国际上的传播，孔子学院一般设在国外大学及研究院之类的教育机构中，方便想要了解中国语言和文化的各国人民，更好地推动中外人文交流，与此同时增进国与国之间的相互理解。截至 2022 年年底，全球有 460 所孔子学院，分布在 153 个国家和地区，负责在境外传播中国语言与文化[30]。孔子学院自创办以来，累计为数千万各国学员学习汉语、了解中国文化提供服务[31]，在推动国际中文教育发展方面发挥了重要作用，成为世界认识中国的一个重要平台。因此，孔子学院符合非政府组织的组织性、非政府性、非营利性、自治性、志愿性等特点[32]。

意大利政治学者乔万尼·萨托利（Giovanni Sartori）认为，政党是被官方认定在选举中提出候选人并能够通过选举把候选人安置到公共职位上去的政治集团[33]。《辞海》对政党的界定是指代表一定阶级、阶层或社会集团的利益，为了取得和维

29　程曼丽. 国际传播学教程 [M]. 北京：北京大学出版社，2006.

30　宋莹莹，李艳. 我国语言培训行业供需现状与发展规模 [N]. 语言文字报，2023-06-21 (02).

31　王巍. 语言传播研究文献计量分析 [J]. 北京印刷学院学报，2023, 31 (04): 1-6.

32　宫兆轩. 文化作为非政府组织公共议题的传播研究——以孔子学院为例 [J]. 当代传播，2013 (03): 49-51.

33　萨托利. 政党与政党体制 [M]. 王明进，译. 北京：商务印书馆，2006.

持政权或影响政治权力的政治组织[34]。美国、英国以及一些英联邦国家大多实行政党制。在这种体制中，政府和政党是分开的，政党最终的目的在于执掌国家政权、组织，抑或是制约政府。美国政党对政府的影响主要体现在对总统选举的影响。为了支配或影响公众，政党势必会加强信息传播和舆论引导，通过政治上的宣传支配政治过程。就政治竞选而言，近年来社交媒体正在重塑美国总统竞选的所有关键环节，社交媒体已深入其中并发挥了不可忽视的作用。在政治竞选中，各个政党都会有自己的宣传团队对候选人进行包装，使之满足选民的期待，还要将社交平台作为重要的信息发布渠道，从而将自己的理念和主张推到媒体报道和民众讨论的中心位置。如 2008 年美国总统大选时，YouTube，Myspace，Facebook，Flickr 等社交媒体蓬勃发展，奥巴马与时俱进，将竞选官网 my.barackobama.com 作为信息的中央厨房，将这些社交平台作为重要的信息发布渠道，形成一个中心、多个支点的信息扩散结构[35]。奥巴马在各类社交媒体上拥有大量粉丝，并在那次大选完胜罗姆尼之后，获得"互联网总统"的称号。

（四）个体：国际传播主体之四

个体是参与国际传播最直接的节点，从中国唐代玄奘的西行到意大利马可·波罗的东方之旅，个人作为主体在历史上的国际传播中发挥着至关重要的作用。随着互联网消解了国际传播的地域边界，社会公众也通过 UGC（User Generated Content，用户生成内容。一般指用户利用软件、网站及应用程序等工具创造各种类型的内容，从而实现该内容的分析传播的过程）参与国际传播和国家形象塑造，并以海外读者喜闻乐见的方式、易于理解的语言，努力成为增信释疑、凝心聚力的桥梁纽带。在传播技术推动下，当前国际传播行为主体正在走向更为微观的对象，传播内容也在碎片化、个性化、人格化与节点分发中形成传播闭环[36]。虽然个人在国际传播中的作用和影响力与政府、跨国企业及社会组织相比仍微不足道，但在媒体社交化、智能化、数字化等发展趋势下，以"李子柒"现象为代表的跨文化传播已经见证了个体在传输中华文化、建构国家形象方面的独有魅力。个体作为国际传播主体的特点和传播形式主要有：

1. 传播身份的模糊性

相较于国家政府、企业、社会组织等国际传播主体，个体在国际传播中的身份

34　辞海编辑委员会.辞海 [M].上海：上海辞书出版社，1999.

35　邵国松.社交媒体如何影响美国总统竞选 [J].人民论坛·学术前沿，2020 (15): 83-93.

36　黄志敏.国际传播民间传播者研究综述——结合李子柒个案分析 [J].新闻传播，2021 (07): 10-12.

表现出了一定程度的不明确性。身份的不明确性既包括不同的性别、年龄、职业、阶层和政治倾向等个人属性，也包含不同社会环境下不同的社会属性[37]。个体作为参与国际传播的节点，其身份属性也具有多样性的特征，科学家与艺术家、企业员工、体育明星、学生、官员、学者等均是参与国际传播的重要个体节点。互联网架构了个体参与国际传播和交流的桥梁，也为发掘更多"全球媒介事件"中的"中国机会"提供了良好契机。TikTok，Facebook，Twitter 等都已经成为个体参与国际传播的重要海外社交媒体，通过这些海外社交媒体，"借船出海"成为可能。任何个体都可以对国际事态发表言论、提出见解，但网络的隐匿性特质和 ID 的"后台"隐藏，使得个体可以在网络互动的过程中随心所欲地选择和扮演不同的角色，而他们在现实世界的真实身份可以在网络传播过程中被隐匿。个人身份的模糊性和隐匿性，也使得个人在参与国际传播时呈现出双重性特征。其一，隐匿身份的人可以无拘束地参与国际传播行为，并且无所顾忌地向国际社会表达不同的意见；其二，由于身份的模糊和隐匿性，个体作为传播主体无法保证像国家或企业那般成为能够约束自身、理性发言的责任主体。因此，个体参与国际传播活动时多以提供信息线索、发布"公民新闻"的方式出现。而其身份的隐匿性也亟需像《互联网安全法》《互联网信息服务管理规定》等刚性约束的规制以及"互联网法院"的把关，才能保证个体参与国际传播活动的有序性。

2. 传播动机的多样性

从国家、企业、社会组织到个人，不同行为主体对外交的具体目标可大体归纳为三种：寻求政治认同、强化经济合作、推进文化交融[38]。由于个体身份的多样性，传播动机也不尽相同，如政客的国际传播目标可能是服务于政治选举、政治形象塑造、笼络中立派别；企业负责人则更加注重通过国际传播打开国际市场，进而达到企业文化"漂洋过海"、产品推广"落地生根"的传播目的；娱乐及体育明星则或服务于国家的外宣大局、或服务于特定的组织机构、或通过争取海外受众的支持拓展个人事业的海外市场版图。自 2005 年起，姚明就积极参与野生救援开展的对野生动物的保护活动：2006 年、2009 年、2012 年及 2013 年，姚明携手各界亲善大使共同发布保护濒临灭绝动物的宣言。2014 年 2 月，英国广播公司（BBC）对姚明进行了专访，并发表了题为"Yao Ming joins campaign

37 靖鸣，杨瑾怡，冯馨瑶．回归起点：传者身份与身份传播——身份传播学的学科建构及其意义 [J]．当代传播，2022 (01)：19-26．

38 唐润华，刘昌华．大变局背景下国际传播的整体性与差异化 [J]．现代传播 (中国传媒大学学报)，2021, 43 (04)：75-79．

against illegal wildlife trade" 的文章，同年《华盛顿邮报》发表了题为 "Yao Ming aims to save Africa's elephants by persuading China to give up ivory" 的文章，成为文体明星参与国际传播的典型案例。西方主流媒体的关注和报道，有利于姚明的个人形象及其背后的中国国家形象的展示。普通民众则以个人情感抒发、交流分享为主动诉求。

3. 传播形式的灵活性

新媒体时代也是大众传播的新时代。人类的国际传播活动经历了从传统的人际传播到现代的大众传播形式的转换，已从跨国界的人际交往发展成借助大众媒介的跨国媒介交往[39]。互联网媒介发展起来之前，个体作为传播主体进行国际传播的媒介往往采用口头宣讲、报纸、读物、书籍、游记等形式，随着媒介融合的纵深推进，个体参与国际传播的灵活性得以进一步彰显。如公元 13 世纪，意大利商人马可·波罗在《马可·波罗游记》里记述了他经行地中海、欧亚大陆和游历中国的长篇游记。这部游记是人类史上西方人感知东方的第一部著作，马可·波罗也以一己之力向整个欧洲传播了他在神秘东方的见闻。早期的时候，除了游记之外，传记也是个体作为国际传播主体的传播渠道之一。中华人民共和国成立之初，中国政府非常注重与外国友好人士的往来，并通过他们对外传播中国。如 1959 年，中国国际和平促进委员会出面邀请美国著名的黑人学者杜波依斯（William Edward Burghardt Du Bois）来中国访问，杜波依斯及其夫人在各自的自传中都非常详细地介绍了中国，并热情讴歌了中国的成就[40]。讲好当代中国故事既需要"自塑"，也需要"他塑"。我国外文局通过"外国人写作中国计划"，以"他者"视角讲述中国的发展故事，自 2017 年 3 月起，该"计划"面向全球公布《国家"丝路书香"工程"外国人写作中国计划"第一期项目征集指引》，借助中国文化译研网（Chinese Culture Translation and Studies Support Network, CCTSS）等平台，积极联动国内主流出版机构、整合海外作者资源，并先后向国内外 150 家出版企业，1 000 余名中国文化译研网海外汉学家、翻译家等会员定向发送征集指引，引发海内外社会各界积极回应，取得了丰厚的成果[41]。

39　李智. 国际传播 [M]. 北京：中国人民大学出版社，2016.

40　WILLIAMS A S. 从 W·E·B·杜波依斯到黑豹党：美国黑人在红色中国 [EB/OL]. 乌有之乡网刊，(2020-07-29) [2023-09-14]. http://www.wyzxwk.com/Article/lishi/2020/07/421604.html.

41　译研动态 |"外国人写作中国计划"成果发布暨签约仪式 [EB/OL]. 个人图书馆，(2017-08-23) [2021-05-19]. http://www.360doc.com/content/21/0519/13/75351763_977891002.shtml.

互联网传播平台是人类迄今为止最具活力的传播工具，给国际传播提供了更多的可能性。截至 2023 年 3 月，中国网民规模已达 10.67 亿，互联网普及率为 75.6%[42]。由于个体参与国际传播的灵活性，越来越多的个体有意或无意地参与到了国际传播中。他们借助新媒体进行国际传播活动的形式非常多样，如社交网络、博客、维基、论坛、内容社区、微博、推特、油管、TikTok 等，其中 TikTok 等近年来兴起的网络视频是作为国际传播主体的个人最常用的一种传播形式。2019 年，中国内地短视频创作者李子柒个人频道在油管订阅量 800 万，接近美国著名媒体美国有线电视新闻网（Cable News Network, CNN）在该平台的订阅量，为中华文化收获了大批热情的海外受众。

三、不同国际传播主体的对比

（一）国际传播主体的性质不同

随着媒介终端向移动化、社交化、智能化平台的迁移，信息传播主体也日益丰富、多元。传播主体性质的不同也就决定了其传播目的、形式及内容的不同。作为国际传播主体的国家和政府，主要对外呈现的是国家形象，是国家信息传播的延伸，具有绝对的权威性。与其他传播主体不同，国家作为传播主体最主要的特性是它既是国际信息传播活动的发出者，也是信息的"把关者"与管理者。企业在参与国际传播时的文化属性与经济属性决定了其传播属性，因此宣传品牌文化、服务产品推广、拓展海内外市场是其国际传播活动的出发点与落脚点。由于这些活动是持续发生的，企业的国际传播活动也具有经常性和持续性等特征。社会组织的多样性决定了其在不同类型主体主导下的传播性质也是不同的，如非政府组织的传播多以促进公共议题解决、搭建公共交流平台等为主；文化类组织传播则以促进文化交流互鉴、推动文化融合转型等为主要内容。个体参与国际传播的程度随着互联网渠道的日益畅通而逐步提高，但因其本身具有的隐匿性和随意性等特征，个人参与国际信息传播的行为仍然需要国家主流意识形态的管理与引导。

（二）国际传播主体的影响力不同

政府是国家行政机关，也是国家权力的执行机构。在当前的国际传播中，政府仍然是参与国际传播的主导性力量。在主流意识形态的引领、主流价值观念的输出等与国家主权、国家利益密切相关的议题方面，国家与政府具有天然的公信力与权

42　第 51 次《中国互联网络发展状况统计报告》[EB/OL]. 中国互联网络信息中心，(2023-03-02)[2023-09-14]. https://www.cnnic.cn/n4/2023/0303/c88-10757.html.

威性。如 2017 年，第一届"一带一路"国际合作高峰论坛在北京举行，其中 29 位国外元首及政府首脑，以及来自 140 多个国家、80 多个国际组织的 1 600 多名代表与会。作为中国重要的主场外交活动，中国在会议期间宣布将加大对"一带一路"建设的资金支持，建设"一带一路"自由贸易网络、启动"一带一路"科技创新行动计划等，为共建"一带一路"注入强劲动力。中国政府在这一主场外交活动中表现出的传播主体优势，推动了多个国家和国际组织同中国签署了"一带一路"合作文件，最终"一带一路"精神被写进联合国、中非合作论坛、上海合作组织、亚欧会议等重要国际机制成果文件，"人类命运共同体"日益成为国际合作的共识。

社会组织在国际传播影响中的主体性作用也不容小觑，世界贸易组织、国际货币基金组织、国际公益组织等非政府国际组织在世界范围内也有着相当大的国际传播影响力。以中国扶贫基金会为例。在国际人道主义救援方面，中国扶贫基金会先后开展了厄瓜多尔地震和海地"马修"飓风救援活动，得到了联合国机构、当地政府的高度认可，也引起了国外媒体的广泛关注。

企业在国际传播中的主体性和影响力取决于其国际市场的开发程度、国际市场的辐射范围等。若是全球性的跨国企业，其跨国经营行为通常也是各国媒体关注的焦点。2017 年，WPP 传播服务集团（Wire & Plastic Products Group）和凯度华通明略（Kantar Millward Brown）联手 Google 发布首期"BrandZ 中国海外品牌 30 强"排行榜及公告，公布了海外市场经营较成功的中国品牌。其中，消费电子品牌排行榜中，联想、华为和小米分别位列第一、第二和第五[43]。

个体在参与国际传播时，由于其传播身份的隐匿性和节点性，影响力相对较弱。然而个体在参与国际传播时引发的迷因效应可能促成特定的国际传播现象。此外，主流网红、文体明星、国际主播等也并非完全脱离其所属的组织单位而以个人身份参与国际传播活动，因此其所带来的影响力与传播力也不可单纯地强加在个体性之上，个体性背后的组织性需要被纳入国际传播效果的测量范围之内。

（三）国际传播主体利用媒体程度的不同

传播主体传播动机的多元化也在一定程度上影响了媒体选择。在数字化开发程度尚不足的时期，国家对于传播活动掌握信息垄断权，既表现为允许某些信息流动，也表现为禁止某些信息输出。主流媒体是国家进行国际传播时主要的发声"喉舌"，如美国之音（VOA）、英国广播公司（BBC）、中国国际广播台（China Radio International）、美国有线电视新闻网（CNN）等均为不同媒介体制下各国对外传播的主流媒体。

43　邱凌 . 国际传播案例库 [M]. 济南：山东大学出版社，2018.

随着全媒体时代到来以及日常生活的媒介化和全球化，国际传播的主体跳出了以主流媒体讲述为主的单一框架。但主流媒体在提供国际一线新闻、国际社会最新态势等方面仍然表现出其特定的专业优势与主流舆论的引导优势。因此，企业、个人参与国际传播的行为多以主流媒体所提供的信息资讯为传播前提。在重要的战略信息获取方面（如军事情报、外交信息等），主流媒体又与官方存在密切的合作关系，因此国际传播主体的多元化并未割裂各类主体之间的勾连性，整合多元的传播力量、架构互相沟通的桥梁才能推促形成同我国综合国力和国际地位相匹配的国际话语权，为我国改革发展稳定营造有利外部舆论环境，为推动构建人类命运共同体做出积极贡献[44]。

第二节　中国故事中的国际传播主体

一、案例 1：国家政府主体

（一）故事背景

无论是在传播技术手段有限的过去，还是在互联网高速发展的现代，国际传播中最重要的主体都是国家和各国政府。政府在长期主导国际传播的过程中，成为国家对外传播的法定"代言人"，代表各国对外行使传播的职责，具有绝对的权威性。

中华人民共和国外交部是我国的外交机关，代表国家维护国家主权、安全和利益，代表国家和政府负责处理我国政府与世界其他国家政府及政府间国际组织的外交事务[45]。外交部发言人在例行记者会上有关中国政府事务的回答，就是代表国家和政府，作为国际传播的主体，向国际讲述中国故事，表达中国态度。

2022 年 7 月 1 日是香港回归 25 周年庆典日，当日上午香港回归祖国 25 周年大会暨香港特别行政区第六届政府就职典礼成功举行[46]。同时，美国、英国等西方国家发表声明或谈话，声称香港民主法治遭到破坏，中方未能履行"一国两制"承诺。中华人民共和国外交部发言人对此做出正面回应，讲述香港回归、"一国两制"故事，

44　蔡文成，牟琛．日韩学界关于人类命运共同体理念的解读评析 [J]．世界民族，2022 (06): 17-28.

45　中华人民共和国外交部主要职责 [EB/OL]．外交部，（不详）[2023-09-14]．https://www.mfa.gov.cn/web/wjb_673085/zyzz_673087/.

46　外交部发言人办公室．【双语】例行记者会 /Regular Press Conference (2022-7-1) [EB/OL]．腾讯网，(2022-07-02) [2023-09-14]．https://new.qq.com/rain/a/20220702A02AJS00.

表达中国态度。本节故事内容选自 2022 年 7 月 1 日外交部例行记者会上发言人对西方国家声明或谈话的回应发言。

（二）故事内容 [47]

Today we celebrate the 25th anniversary of Hong Kong's return to the motherland. President Xi Jinping personally attended the meeting celebrating the 25th anniversary of Hong Kong's return to the motherland and the inaugural ceremony of the sixth-term HKSAR government, and visited the Hong Kong SAR. He was warmly greeted by people from various sectors.

今天是香港回归祖国 25 周年庆典日。习近平主席赴香港出席香港回归祖国 25 周年大会暨香港特别行政区第六届政府就职典礼，并视察香港特别行政区，受到香港社会各界热烈欢迎。

President Xi Jinping delivered an important speech at the meeting celebrating the 25th anniversary of Hong Kong's return to the motherland. He fully recognized the success seen by the world of "one country, two systems" in the past 25 years. He stressed that "one country, two systems" is a sound policy that has been well-tested in practice. It serves the fundamental interests of the country and the entire nation, and serves the fundamental interests of Hong Kong and Macao. It has the overwhelming support of the over 1.4 billion Chinese people and has been fully endorsed by residents across Hong Kong and Macao. It has also been well-received internationally. President Xi underscored that the Central Government will remain firmly committed over the long term to the policy of "one country, two systems" without deviating. He also stressed the importance of applying the policy fully and faithfully, of ensuring a high degree of autonomy in the SAR while upholding the Central Authorities' overall jurisdiction, of following the principle of patriots administering Hong Kong, and of maintaining Hong Kong's unique status and advantages. President Xi's important speech has drawn up a blueprint for Hong Kong's development as it enters the new stage of transition from governance to greater prosperity, and pointed the way to achieve steady and continued success of "one country, two systems". We are convinced that with the strong leadership and firm support of the Central Authorities, with the great motherland having its back, and with the united efforts of over seven million Hong Kong compatriots, Hong Kong will surely create an even brighter future.

47　外交部发言人办公室 .【双语】例行记者会 /Regular Press Conference (2022-7-1) [EB/OL]. 腾讯网 , (2022-07-02) [2023-09-14]. https://new.qq.com/rain/a/20220702A02AJS00.

习近平主席在香港回归祖国 25 周年大会上发表重要讲话，高度肯定香港回归 25 年来"一国两制"实践取得举世公认的成功；明确指出"一国两制"是经过实践反复检验了的，符合国家、民族根本利益，符合香港、澳门根本利益，得到 14 亿多祖国人民鼎力支持，得到香港、澳门居民一致拥护，也得到国际社会普遍赞同的好制度；中国中央政府将长期坚持"一国两制"方针不会变的坚定立场；同时强调必须全面准确贯彻"一国两制"方针，必须坚持中央全面管治权和保障特别行政区高度自治权相统一，必须落实"爱国者治港"，必须保持香港独特地位和优势。习近平主席的重要讲话为处在由治及兴新阶段的香港发展擘画了蓝图，为"一国两制"行稳致远指明了方向。我们相信，有中央的坚强领导和坚定支持，有伟大祖国作为坚强后盾，有 700 多万香港同胞团结奋斗，香港一定能创造更加美好的明天。

At this joyous moment for Hong Kong compatriots and all other Chinese, certain Western countries chose to wantonly criticize the practice of "one country, two systems" in Hong Kong and point their fingers at Hong Kong affairs, which are purely China's domestic affairs. We firmly oppose and strongly condemn this. These countries keep stressing the importance of democracy and human rights, but remain oblivious to their own serious problems and poor track records. They have no authority to pass judgement on a prospering, stable, united and flourishing Hong Kong. We want to make it clear to these countries that no attempt to maliciously smear the success of "one country, two systems" will lead anywhere; no attempt to meddle in China's internal affairs will succeed; no external force will bar the steady and continued success of "one country, two systems" or stop Hong Kong from enjoying lasting prosperity and stability.

个别西方国家在这一属于包括香港同胞在内的全中国人民的喜庆时刻跳出来，对"一国两制"在港实践说三道四，对纯属中国内政的香港事务指手画脚，中方对此坚决反对和强烈谴责。我想强调，这些国家动辄把民主人权挂在嘴边，却对自身存在的严重问题和斑斑劣迹视而不见，他们没有资格对一个繁荣稳定和团结奋进的香港说三道四。我们要正告这些国家，任何对"一国两制"成功实践的抹黑都是徒劳的，任何对中国内政的插手干预都不可能得逞，任何外部势力都阻挡不了"一国两制"行稳致远、香港保持繁荣稳定的前进步伐。

（三）故事分析

1. 国际传播中国家主体的主导性

无论是过去还是现在，政府都是国家对外传播的法定"代言人"，也是国际传播中最重要的一部分。作为信息的控制者，国家和政府对于传播的信息拥有绝对的决定权和处理权，并将其他传播主体的行为纳入国家利益的轨道，以维护国家的信息主权。这体现了国际传播中国家主体的主导性和绝对权威性。

外交部作为我国的外交机关，负责处理我国政府与世界其他国家政府及政府间国际组织的外交事务。外交部发言人在例行记者会上有关香港回归祖国、"一国两制"的回答，就是代表国家和政府，向国际表达中国的立场态度。外交部发言人引用了习近平主席在香港回归祖国 25 周年大会上的重要讲话，重申中国对"一国两制"承诺的履行，以评述的方式讲中国"一国两制"的故事，态度明确，表达权威；同时，正面回应西方国家的质疑，在严峻的国际舆论环境中引导主流价值观，增强社会凝聚力。

2. 树立良好的国际传播形象

国家和政府之于国际传播最突出的特点之一便是作为信息的传播者。而作为信息的传播者，国家从事国际传播主要的职能是加强对外沟通，树立良好的国际传播形象。然而，随着我国国际地位和影响力的不断提升，国家形象不可避免地存在一定程度上的误解。因此，国际传播可以作为拓展外交活动的渠道，为政府宣传营造良好的传播环境。

在外交部例行记者会上，外交部发言人代表国家和政府回应西方国家对中国事务的质疑，实际上也是在与国际上其他国家和政府进行沟通，在沟通中体现中国的大国形象。面对西方国家对香港回归、"一国两制"承诺的质疑，外交部发言人有理有据地给予正面、绝对权威的回应，在回应中讲"一国两制"的中国故事，表明中国态度，有助于树立良好的国际传播形象。

3. 以国家为叙事主体的国际传播对国家认同感的体现

外交部发言人在例行记者会上的发言，实际上也是在以国家为主体进行叙事，回应西方国家对中国事务质疑的同时，讲述了中国"一国两制"的成功实践故事，表明了中国的坚定立场和态度。发言人是以中国人的身份，代表中国国家和政府进行回应的，无论是用汉语还是用英语表达，都体现了发言人强烈的身份认同和国家认同感。

同时，正因为发言人有着深刻的国家认同感，其表达才会如此坚定明确、不容置疑，彰显出中国的大国风范，在正面回应西方国家质疑、坚决反对其干涉中国内政的同时，激发国人的爱国情怀和国家认同感。当我们用外语讲述中国故事时，也应始终牢记自己作为中国人的身份，通过这种方式进一步建构和体现国家认同。

二、案例 2：公司企业主体

（一）故事背景

在经济全球化和国际媒体商业化大整合的背景下，公司和企业也逐渐成为国际传播中重要的传播主体。作为营利性组织，企业一般分为市场和客户主要在一国之内的非跨国企业，以及经营范围超越国家、其市场和客户遍布全球的跨国企业。

跨国企业在寻求全球市场和进行经营的活动过程中必定会与外界产生信息交流，其对外发布的广告和公关宣传在各国传播，受到国际媒体的关注。同时，跨国企业的国际传播活动是经常性和持续性的。因此，跨国企业也已经成为当今国际传播的主体之一。

华为技术有限公司（以下简称"华为"）作为中国的跨国公司，业务遍布全球，是全球领先的 ICT（信息与通信）基础设施和智能终端提供商[48]。华为年度报告中的董事长致辞，一方面讲述华为公司的故事、体现华为的成就和贡献，另一方面对公司业务进行宣传、吸引全世界的供应商和顾客。作为一家跨国企业，华为在官网上发布的年度报告能达到较好的国际传播效果，展现正面的中国形象。本节故事内容选自 2022 年华为年度报告中的董事长致辞。

（二）故事内容 [49, 50]

Growing Together with Partners Through Ongoing Innovation
持续创新、开放合作，与全球伙伴共同成长

With an unwavering focus on research and innovation, we are working with our partners worldwide to probe the frontiers of science and technology. Together, we want to drive innovation and create greater value for all industries and society. In 2022, our R&D spend was about CNY161.5 billion, about 25.1% of the company's annual revenue. Our total R&D investment over the past decade amounts to more than CNY977.3 billion.

华为重视研究与创新，愿意与世界开放合作，共同探索科学技术前沿，推动创新升级，为全行业、全社会创造价值。2022 年，华为研发费用支出为人民币约 1 615 亿元，占全年收入的 25.1%。近十年累计投入的研发费用超过人民币 9 773 亿元。

48　公司简介 [EB/OL]. 华为，（不详）[2023-09-14]. https://www.huawei.com/cn/corporate-information.

49　华为投资控股有限公司 2022 年年度报告 [R/OL].（不详）[2023-09-14]. https://www-file.huawei.com/minisite/media/annual_report/annual_report_2022_cn.pdf.

50　Huawei Investment & Holding Co., Ltd. 2022 ANNUAL REPORT [R/OL].（不详）[2023-09-14]. https://www-file.huawei.com/minisite/media/annual_report/annual_report_2022_en.pdf.

We have set up 86 tech labs around the world that dive deep into fundamental theories and core technology systems. In the wireless network domain, we are working with the industry to define the vision and roadmap for 5.5G and promote its adoption, further advancing evolution of ICT infrastructure. In AI, we have launched the OptVerse AI Solver that helps solve complex high-dimensional optimization problems across a wide range of scenarios. In software, we are working with partners to create thriving open source ecosystems around openEuler and OpenHarmony, with the aim of better adapting to future computing scenarios while offering the world more options for operating systems.

我们扎根基础研究，建立了 86 个基础技术实验室，完善相关的核心技术体系；在无线领域，与全球产业界共同探索和定义 5.5G，倡议全面迈向 5.5G 时代，推动 ICT 基础设施持续演进；在 AI 领域，发布天筹 AI 求解器，满足多场景的复杂问题高维优化求解需求；在软件生态方面，持续开源开放，与合作伙伴一起共同促进欧拉和鸿蒙开源生态的繁荣，共同打造覆盖未来计算场景的开源操作系统，为世界提供第二种选择。

As part of our broader collaboration efforts, we actively engage with universities and research institutes around the world, where we work together to address our industry's toughest challenges and drive scientific and technological progress. In 2022, we officially launched the Chaspark website, an open platform for academic exchange. This website has attracted more than 120,000 users, including many professors and experts in their fields. Huawei has distilled a number of real-world industry problems into scientific challenges, and has made them publicly available for joint exploration. Through this platform, we want to explore new models for collaboration in science and technology. We first released *Communications of Huawei Research* in June 2022, a journal that shares views and findings in various domains of scientific exploration. To date, this journal has covered research results from more than 170 Huawei scientists and non-Huawei researchers.

我们持续开放合作，加强与全球高校、科研机构合作，共同应对世界级的挑战和难题，促进科技进步。2022 年，黄大年茶思屋网站正式启用，吸引教授及专家等用户超过 12 万，将产业和行业的难题抽象为科学的问题，以"难题揭榜"的方式向全社会公开发布，探索科学技术合作的新模式；《华为研究》自 2022 年 6 月对外发布，分享在科学探索过程的发现与观点，涵盖来自 170 多位华为科学家及外部学者的研究成果。

On the operations side, Huawei is committed to globalized operations and diversifying our supply chains to ensure long-term, continuous, and stable supply, and to lay the foundations for more sustainable development. We have established long-term partnerships with over 10,000 suppliers and partners around the world. Through open collaboration, we strive to overcome all manner of difficulties and challenges over the course of development. We are confident that our work with partners around the world will help forge a secure, reliable, competitive, and healthy value chain.

我们坚持全球运营，实施多元化的供应策略，构建长期、持续、稳定的供应能力，保障供应连续性和面向未来的可持续发展。我们与全球上万家供应商和合作伙伴建立长期合作关系，在开放合作中解决发展中的问题。华为有信心、也有能力继续与全球合作伙伴共同奋斗，共同成长，打造安全、可靠、有竞争力的健康产业链。

（三）故事分析

1. 专注研发创新，实现开放合作共赢

华为重视研发和创新，愿意与世界开放合作。面向未来的可持续发展，华为专注在研究与创新领域的投资，不断探索科学技术的前沿；同时，华为能及时识别产业的需求，攻克世界级的难题，并且以愿景和假设为牵引，与全球学术界开放合作，持续探索新理论、新架构、新技术，支撑产业长期可持续发展[51]。

华为秉承"开放、合作、共赢"的宗旨，携手各行业、各领域的产业和生态伙伴共建和谐健康的全球产业生态，这是华为对建构良好的中国企业国际形象的重要贡献[52]。华为作为中国企业国际传播的主体，在2022年年度报告中，多用数字和总括性表达，重在体现华为2022年的发展成果和贡献，并用行动诠释了其研发创新的理念和开放、合作、共赢的宗旨。

2. 重视国际营销，展现正面中国形象

华为作为中国跨国公司的优秀代表，经营范围跨越多个区域，市场和客户遍布全球。华为在寻求国际市场和进行经营的活动过程中，与国际产生信息交流，其在官网上发布的介绍、广告、公关、宣传信息设有多个语种，在各国进行传播，受到国际上各行业、各领域的关注。同时，华为的国际传播活动是经常性和持续性的。华为作为国际传播主体，不仅代表中国企业，更充分展现中国形象。

51, 52　公司简介 [EB/OL]. 华为，（不详）[2023-09-14]. https://www.huawei.com/cn/corporate-information.

华为是在国际范围内领先的信息与通信基础设施和智能终端提供商[53]。华为董事长在华为 2022 年年度报告中的致辞，是面向全球讲述华为在 2022 年的企业故事，体现其一年的成就和对所属领域、行业的贡献；同时，这些成就和贡献有利于公司业务的宣传，吸引全球的供应商和消费者。作为中国跨国企业的优秀代表，华为年度报告中的董事长致辞能达到较好的国际传播效果，向全世界展现诚信、可靠、开放、创新的中国形象。

3. 跨国公司进行国际传播时展现的国际视野

华为董事长在年度报告中的致辞充分展现了华为的开放精神和国际视野。作为一家优秀的跨国公司，华为是在全球背景下讲述其 2022 年发展历程的，其中不仅提到华为的开放合作和全球运营，还展现了华为对全球视域下所属领域和行业的贡献，这表明华为会越来越与国际接轨，打造世界品牌。

在以企业为传播主体进行的国际传播中，国际视野的重要性不仅体现在助力企业发展、树立企业形象上，更体现在展现企业背后所代表的国家形象上。华为在国际视野下讲述的发展故事，既树立了华为极具开放精神的企业形象，又展现了中国的开放大国形象。我们在用外语讲述中国故事时，也应当将视野放宽、将眼界放远，讲述国际视野下的中国故事，以顺利进行跨文化传播和国际传播。

三、案例 3：社会组织主体

（一）故事背景

社会组织，泛指政府与企业之外的、不以营利为目的的组织结构和团体。一般社会组织可以分成两大类：政党组织和非政府组织。政党组织是以执掌或参与政权为主要目标开展共同行动的政治组织；非政府组织主要由国际性的非政府组织和主权国家内的非政府组织组成，其中非政府性和非营利性被公认为非政府组织的基本特征。

中国国际中文教育基金会是由多家高校、企业等共同发起成立的公益性民间组织，也属于非政府组织，其宗旨是通过支持世界范围内的中文教育项目，促进人文交流，增进国际理解，为推动世界多元文明交流互鉴、共同构建人类命运共同体贡献力量[54]。中国国际中文教育基金会作为国际传播主体，其信息传播能引起广泛关注，促进中外交流。本节故事内容节选自中国国际中文教育基金会官网上杨卫理事长的致辞，讲述中国国际中文教育基金会和国际中文教育的故事。

53　公司简介 [EB/OL]. 华为，（不详）[2023-09-14]. https://www.huawei.com/cn/corporate-information.

54　简介 – 中国国际中文教育基金会 [EB/OL]. 中国国际中文教育基金会，（不详）[2023-09-14]. https://www.cief.org.cn/jj.

（二）故事内容 [55, 56]

Languages serve as a bridge, facilitating the exchange of thoughts and feelings. Chinese, as one of the most ancient spoken and written languages, is one of the most precious treasures contributed to the world by the Chinese nation.

语言是人们交流思想、沟通心灵的桥梁，中文作为世界上最古老的语言文字之一，是中华民族贡献给人类的宝贵财富。

As China is continuously deepening its exchange and cooperation with other countries, Chinese language is attracting growing interest for its unique charm and various functions. Learning Chinese becomes increasingly popular worldwide, creating unprecedented opportunities for the international education of Chinese language. Both China itself and the international Chinese language education community must shoulder the responsibility to help our foreign friends in these studies.

随着中国与世界各国交流合作的不断深化，中文正以其蕴涵的独特魅力和承载的丰富功能受到越来越多人的喜爱，世界范围学习中文的热情不断高涨，给国际中文教育发展创造了前所未有的机遇。如何帮助各国朋友学好中文也成为中国这个中文母语国和国际中文教育界当仁不让的责任。

The Chinese International Education Foundation has been set up both to provide opportunities and to respond to challenges. The Foundation is a non-profit civil organization initiated by 27 Chinese universities, businesses, and NPOs. By supporting international education programs in the Chinese language, including through the Confucius Institute, the Foundation aims to promote interpersonal exchange and international understanding, as well as contributing to mutual learning between the world's civilizations and the building of a community with a shared future for mankind.

中国国际中文教育基金会在这机遇与挑战并存的重要时刻应运而生。基金会是由 27 家中国高校、企业和社会组织发起成立的公益性民间组织，旨在通过支持包括孔子学院在内的国际中文教育项目，促进人文交流，增进国际理解，为推动世界多元文明交流互鉴、构建人类命运共同体贡献力量。

---

55 理事长致辞 – 中国国际中文教育基金会 [EB/OL]. 中国国际中文教育基金会，（不详）[2023-09-14]. https://www.cief.org.cn/lsczc.

56 President's Speech-Chinese International Education Foundation [EB/OL]. 中国国际中文教育基金会，（不详）[2023-09-14]. https://www.cief.org.cn/lsczc.

In the spirit of openness, innovation, collaboration, and symbiosis, the Foundation aims to strengthen cooperation with friends and partners from all walks of life (both at home and abroad), to raise more resources, to pool the wisdom of all parties, and to help education institutions and the Confucius Institute to achieve better outcomes in Chinese language education, helping more and more foreign learners of Chinese to fulfill their dreams.

基金会将在开放、创新、协同、共生的理念下，加强与中外各界朋友和伙伴的合作，募集更多资源，汇聚各方智慧，帮助国际中文教育和孔子学院实现更好发展，帮助更多学习汉语的各国朋友逐梦人生。

I would like to extend my sincere gratitude to all the institutions and individuals that have supported the Foundation during its planning and initiatory phases. We will always cherish these precious friendships and partnerships. We expect to see more and more friends getting involved in the international Chinese language education community and the Confucius Institute. You will be the most solid supporters and the driving force of the future development of the Foundation and the Institute. The journey might be long, but we know we can count on you. Let us work together to build a bright future for international Chinese language education and the Confucius Institute.

诚挚感谢在基金会酝酿、发起、筹建过程中给予大力支持和帮助的所有机构和个人，你们是值得永远珍惜的好朋友、好伙伴。期待有更多朋友加入到国际中文教育和孔子学院的朋友圈，你们将是基金会和孔子学院未来发展的最大依靠和动力源泉。有你同行，不介路远，让我们携手并肩，共创国际中文教育和孔子学院的美好明天。

（三）故事分析

1.参与国际传播的社会组织

作为国际传播主体的社会组织，一般可以分为非政府组织和政党组织。其中，非政府组织一般是作为主权国家和政府间国际组织之外的"第三方"出现的，主要由国际性的非政府组织和主权国家内的非政府组织组成，带有"非政府"和"非官方"的色彩，可以与官方话语互动配合进行国际传播。

中国国际中文教育基金会的性质是公益性的民间慈善组织，即非营利性的非政府组织。基金会主要负责孔子学院和孔子课堂的品牌运营和质量管理，但同时支持国际中文教育相关项目[57]。以理事长杨卫为代表的中国国际中文教育基金会作为国际传播主体，在其官网上发表的理事长致辞，讲述了基金会与国际中文教育的故事，充分体现其参与国际传播的社会组织传播主体性。

2. 积极发挥社会组织在国际传播中的作用

众所周知，很多国家都成立了推广本国语言文化的基金会，如法语联盟基金会、希腊文化基金会、俄罗斯世界基金会、日本国际交流基金会等。成立"中国国际中文教育基金会"符合国际惯例和各方期待，基金会同孔子学院中外方合作伙伴，为孔子学院提供更有力、更多元、更优化的支持和服务。孔子学院始终坚持非营利性民间公益教育机构的性质，开创了中外平等合作、互利共赢的办学模式，有效促进了中文和中华文化的国际传播[58]。

中国国际中文教育基金会作为国际传播主体，遵循语言传播的国际惯例，聚焦语言主业，适应本土需求，帮助当地培养中文教育人才，进行跨文化交流，让世界更加了解中国，充分认识中国，展现我国的大国形象。[59]我们在用外语讲述中国故事时，也应当从语言本身入手，从文化视角讲述故事，提升跨文化交流效果。

四、案例 4：个人主体

（一）故事背景

从古至今，个人一直在跨国信息传播中担任着重要的角色，作家、翻译家、学者、旅行家等身份的个人作为传播主体在国际传播中发挥着至关重要的作用。在传播技术推动下，当前国际传播行为主体正在走向个体化。虽然个人在国际传播中的作用和影响力远远不如国际组织、跨国企业和社会组织，但他们无疑已经成为国际传播主体的有机组成部分。

林语堂是中国现代著名作家、学者、翻译家、语言学家，早年留学美国、德国，一生致力于中西方的跨文化交流。他以英文写作名扬海外，其作品 *My Country and My People*（《吾国与吾民》）以英文讲述中国故事，深刻描述他对当时中国社会的认知，向西方读者介绍中国圣贤的智慧，让西方了解中国文化的发展脉络，为中

57　章程－中国国际中文教育基金会 [EB/OL]. 中国国际中文教育基金会,（不详）[2023-09-14]. https://www.cief.org.cn/zcc.

58　孔子学院未更名 改由基金会运行符合国际惯例 [EB/OL]. 中国新闻网,（2020-07-06）[2023-09-14]. https://www.chinanews.com.cn/gn/2020/07-06/9230535.shtml.

59　孙春兰出席国际中文教育大会并发表主旨演讲 [EB/OL]. 中华人民共和国中央人民政府,（2019-12-09）[2023-09-14]. https://www.gov.cn/guowuyuan/2019-12/09/content_5459817.htm.

国文化的海外传播做出了巨大的贡献。本节故事内容节选自林语堂先生的作品 *My Country and My People*（《吾国与吾民》）。

（二）故事内容 [60, 61]

So much of life is merely a farce. It is sometimes just as well to stand by and look at it and smile, better perhaps than to take part in it. Like a dreamer awakened, we see life, not with the romantic coloring of yesternight's dream but with a saner vision. We are more ready to give up the dubious, the glamorous and the unattainable, but at the same time to hold on to the few things that we know will give us happiness. We always go back to nature as an eternal source of beauty and of true and deep and lasting happiness. Deprived of progress and of national power, we yet throw open our windows and listen to cicadas or to falling autumn leaves and inhale the fragrance or chrysanthemums, and over the top there shines the autumn moon, and we are content.

人生譬如一出滑稽剧。有时还是做一个旁观者，静观而微笑，胜如自身参与一分子。像一个清醒了的幻梦者，吾们的观察人生，不是戴上隔夜梦景中的幻想的色彩，而是用较清明的眼力。吾们倾向于放弃不可捉摸的未来而同时把握住少数确定的事物。吾们所知道可以给予幸福于吾人者，吾们常常返求之于自然，以自然为真善美永久幸福的源泉。丧失了进步与国力，吾们还是很悠闲自得地生活着，轩窗敞启，听金蝉曼唱，微风落叶，爱篱菊之清芳，赏秋月之高朗，吾们便很感满足。

For we are now in the autumn of our national life. There comes a time in our lives, as nations and as individuals, when we are pervaded by the spirit of early autumn, in which green is mixed with gold and sadness is mixed with joy, and hope is mixed with reminiscence. There comes a time in our lives when the innocence of spring is a memory and the exuberance of summer a song whose echoes remain faintly in the air, when as we look out on life, the problem is not how to grow but how to live truly, not how to strive and labor but bow to enjoy the precious moments we have, not how to squander our energy but how to conserve it in preparation for the coming winter. A sense of having arrived somewhere, of having settled and having found out what we want. A sense of having achieved something also, precious little compared with its past exuberance, but still something, like an autumn forest shorn of its summer glory but retaining such of it as will endure.

60　林语堂 . My Country and My People [M]. 北京：外语教学与研究出版社 , 2000.

61　林语堂 . 吾国与吾民 [M]. 长沙：湖南文艺出版社 , 2018.

因为吾们的民族生命真已踏进了新秋时节。在吾们的生命中，民族的和个人的，临到了一个时期，那时秋的景色已弥漫笼罩了吾们的生命，青绿混合了金黄的颜色，忧郁混合了愉快的情绪，而希望混合着回想。在吾们的生命中临到一个时期，那时春的烂漫，已成过去的回忆；夏的茂盛，已成消逝歌声的余音，只剩微弱的回响。当吾们向人生望出去，吾们的问题不是怎样生长，却是怎样切实地生活；不是怎样努力工作，而是怎样享乐此宝贵为欢乐之一瞬；不是怎样使用其精力，却是怎样保藏它以备即将来临的冬季。一种意识，似已达到了一个地点，似已决定并寻获了我们所要的。一种意识似已成功了什么，比之过去的茂盛，虽如小巫见大巫，但仍不失为一些东西，譬如秋天的林木，虽已剥落了盛夏的葱郁，然仍不失林木的本质而将永续无穷。

I like spring, but it is too young. I like summer, but it is too proud. So I like best of all autumn, because its leaves are a little yellow, its tone mellower, its colors richer, and it is tinged a little with sorrow and a premonition of death. Its golden richness speaks not of the innocence of spring, nor of the power of summer, but of the mellowness and kindly wisdom of approaching age. It knows the limitations of life and is content.

我爱好春，但是春太柔嫩；我爱好夏，但夏太荣夸。因是我最爱好秋，因为她的叶子带一些黄色，调子格外柔和，色彩格外浓郁，它又染上一些忧郁的神采和死的预示。它的金黄的浓郁，不是表现春的烂漫，不是表现夏的盛力，而是表现逼近老迈的圆熟与慈和的智慧。它知道人生的有限，故知足而乐天。

（三）故事分析

1. 个人主体的双重身份在国际传播中的作用

林语堂参与国际传播是基于作家、学者和中国人的身份。个人主体的双重身份决定了其文化传播过程中不同的传播路径：一是林语堂作为作家、学者，即基于名人身份的显性传播；二是林语堂基于其中国人身份的隐性传播。这两种传播路径协同助力了林语堂作为传播个体的国际传播效果。

林语堂进入西方人视野时的首要身份是学者、作家，他从小就接受西方文化的熏陶，又有海外留学经历，英文表达纯正地道，学识渊博，是一名受人尊敬和认可的学者。林语堂所著的英文文章，向西方人讲述中国故事，实际上是以个人为主体的双重身份进行中国文化的国际传播和中华民族的形象展示。

2. 以个人为传播主体的国际传播对国家形象的体现

作为传播主体的个人是以自身的优势和长处在国际上展示自我，而个体背后的国家身份，能成为个体在国际传播中的独特传播符号，帮助其更好地进行国际传播，同时展现国家的良好形象。

林语堂以学者、作家身份进行个人为主体的传播就是如此。西方人从林语堂的语言文字表达中了解中国、了解中国文化，同时他的作品传播映照了林语堂的中国人身份，从而向国际展示出积极真实的中国形象。这其中有林语堂以个人为主体进行的显性传播，又存在其上升为体现国家形象的隐性传播。因此，以个人为主体的传播是国际传播体系多元化主体中重要的一环，对体现甚至提升中国的国家形象具有不可忽视的作用。

3. 以个人为叙事主体的国际传播对文化认同的体现

林语堂以个人为叙事主体讲述了中国人的人生归宿故事，向西方读者展现了中国人的思想、智慧和中华民族的文化，促进了跨文化交流和国际传播，体现其深刻的身份认同和文化认同。林语堂不仅对中华民族文化具有深刻的认知和理解，还充分意识到中西方跨文化差异，在坚定自身身份和文化立场的前提下，通过英文写作，向西方介绍中国智慧和中华民族文化，充分展现其文化自觉和文化认同，也实现了中西方跨文化交流。在用外语讲述中国故事时，我们也应当对中国文化有"自知之明"，必须以充分了解和认同中国文化为前提，用外语讲好中国故事。

第三节　翻译传播主体意识与讲好中国故事

一、翻译传播译者主体意识

（一）翻译传播译者主体性

随着经济快速增长，社会繁荣稳定，人民生活水平显著提高，中国在国际社会的影响力与话语权不断增强。然而，在复杂多变的全球政治经济格局的背景下，真实的"中国故事"难以得到有效的传播，中国形象不断被误解或误读。2021 年 5 月 31 日，习近平总书记在中共中央政治局就加强我国国际传播能力建设进行第三十次集体学习的讲话中强调："讲好中国故事，传播好中国声音，展示真实、立体、全面的中国，是加强我国国际传播能力建设的重要任务。"[62] 中国故事国际传播的主要内容包括中国传统文化的"老"故事与有关中国道路、中国发展的"新"故事。如何利用译者的主体意识，有意识、真实、准确地向世界讲述中国故事，是中国故

62　讲好中国故事　加强国际传播能力建设 | 理论 [EB/OL]. 腾讯网，(2022-06-01) [2024-03-12]. https://new.qq.com/rain/a/20220602A03YOA00.html.

事在翻译传播领域的重要组成部分。传播主体与翻译传播主体仅有两字之差，但是分属不同研究领域，在概念和功能上虽有重合之处，但是各自的独特性也很明显。将中国故事讲得更好，传播效果更广，作为传播要素中的首位，他们的重要性不言而喻。

1. 传播主体与翻译传播主体

传播学界早已达成共识，可以视传播者为传播主体，指的是"传播行为引发者，即以发出讯息的方式主动作用于他人的人。在社会传播中传播者既可以是个人也可以是群体或组织"[63] 这部分内容在本章第一节已有详细阐述。翻译传播学建立在传播学基础上，以传播学的基本理论为依据，以研究翻译过程为手段，将翻译和传播融为一体，以达到跨文化传播的目的。翻译传播主体是翻译传播行为的发起者[64]，将内容在不同的语言之间传播是不同于一般传播主体的地方。除了一般的信息收集、选取之外，语言及文化翻译也是翻译传播主体在传播过程中的主要职能。

传播学理论认为，传播者可以通过控制传播要素，达到理想的传播效果。相对于单向语言及文化传播而言，双向语言翻译传播的过程则更加复杂，涉及的因素也更丰富。这不仅仅是文本的翻译活动，更是跨文化的传播活动，其主要目的是沟通和交流。如果达不到这一目标，翻译传播活动则被视为失败。期间决定这一结果的首要因素即翻译传播主体。对于"中国文化是否能走出去，能走多远"，翻译传播主体的地位尤为重要。

2. 翻译传播译者主体性

在中国软实力提升、文化传播迫切性上升的背景下，译者是两种语言的沟通者、两种文化的传播者，在翻译传播的过程中扮演着重要角色。为了避免中国传统文化及故事在传播过程中出现错译或对内容的误解，译者应当对传播内容、方式等严格把关。这也是译者在翻译传播中的主体性和主体意识的体现。

主体性是主体的能动性与受动性的辩证统一，也就是说主体性只有在与客体的对象性关系中才能表现出来。[65] 由此，在翻译传播过程中，译者的主体性也可以理解为能动与受动的结合。译者主体性是指"作为翻译主体的译者在尊重翻译对象的前提下，为实现翻译目的而在翻译活动中表现出来的主观能动性，其基本特征是翻译主体自觉的文化意识、人文品格和文化、审美创造性"[66]。主要体现在翻译传播

63 郭庆光. 传播学教程 [M]. 2 版. 北京：中国人民大学出版社，2011.

64 尹飞舟，余承法，邓颖玲. 翻译传播学十讲 [M]. 长沙：湖南师范大学出版社，2021.

65 陈大亮. 谁是翻译主体 [J]. 中国翻译，2004 (02): 03-07.

66 查明建，田雨. 论译者主体性——从译者文化地位的边缘性谈起 [J]. 中国翻译，2003 (01): 21-26.

译者必须根据翻译传播的目的，以及传播客体的文化特点和需要，选择合适的传播内容，制定恰当的翻译策略。

然而，译者主体意识不能等同于主体性。明确这一点，我们才能更好地发挥译者的主体意识，将中国故事传播出去。译者主体性的含义是，译者在翻译活动中创造性地发挥自己的主体意识，在翻译策略和翻译方法上凸显译者的独特性和主观能动性，并将其贯穿翻译活动的始终。从这一定义可以看出译者主体性与主体意识的关系，即译者主体性通过译者主体意识体现出来，主体意识是主体性的必要凭据。在被称为"译者"之前，其首要身份为"社会人"，社会人的主体意识是人对于自身价值的一种自觉意识，是人之所以具有主观能动性的重要根据。有了"译者"头衔之后，其主体意识贯穿翻译的整个过程，包括原本的人格意识与翻译过程中的创造意识等，对翻译的效果以及翻译传播目标的实现都起着至关重要的作用。"一千个译者就有一千个哈姆雷特"，由此可见，译者的主观能动性、主观目的性对于翻译传播至关重要。

根据译者在翻译传播过程不同阶段的身份（即传播者、读者以及筛选者、译者），其主体意识主要体现在两个方面。首先，译者对于确定翻译传播目的以及受众群具有绝对优势。在向世界传播中国故事的背景下，译者在翻译传播内容的选择上具有绝对的主动性，越是优秀的传播内容，跨文化传播的范围就越广。对受众群的定位越精准，文化的传播效果就越好。其次，在确定目的及内容的前提下，译者还可以选择恰当的翻译技巧和传播媒介。在原有文本的基础上进行二次创造，最大程度地达到预期的翻译效果，能被不同国家、不同文化背景的受众群体所接受。

（二）译者主体意识的影响因素

在翻译传播过程中，无论是以何种方式存在的传播主体，都担负着跨文化信息筛选、跨语种翻译以及信息传递的任务。在将中国故事向世界传播的过程中，译者是翻译传播主体的主要形式，处于十分重要的位置，也可以被称为"把关人（gatekeeper）"。简单来说，就是对信息进行过滤、加工并生成翻译传播的过程。

根据美国社会心理学家、传播学奠基人库尔特·卢因（Kurt Lewin）提出的"把关人"理论，"把关人"可以是个人、群体或是机构，在信息传播的过程中起着控制信息流通的作用，"只有符合群体规范或把关人价值标准的信息才能进入传播的管道"[67]。在文化传播中，国家、政府、作者、出版机构都可以扮演"把关人"的重要角色。在翻译传播和文化传播的特殊领域中，译者可以被视为在将中国故事传播到国际社会过程中的关键人物。首先，翻译本身就是一种传播活动，译者的作用

67　许钧，穆雷.翻译学概论 [M].南京：译林出版社，2009.

不可忽视。其次，中华民族拥有丰富的故事资源，中国故事的对外翻译传播无法将之穷尽，因此需要有目的地控制信息传播的内容和方式。充分发挥译者的主观能动性，对信息资源进行有效地管理和筛选，选择适合的翻译策略，并适当考虑受众的接受能力以及接受心理，以正确定位中国形象以及文化内涵，大胆输出中国特色的新信息。

翻译传播主体"把关人"职能的影响因素众多，各方观点不尽相同，大致可以分为内部因素和外部因素。内部因素包括译者的文化背景，译者对国际传播双方文化的了解程度，以及对母语及目标语言的掌握水平。外部因素包括翻译传播双方的政治经济背景，社会文化的基本情况，以及受众群体的特点。本章将根据中国故事国际传播的特殊性，着重讲解四个方面的因素：政治因素、社会文化因素、译者个人因素和受众因素。

1. 政治因素

恩格斯曾说："在社会历史领域内进行活动的，全是具有意识的、经过思虑或凭激情行动的、追求某种目的的人；任何事情的发生都不是没有自觉的意图，没有预期的目的的。"[68] 这就是传播主体政治因素的体现。由此可见，翻译传播译者主体意识首先受所处政治体制的制约，不符合其社会政治要求的译者主体意识会对传播的效果造成本质上的危害。政治因素影响译者对传播文本的选择，只有特定的政治体制下的文本才能满足特定的翻译传播目的。如由《中国文学》主持、翻译并出版的"熊猫丛书"，持续时间长达二十多年，翻译传播量巨大，包括从中国古代文化到当代文化的几百部文学作品。在中国政治体制的背景下，这是中国文化走向世界的成功之举。符合政治体制要求的译者翻译传播的内容，才具有生命力强、影响力大的特点。政治因素影响译者翻译策略的选择。如果翻译传播客体有着与译者非类似的意识形态或政治体制背景，那么译者所选择的策略就要根据相关情况来决定。如果要实现翻译传播的预定目标，传播内容中就可能会涉及具有潜在歧义或争议的内容。在这种情况下，译者的翻译策略必须遵守相应的政治体制要求，以发挥维护其意识形态、民族和国家利益的作用。

2. 社会文化因素

"翻译过程，从不同程度来看，受到了文化和社会两个层面的制约。第一个层面是结构性的，包括了权力、统治、国家利益、宗教或者经济等影响因素。第二个层面关注翻译过程中的行为者，他们不断内化上面提及的结构，并遵从他们的文

68　中共中央马克思恩格斯列宁斯大林作编译局.马克思恩格斯选集：第4卷.[M].北京：人民出版社,1998.

化价值系统和意识形态来采取行动"[69]。米凯拉·沃尔夫（Michaela Wolf）系奥地利格拉茨大学（University of Graz）翻译研究中心教授，她很清晰地解释了社会因素和文化因素对于译者本身和翻译行为的制约及影响。勒弗菲尔（André Alphons Lefevere）的"操纵改写理论"也有类似的地方：译者应该将原文置于文化交流的背景之下，将翻译看成是一个受制于各种文化要素而进行的"改写和操纵"的过程[70]。作为翻译主体的译者，在翻译传播的过程中，其主体意识亦要受到社会和文化因素的影响。

荷兰学者切斯特曼（Andrew Chesterman）将翻译过程的主要语境划分为三类：一是文化语境，关注价值思想、意识形态以及传统等；二是社会语境，关注人（特别是译者），他们可见的群体行为，他们的制度等；三是认知语境，关注心理过程和决策过程等[71]。由此，文化因素对译者主体意识的影响主要体现在个人的价值观，以及思想意识形态、传统价值观对译者的浸染等方面。翻译是跨文化交际活动，翻译传播则是将译者的价值观体系通过翻译行为影响传播客体。另一方面，翻译也可以被认为是一种社会实践，译者的主体意识就可以被理解为"社会人"的主体意识，应该与其所属的群体或社会制度保持一致。是否以社会所认可和推崇的社会价值体系为标准，这是译者主体意识在翻译传播的特定领域中的表现，对于翻译传播的效果影响重大。

3. 译者个人因素对译者主体意识的影响

在以译者作为传播主体的条件下，翻译传播是译者进行的创造性的社会活动。译者在翻译传播过程中的主体意识也对传播的效果起着至关重要的作用。影响译者主体性和主体意识发挥的主要有两方面的因素——客观因素和主观因素。客观因素在前一部分中已有详细阐述，如社会环境、文化背景等。主观因素由译者的个人因素组成，主要包含两个方面的内容：单独个体的"人"的因素；作为"译者"这一特殊身份的因素。

无论是翻译传播还是单纯的翻译行为都是目的性很强的活动，译者作为单独个体的"人"，所持有的人生观、价值观、审美观对其主体意识有根本性的影响，从而造就不同的翻译传播效果。生活成长环境、文化背景、人生态度都影响着译者主

69 Wolf M. Mapping the Field: Sociological Perspectives on Translation [J]. International Journal of the Sociology of Language, 2011 (207): 1-28.

70 Lefever A. Translation, Rewriting and the Manipulation of Literary Fame [M]. Shanghai: Shanghai Foreign Language Education Press, 2004.

71 Chesterman A. Questions in the Sociology of Translation in Translation Studies at the Interface of Disciplines , in Duarte J, Rosa A & T Seruya (eds), Translation Studies at the Interface of Disciplines [M]. Amsterdam /Philadelphia: John Benjamins Publishing Company, 2006.

动性和创造性的具体发挥。积极或消极的态度影响着译者对大到世界、小到文学作品的认知。具体到翻译传播领域，当然也会影响译者在翻译传播过程中主体意识的发挥。鲁迅先生翻译的代表作《死魂灵》《毁灭》《浊流》等都体现了先生在特殊年代的个人价值观及人生观，体现了向旧社会、旧时代的抗争意识。

从译者的身份来看，扎实的对源语言和目标语言的掌控力、翻译技巧、严谨的翻译态度和职业道德对译者主体性发挥的作用是巨大的。在我国翻译传播的大背景之下，译者对源语言（中文）及英语或其他目标语言的扎实功底及翻译技巧的掌握是跨文化传播的基本要求，认真严谨的翻译态度和职业道德则是传播效果的重要保障。这些个人因素缺一不可，否则会出现错译或文化内涵传递失误的后果。苏州名寺"寒山寺"的翻译就是个很好的例子。译者必须对寺庙名字的由来有深入了解，不能简单粗暴地译为"Chilling Hill Temple"。该寺原名"妙利普明塔院"，唐朝贞观年间改名为"寒山寺"，以当时住持的名讳"寒山"命名，应该译为"Hanshan Temple"。这表明如果译者对中国文化有充分的学习和了解，对自己的母语和目标语水平有足够的信心，就能够做出恰当、准确的翻译。可以看出译者的个人素质对于译者主体意识的体现至关重要。

4. 受众因素对译者主体意识的影响

传播学认为，传播主体与受众是相互影响、相互制约的关系。受众能够制约传播，没有受众的传播行为可以被认为是失败的。传播可以满足受众需要，传播主体为受众提供必要或感兴趣的信息，以达到传播目的。由此，在翻译传播领域，译者的主体性与主体意识也受到受众因素制约。可以从两个方面进行分析：（1）受众群的确定与否对译者主体意识的影响；（2）受众的信息接受习惯对译者主体意识的影响。

受众既可以是个体，也可以是群体，信息的接受行为既可以是个体的，也可以是群体的。翻译传播的效果主要通过目标受众群的接受度来体现，所以确定目标受众群是"把关人"的首要任务。我国跨文化翻译传播面对的是多元化、多层次的受众群。习近平总书记曾专门谈到受众和效果的问题，指出"要采用贴近不同区域、不同国家、不同群体受众的精准传播方式，推进中国故事和中国声音的全球化表达、区域化表达、分众化表达，增强国际传播的亲和力和实效性[72]"。越早越精准地确定目标受众群，"把关人"就能越好地发挥其主体意识，中国故事的国际传播就越成功。

72　习近平在中共中央政治局第三十次集体学习时强调 加强和改进国际传播工作 展示真实立体全面的中国 [EB/OL]. 国家文物局 , (2021-06-01) [2024-02-01]. http://www.ncha.gov.cn/art/2021/6/1/art_722_168306.html61.

精准定位翻译传播受众群是传播过程的第一步，受众的其他因素对译者主体意识作用于传播效果同样重要，比如其信息接受习惯。信息技术时代，人们的日常生活与互联网的关联更加密切，其传播信息接受行为与习惯也发生着深刻的变化。各个国家科技信息技术发展状况各异，受众群对信息接受方式的选择也不尽相同。受众群在年龄、地域、文化背景、社会背景等方面的差异也会影响其信息选择方式。如年轻人偏向 YouTube，TikTok 等数字化、移动化的信息接收方式。年龄相对较大的受众群仍是报纸、电视新闻等传统信息接收方式的爱好者。针对不同受众群的信息接受方式，译者在翻译传播过程中需选择不同媒介，个性化"定制"传播内容，以实现预期的国际传播效果。

二、译者主体意识下的中国故事传播

随着全球化的推进和我国国际地位的不断提高，我国对外交流日渐频繁，这迫切需要我们对外打开认识中国的"窗口"，向世界讲好中国故事，向国际阐释中国理念、中国主张和中国文化。但当今国际传播领域仍由西方媒体主导，一些抹黑和歪曲中国的现象依然存在，国际舆论仍处于"西强我弱"的格局，我国在国际上仍处于"有理说不出、说了传不开、传开叫不响"的境地[73]。通过翻译积极主动地向国际传播受众全面、真实、准确地讲好中国故事、传播中国声音、弘扬中国文化、塑造中国形象，增强中国在国际上的话语权，赢得国际社会对中国的理解和支持，是每一位中国译者的职责。作为翻译主体，译者在翻译传播活动中往往充当"把关人（gatekeeper）"的角色，翻译传播效果的好坏很大程度上取决于翻译质量的高低。因此，翻译传播中的译者应该具备强烈的责任意识、传播意识和主体意识，在"译"中讲好中国故事，对国际翻译传播主体、国际翻译传播受众以及进入传播环节的国际翻译传播内容负责，确保中国故事的有效传播[74]。

译者的主体意识是指"译者在翻译过程中体现的一种自觉的人格意识及其在翻译过程中的一种主观创造意识"[75]。然而，传统的翻译理论观将翻译文本看作翻译活动的衍生物，认为译者必须循规蹈矩地依附于原作，译文也必须依赖原作，不能有丝毫的改动和删减，以此实现原文与译文的完全忠实和对等。与传统翻译理论相应的翻译标准称为"译者和译作的'隐形'(the invisibility of translator and translated text)"，即要求译者在翻译过程中必须忠实于原文，译文要在语言风格、主旨内涵

73 吴赟，顾忆青.国家对外话语战略的内涵与规划 [J].语言文字应用，2019 (04): 44-53.

74 尹飞舟，余承法，邓颖玲.翻译传播学十讲 [M].长沙：湖南师范大学出版社，2021.

75 许钧."创造性叛逆"和翻译主体性的确立 [J].中国翻译，2003 (01): 6-11.

等方面尽可能地向原作靠近，不得跳出原作画下的圈子 76。毋庸置疑，这样的做法忽视了翻译的创造性。译者作为翻译传播的主体，其主体地位得不到确立，译者主体意识也就无法彰显。倘若我们始终坚守传统翻译理论，不能发挥译者的主体意识，必然会陷入西方文化霸权主义的旋涡，在国际舆论中得不到话语权，我国国际传播能力也将得不到提升、对外话语体系建设也终将无望。因此，无论是在翻译前对翻译传播材料的筛选，还是翻译过程中对翻译原则的遵循及翻译策略的选择，译者作为原文作者与译文读者之间的桥梁始终要发挥其主体意识，体现出其独特的主体性。

在国际传播过程中，翻译传播活动往往具有一定的目的性。要使身处不同文化背景、具有不同思维方式的国外翻译传播受众更好地了解中国，译者在翻译过程中毫无疑问起着重要的主体作用。在"译"好中国故事的过程中，译者主体意识不仅影响着人们"看中国的什么"，同时也影响着人们"怎么看中国"。因此，在翻译传播的过程中，充分发挥译者主体性、彰显主体意识是每一位中国译者对外翻译的当务之急。一名优秀的译者首先要增强自身的文化自信，对中华民族的优秀文化有充分的了解，以便在翻译传播的过程中能够充分发挥译者主体意识，使其创作的翻译作品能够反映我国的主流意识形态，与中华优秀传统文化一脉相承，从而增强全民族的自信心与凝聚力。此外，一名优秀的译者也应是一名优秀的文化传播者。译者要在翻译作品中自觉维护多元文化之间的平等对话，促进世界各国文化交流，避免文化冲突，同时坚决抵制文化霸权，积极地在翻译传播过程中发出中国"声音"、讲好中国故事 77。

做好翻译传播，讲好中国故事，要求译者在选取中国故事进行翻译时发挥译者主体意识，首先要有意识地规避宣扬西方文化中心主义和文化优越感的文本，同时，在国家的语言规划政策指引下精选出能够体现中国文化、中国道路、中国智慧、中国精神、中国特色的故事素材，积极主动地向世界讲好中国故事，向世界塑造可信、可爱、可敬的中国形象，掌握中国的话语权。其次，鉴于英汉语言和文化存在巨大的差异，沈苏儒先生提出外宣翻译要遵循"内外有别"的原则 78。在"译"中讲好中国故事实则也是一种外宣翻译，因此，我们在向世界讲好中国故事的同时也应注意遵循这一原则。从客观上讲，我们无法否认外在环境对人的影响。国内外的翻译传播受众受到不同的政治文化环境的影响会产生不同的意识形态和思维模式。从主观上讲，中国人和外国人对中国的看法不一，作为翻译传播主体的国

76 Venuti L.The Translator's Invisibility: A History of Translation [M]. London and New York: Routledge, 1995.

77 程维. 跨文化传播视阈下的新闻编译——以《参考消息》防控甲流的几则新闻稿为例 [J]. 上海翻译, 2010 (03): 27-32.

78 沈苏儒. 对外报道教程 [M]. 北京：五洲传播出版社, 2004.

内受众和作为翻译传播对象的国外受众对中国故事的国际传播效果也会抱有不同的期待。因此，译者要站在不同的角度对翻译材料进行选择。对国内受众来说，译者要考虑译文所传递和表达的信息是否维护我国利益，是否有利于正面塑造和传播我国国家形象，提升我国国际传播力。而对国外受众来说，译者要考虑所选的翻译材料能否被国外受众接受，这是提升国际传播效果的关键之举。此外，译者在进行"中国故事"的选择时还要考虑文化差异带来的影响，将国外受众的文化背景、意识形态、思维共性、价值观和语言表达方式等因素考虑在内，将那些会产生文化冲突的故事剔除，对于一些没有必要让国外受众了解的内容，译者必须发挥其主体意识加以辨别。

在"译"中讲好中国故事，除了翻译传播材料的选择外，译者还要在翻译传播的过程中正确发挥译者主体意识。译者主体意识的发挥不仅要体现在语言层面的改写，同时也应考虑到不同翻译传播受众之间社会环境、意识形态及思维方式等方面的差异。以下将从内、外两个角度阐述译者在翻译传播过程中如何正确地发挥主体意识，在"译"中讲好中国故事。

（一）以我为主

随着中国逐渐走向国际舞台的中央，西方对中国愈发关注。在以往"西强东弱"的国际局势下，西方常常以自我为中心，在语言层面污名化中国。因而，要想掌握话语权，建立自己的话语体系，译者在"译"中讲好中国故事时就不能简单地套用目标语已有的概念表述，而应发挥译者主体意识，坚持以我为主。以我为主的原则，就是从维护国家利益、国家形象和国家意识形态出发来进行翻译活动，摒弃对我国不利的意识形态符号，特别要注意避免译词产生的不当政治含义，以避免陷入话语的陷阱[79]。

例①[80]

原文：为祖国统一不惜一战。

译文：For national reunification, we are even willing to go to a war.

了解中国历史的人都知道，古有秦始皇统一六国。但如今西方媒体在对我国进行报导时，常常把祖国统一译为"national unification"，这是不符合我国历史史

---

79 张杰. 向世界讲好中国故事的翻译原则和策略 [J]. 理论与现代化，2019 (02): 122-128.

80 为祖国统一不惜一战，中国的内政轮不着外人管 | 小象漫评 [Z/OL]. 中国日报，(2022-06-20) [2023-09-14]. https://language.chinadaily.com.cn/a/202206/20/WS62affedba310fd2b 29e63be8.html.

实的。前缀"re-"意为"重新、再次的"，因此，将"祖国统一"译为"national reunification"更为妥当。作为译者，向世界讲好中国故事就是要真实客观地把中国展示给国外受众，使其立体、全面地了解中国的实际情况，这就要求译文不仅要确保传达的信息准确无误，而且译文的用词也要准确严谨。虽然语言为内容服务，但言语失误会引起翻译传播受众不必要的误解，有时甚至还会无意中引发政治思想性错误[81]。因此，译者要时刻保持严谨、正确发挥译者主体意识，确保传播内容准确无误的同时，讲好中国故事。

例② [82]

原文：台湾问题纯属中国内政，不容任何外来干涉。在涉及中国主权和领土完整等核心利益问题上，中方没有任何妥协退让余地。

译文：The Taiwan question is purely China's internal affair that brooks no foreign interference. On issues concerning China's sovereignty and territorial integrity and other core interests, China has no room for compromise.

"台湾问题"为什么翻译成"Taiwan question"而不是"Taiwan issue"？我们首先要弄清楚 question 和 issue 的区别。question 通常指对某件事有疑问，从而提出问题以寻求解答。issue 通常指值得探讨的复杂问题，它总是伴随着争议和艰难的决定。关于台湾问题，众所周知，世界上只有一个中国，台湾自古以来就是中国领土神圣不可分割的一部分。台湾问题属于中国内政，不属于有争议的国际问题。台湾问题要得到解决，海峡两岸必须统一，这一点是十分明确的，没有商量的余地，更不存在巨大争议。因此，不能使用 issue 这个词，而应将"台湾问题"译为"Taiwan question"，这才是符合我国原则立场的表述。当翻译涉及敏感的政治问题时，作为译者，我们必须慎之又慎，发挥译者主体意识，在译文语言形式的选择方面应主动地摒弃英语中歪曲中国现实、抹黑中国形象、贬低中国政治经济文化发展的词汇和表达[83]。在"译"中向世界讲好中国故事，发挥译者主体意识，使翻译活动服务于国家发展，建立起符合中国国家利益的话语体系，这是新时代赋予每一位中国译者的使命。

81　张杰.向世界讲好中国故事的翻译原则和策略 [J]. 理论与现代化, 2019 (02): 122-128.

82　2022 年 5 月 23 日外交部发言人汪文斌主持例行记者会 [EB/OL]. 外交部, (2022-05-23) [2023-09-14]. https://www.mfa.gov.cn/web/fyrbt_673021/202205/t20220523_10691438.shtml.

83　胡伟华, 郭继荣. 国际新闻编译中的译者主体意识及语言操控 [J]. 外语电化教学, 2019 (02): 61-66.

例③ [84]

原文： 当前，疫情尚未结束，发展任务异常艰巨。在以习近平同志为核心的党中央坚强领导下，经过全国上下和广大人民群众艰苦卓绝努力并付出牺牲，疫情防控取得重大战略成果。

译文： At present, the epidemic has not yet come to an end, while the tasks we face in promoting development are immense. Under the strong leadership of the Central Committee of the Communist Party of China with Comrade Xi Jinping at its core, and through the hard work and sacrifice of our entire nation, we have made major strategic achievements in our response to COVID-19.

原文： 在新冠疫情暴发后的前两年，美国人均预期寿命缩短了近三年。上一次类似的下降发生在 20 世纪 40 年代初，即第二次世界大战高潮时期。[85]

译文： In the first two years of the COVID-19 pandemic, the estimated American lifespan has shortened by nearly three years. The last comparable decrease happened in the early 1940s, during the height of World War Ⅱ.

从上面的两个句子我们可以看到，在表示"疫情"时有的地方用 epidemic，有的地方用 pandemic，二者的用法有何区别呢？就二者的含义而言，pandemic 表示范围更大、扩散更广的疫情（A pandemic is an occurrence of a disease that affects many people over a very wide area. 流行病）；而 epidemic 则范围要稍小一些 (If there is an epidemic of a particular disease somewhere, it affects a very large number of people there and spreads quickly to other areas. 疾病的流行）。随着新冠疫情在全球的扩散，世界卫生组织于 2020 年 3 月 11 日正式宣布疫情为"pandemic"。从现实情况的角度来说，全球的疫情都是可以用 pandemic 的。看美国、日本以及其他国家的媒体在讲疫情的时候，无论是对内还是对外，都是用 pandemic。但如果仔细看我国的媒体语言，会发现讲到国内形势的时候，都用 epidemic。这是一种"政治正确"的表达：讲国内的情况用 epidemic；讲国际疫情用 pandemic。在全球疫情爆发时期，中国共产党领导全国人民共同抗疫，国内疫情控制情况较国外要好一些，因此，译者在对疫情相关文本进行翻译时，要充分发挥译者主体意识，向翻译传播受众塑造一个良好的国家形象。

84 2020 年政府工作报告（双语全文）[R/OL]. 中国日报, (2020-06-01) [2023-09-14]. https://cn.chinadaily.com.cn/a/202006/01/WS603dab66a3101e7ce9741ac9_1.html.

85 美国人均预期寿命两年减少近三岁 新冠疫情是罪魁祸首 [EB/OL]. 中国日报网, (2022-09-02) [2023-09-14]. https://language.chinadaily.com.cn/a/202209/02/WS63114780a310fd2b29e75877.html.

例 ④ [86]

原文：着力加强社会安全稳定工作，加强社会治安管理，强化防疫物资质量和价格监管，维护市场秩序和社会稳定。

译文：China has made every effort to ensure social order and stability, market order, public security, and supervision over the quality and pricing of epidemic-control supplies.

本句选自《抗击新冠肺炎疫情的中国行动》白皮书，该白皮书真实地记录了我国抗疫的艰辛历程，同时向全球分享我国的经验做法及理念，讲好中国的抗疫故事。原文是汉语里非常典型的无主语句式。虽然原句中没有将主语明确指出，但是我们根据上下文语境可以推断这句话的主语是中国。中国共产党带领中国人民积极抗疫，尽可能地减少疫情为人民生活带来的不良影响，为给全国人民营造出一个和谐稳定的环境做出巨大的努力。向世界讲好中国故事，就是要讲好中国共产党为人民的美好生活不断奋斗的故事。因此，译者在翻译过程中充分理解了原文内容，发挥译者主体意识，在译文中增加了主语"China"，使读者在阅读时能够了解到中国政府在疫情期间做了大量保障民生的工作，向世界展示出我国人民至上的理念和中国共产党全心全意为人民服务的根本宗旨。

（二）融通中外

当今世界的国际传播早已不再是传播者自说自话的单向度传播，而是传播者和传播受众之间信息的双向交流。在翻译传播中，就是译者与读者之间的对话。开展对外翻译传播，向世界讲好中国故事，不是我们关起门来说了算的。国际信息传播的话语方式只有同目标读者的信息编码、解码、译码方式相吻合，传播才能顺利进行，才能取得预期的效果 [87]。中国故事能否讲好，中国声音能否传得出去，关键要看翻译传播受众对我们的故事是否愿意听、听得懂，入脑入心，引发共鸣。由于人们的知识结构和认知能力不尽相同，原文读者耳熟能详的信息，在译文读者的语境中也许并不存在。因此，在讲述中国故事过程中，译者要考虑国外受众与中国人民在社会背景、文化背景、宗教信仰、风俗习惯等方面的差异，在信息的内容和语言的形式上发挥译者主体意识，做出正确的选择，善于用国外受众"乐于接受的方式、易于理解的语言"进行翻译传播，实现原文意图与读者期待相吻合，切实解决"说了传不开"的问题。能否向世界讲好中国故事，关键在于译者是否能够融通中外。所谓融通中外，一方面是指我们的新概念、新范畴、新表述要符合中国国情，有鲜明的中国特色；另一方面，要使其对接国外习惯的话语体系、表达方式，让国际社会

86 岳静纯 . 翻译伦理视角下译者主体性分析 [J]. 文学教育（下），2021 (06): 20-23.

87 程曼丽 . 国际传播学教程 [M]. 北京：北京大学出版社，2006.

更易于理解和接受[88]。因此，提高中国故事的传播效果，需要译者深入研究不同国家、不同地区受众的特点，寻找中外不同文化、语言、视角的对接点，贴近外国受众的思维习惯和语言习惯，考虑翻译传播受众的需求、语言特点、阅读习惯、文化习俗和价值取向，立足于汉语和英语各自独特的语法和语义结构特征及规范，分析两种语言的内在形式差异，善于运用符合国际传播受众语言习惯的叙事手法进行翻译。积极学习借鉴国外有益的文明成果，用外国人听得懂、听得进的话语进行翻译，使译作符合目的语读者的表达习惯、思维方式和审美期待，这样才能确保中国故事有效地传播开来，提升我国的国际传播能力。

例⑤[89]

原文：贵州，曾经有着中国最贫困的角落。2020 年 11 月 23 日，这里剩余的 9 个贫困县全部脱贫，至此全国 832 个贫困县全部脱贫。一步跨千年。

译文：Guizhou Province was once the poorest corner of China. In November 23rd, 2020, the last 9 poor counties, out of a total of over 80 counties, in the province existed poverty, which also marked the completion of the campaign to lift China's 832 poor counties out of poverty, out of China's 1,600 counties. This was like leaping forward in time by a thousand years.

通过原文和译文的对比，可以发现译者在译文中并没有按照原文直译，而是发挥译者主体意识，增译了 out of a total of over 80 counties 和 out of China's 1,600 counties，以此补充说明 9 个贫困县和 832 个贫困县分别在贵州省和全国各自所占的比例。这样一来不但可以让国外受众对贵州乃至中国有所了解，而且可以让国外读者真真切切地感受到中国一步跨千年的巨变，向世界讲好中国打赢脱贫攻坚的故事，讲好中国老百姓的故事。

例⑥

原文：天下兴亡，匹夫有责。

译文：All citizens share a responsibility for the fate of their country.

由于汉英两种语言之间存在差异，原文和译文难以在字数和韵律上达到对等。译者在翻译时也没有拘泥于原文的格式，而是充分考虑了国外受众的阅读习惯，发挥了译者主体意识。在充分理解原文的同时，用国外读者能够理解的词语，忠实地传达了原文的内容和意义。这样不仅能够让国外受众更好地理解原文内容，还能更好地达到翻译传播的效果。

88　杨振武. 把握对外传播时代新要求 [N]. 人民日报, 2015-07-01 (007).

89　黄友义, 李晶. 做好中央文献翻译 打通国际传播的最后一公里 [J]. 天津外国语大学学报, 2022, 29 (02): 1-10, 110.

例⑦ [90]

原文：益阳花鼓文化也流光溢彩，还有节日喜庆的采莲船、龙舞、狮舞等民俗文化。

译文：Yiyang, a city in Hunan Province, welcomes its visitors with rich folklore: flower-drum opera, the land-boat—a folk dance performance by a girl gliding about in a cloth boat and a man making rowing motions with an oar, singing a racy ditty as they dance—and dragon and lion dance.

对于不熟悉地方文化的人来说，原文中的"采莲船"很容易按其字面意思译为"lotus gathering boat"，但事实上，"采莲船"又称旱船，是洞庭湖一带流传的一种传统民间习俗舞蹈，以采莲船为道具，多在春节和元宵节期间表演。译者在翻译过程中，也会存在对原语文化不熟悉、不了解的情况，这时就要求译者在查阅相关资料的同时，发挥译者主体意识，才能在较好地理解和把握原文的基础上用译文恰如其分地表达出来。从本句的译文可以看出，译者准确理解了"采莲船"是一种民间舞蹈的表演形式，并考虑到了翻译传播受众的认知语境，发挥译者主体意识，在译文中通过注释的翻译方法保留了原文的文化意象，同时也达到了传播效果。

例⑧ [91]

原文：必须坚持党的基本理论、基本路线、基本方略，增强"四个意识"，坚定"四个自信"，做到"两个维护"。

译文：We must adhere to the basic theory, line, and policy of the Party; strengthen our consciousness of the need to maintain political integrity, think in big-picture terms, follow the leadership core, and keep in alignment with the central Party leadership; stay confident in the path, theory, system, and culture of socialism with Chinese characteristics; and uphold Comrade Xi Jinping's core position on the Party Central Committee and in the Party as a whole, and uphold the Central Committee's authority and its centralized, unified leadership.

中国的许多政治术语内涵丰富，形式简练。类似"四个意识""四个自信""两个维护"的数字缩略语在我国的特色文本中很是常见。数字缩略语是指为了简洁方便而使用数字缩写的词或短语。如果不对数字缩略词进行缩写，则可能会导致原文冗长繁杂 [92]。习近平总书记提出的"四个意识"是指政治意识、大局意识、核心

90　王青. 关联理论视角下外宣翻译中译者的主体性 [J]. 河北科技师范学院学报（社会科学版），2013, 12 (03): 120-124.

91　中国共产党第十九届中央委员会第六次全体会议公报（双语全文）[R/OL]. 中国日报，(2021-11-12) [2023-09-14]. https://language.chinadaily.com.cn/a/202111/12/WS618dbd3aa310 cdd39bc74e5c.html.

92　岳静纯. 翻译伦理视角下译者主体性分析 [J]. 文学教育（下），2021 (06): 20-23.

意识、看齐意识；"四个自信"是指道路自信、理论自信、制度自信、文化自信；"两个维护"是指坚决维护习近平总书记党中央的核心、全党的核心地位，坚决维护党中央权威和集中统一领导。国内受众一般能理解数字缩略词相对应的完整含义，但国外受众可能会因为缺乏相关的背景知识而难以理解。因此，对于数字缩略词，译者不能直接按照原文逐字翻译，而应该将数字所代表的具体内容向国外读者展现出来。本句译文中，译者在翻译时，发挥译者主体意识，使用增译的翻译技巧将这些数字缩略语的具体内容逐一译出，这样对于国外读者来说，译文就更加合理并易于理解，从而实现了中国故事的有效传播。

课 后 练 习

简 答 题

1. 与国家主体相比，企业和社会组织作为国际传播主体的传播方式和特点有哪些不同？

2. 与传播主体相比，翻译传播主体最显著的特点是什么？

3. 在翻译传播过程中，译者主体意识受到众多因素的影响。哪一种因素的作用最为明显？为什么？

讨 论 题

既然个人的一言一行会对国家形象带来更大的影响，那么在国际传播中，你应该如何规范个人的行为，从而维护国家的利益和形象？

翻 译 题

请结合译者主体意识相关内容，用英语翻译以下故事片段，并谈谈你的译文是如何体现译者主体性的。

中秋节吃月饼的传统在中国有着悠久的历史，但关于它的起源有着不同的说法。最常见的版本是，在唐朝太宗统治时期，太宗派出他最能干的将军李靖迎战中国北边的突厥部落以压制他们频繁的入侵。而8月的第15天正好是将军凯旋归来的日子。为了庆祝他的胜利，长安城放起了烟花和音乐。长安城的市民和士兵一起享受了一个狂欢的夜晚。那时，一个从吐蕃王国来的商人呈给太宗一种圆形的蛋糕以庆祝他的胜利。太宗愉悦地收下了那个装饰精美的盒子，拿出了里面多色的圆蛋糕并分发给了他的官员和将军。从那时起，就形成了在中秋节吃圆形的月饼的传统。

第三章

国际传播的媒介

学习目标

◇ 了解国际传播媒介的分类

◇ 了解中国故事中的国际传播媒介

◇ 了解翻译传播媒介多模态与讲好中国故事的关系

思考题 如何在打造中国国际传播媒体舰队"造船出海"的同时，有效提升"借船出海"的能力？

第一章导论提到，国际传播是以大众媒介为传播手段的跨国信息传播和流通的过程。在此基础上，国际传播可以理解为跨越国界、跨越语言、跨越文化的信息传播。这一特征揭示出国际传播与大众传播之间存在的显著差异，异质文化与他者叙事的卷入，影响到国际传播受众对信息的释码与接受。因此，本章在讨论国际传播媒介时，还考虑到语言、文化等因素的影响。

第一节　国际传播媒介概述

传播技术的革新深刻影响着社会的重构与变迁，作为信息传递、交流的载体和工具，媒介在人类传播活动中起着举足轻重的作用。随着互联网的普及与新媒体技术的迅猛发展，传播活动的生产方式与表现形式发生了翻天覆地的变化，传播效率大幅提升，传播内容更加丰富，人类社会进入新的媒介时代。

随着全球化浪潮的深入推进与新媒介技术的蓬勃发展，5G、大数据、人工智能等信息技术在国际传播领域得到广泛应用，国际传播的媒介形态由原来的单一模态向多模态方向发展，进而影响到国际传播格局的变化。

一、国际传播的媒介分类

传播媒介形态深刻影响着社会变革，国内外学者理解与阐释媒介的角度为本章对国际传播媒介的研究提供了重要参考。其中，我国著名传播学家邵培仁在其《传播学》一书中指出，人类历史上出现的媒介有语言、文字、印刷媒介、电子媒介和网络媒介[1]。丹麦哥本哈根大学媒体、认知与传播学系教授延森（Klaus Bruhn Jensen）认为"媒介理论就是媒介史的产物"，他从媒介的物质性、特定媒介及其

1　邵培仁.传播学 [M].北京：高等教育出版社,2007.

传播实践对社会的影响出发，将媒介划分为三种类型：作为人际交流的媒介的人的身体、经典的大众传播媒介、数字化的信息传播技术[2]。加拿大学者麦克卢汉（Marshall Mcluhan）在他的《媒介即讯息》（1969）、《理解媒介：论人的延伸》（1964）等著作中提出三个观点："媒介即讯息""媒介即人的延伸"以及"热媒介"与"冷媒介"。麦克卢汉认为人类是通过某种媒介才能达到传播以及相应的社会活动，人类由"部落社会"到"地球村"得益于媒介及其技术的发展。同时他指出，每一种旧媒介都是另一种新媒介的内容——"言语是文字的内容，正如文字是印刷的内容，印刷又是电报的内容一样"[3]。他暗示了在媒介交替的历史进程中，旧媒介的特征将几乎完全融入之后的新媒介形态之中[4]。麦克卢汉从媒介技术的视角观察人类社会的发展并强调了媒介和技术的重要作用。

全球化的出现不仅改变着世界历史进程，还影响了各个国家、民族交流与交往的方式，媒介形态演变作为历史进程的一个侧影，建构不同国家受众对其身份的理解，指导人的生活实践，生动地演绎着国际传播的发展变化。值得注意的是，具有代表意义的国际传播机构在这一过程中发挥着显著的作用。

（一）国际性的通讯社

政治、经济、军事、科技等领域所发生的大范围、深层次的变革，一方面为国际传播的迅猛发展提供了坚实的物质基础，另一方面催生了国际社会对国际新闻的强烈需求，专门收集新闻的机构——通讯社应运而生。国际通讯社一般在许多国家设有网点，通过派驻记者在全球范围内采集和发布新闻，并以电子通信技术等先进手段向全球不同的用户提供新闻服务。《简明不列颠百科全书》1984年版提到，主要的国际通讯社有美国美联社、英国路透社、美国合众国际社、法国法新社、中国新华社和前苏联塔斯社，并称全球六大通讯社。20世纪70年代，联合国教科文组织的一项调查表明，美联社、路透社、合众国际社和法新社这四大西方通讯社传播的国际新闻信息占当时（全球）国际新闻的80%以上，在国际传播格局中占据主导地位。经过几十年的发展，中国新华通讯社等发展中国家通讯社的影响力不断提升，掀起建立国际新闻传播新秩序的潮流。

2　克劳斯·布鲁恩·延森.界定性与敏感性：媒介化理论的两种概念化方式 [J].曾国华，季芳芳，译.新闻与传播研究，2017 (01): 113-125.

3　马歇尔·麦克卢汉.理解媒介：论人的延伸 [M].南京：译林出版社，2019.

4　李梦圆.融媒时代国际新闻的在地化路径研究——以"侠客岛"为例 [J].新媒体研究，2021, 7 (05): 75-77.

（二）国际性的广播电台

国际广播一般是各国向国外听众播报本国和世界新闻的重要渠道，第二次世界大战爆发后，国际广播为了适应战争的迫切需求而得以发展。截至 20 世纪 90 年代，世界上已有 105 个国家和地区开设了对外广播，播出语种多达 140 种[5]。全球广播机构里，比较有名的几家广播电台有：美国之音、英国广播公司、法国国际广播电台、荷兰国际广播电台、德国之声、中国国际广播电台。中国国际广播电台是中国向世界各地（包括来华）的外国人、海外华人、华侨以及中国驻外使领馆、驻外机构、商贸公司和海外留学人员等广播的国家电台。目前，中国国际广播电视台使用 65 种语言全天候向世界广播，是全球使用语种最多的国际传播机构。

（三）国际性的电视台

国际电视台兴起于 20 世纪 80 年代，美国特纳广播公司于 1980 年创办的有线电视（CNN）通过卫星向世界传送新闻，标志着国际电视业的诞生。国际电视台最初是由民间的商业台开始创办，而后政府掌管的国际电视机构才开始慢慢发展起来。目前，世界上比较重要的国际电视台有：美国有线电视新闻网（CNN）、英国广播公司世界电视台（BBC World）、德国之声电视台（DW-TV）、欧洲新闻电视台（Euronews）、中国国际电视台（CGTN）等。值得注意的是，近年来，卡塔尔半岛电视台等国际电视台通过独家报道重大国际事件等方式，引起全球的广泛关注，撼动了已有的国际传播秩序。

（四）国际新媒体

新媒体是基于国际互联网技术基础之上的，与传统媒体相比，其在内容生产方面有许多不同的特征。新媒体起源于一些新技术支撑下的媒体新形态，主要包括网络媒体、移动媒体、电视媒体三大类。至今为止，学界对于新媒体这一概念仍未有统一的定义。清华大学熊澄宇教授提出："今天我们所说的新媒体通常是指建立在计算机信息处理技术基础知识和互联网基础之上，发挥传播功能的媒介总和。"[6] 美国网络新闻学创始人丹·吉尔默（Dan Gillmor）提出新闻媒体 3.0 的概念：1.0 指报纸、杂志、电视、广播等传统媒体；2.0 是人们所说的以网络为基础的新媒体；3.0

5　张允若 . 外国新闻事业史教程 [M]. 北京 : 高等教育出版社 , 2003.

6　熊澄宇 , 廖毅文 . 新媒体——伊拉克战争中的达摩克利斯之剑 [J]. 中国记者 , 2003 (05): 56-57.

指的是以博客为趋势的 We Media[7]。新媒体的普及改变了传统媒体地域性传播的特点，为世界各个角落的机构和个人获取信息、输出信息提供了前所未有的便利[8]。

二、当代新媒介技术下的国际传播

从人类发展史来看，人类社会的发展包含了经济、军事和技术等方面的发展。从技术变革角度来看，其也是一部媒介形态演进的历史。从文字、印刷到电子到数字再到智能化技术的更迭，人类历史上的传播技术革命不仅促进了生产工具和媒介手段的更新，而且必将引发社会各个领域的系统性、关联性变迁。

早期的印刷类传播媒介形式非常多样，包括报纸、期刊、教材和著作等。而随着网络媒介技术的发展，传统的国际传播模式受到冲击，各大国际传播主体纷纷借力互联网信息技术进行智能化转型。基于互联网的传播媒介大量涌现，数字化特点为其带来了强大的资源载量以及丰富的数据库，并且打破时间、空间的限制，为人们带来全新的生存和生活方式。在此过程中，新媒体表现出的无差别介入性、瞬时传播性、高度参与性、深度互动性，以及全民性、全球性、全息性等特性，带领人类社会进入了一个新的时代[9]。与此同时，媒体信息传播的需求特征和用户行为模式也在快速转变，国际传播景观正在被重塑，大数据、5G、人工智能等技术手段也赋能国际传播发挥全模态传播功能，从而实现构建新的国际传播模式[10]。当代新媒介技术在国际传播领域中的运用主要有以下四个方面：

（一）以数字技术为主导的国际传播媒介

数字化是在电子信号的传输方式上，用数字压缩的方式取代传统的信号模拟方式，它使得过去稀有的电波频率资源变得丰富起来[11]。法国学者尼古拉·居彦（Nicolas Curien）和法国国民议会财务委员副主席皮埃尔 - 阿兰·米埃（Pierre-Alain Muet）在 2004 年提交给法国经济分析委员会（CAE）的报告《信息社会》中把数字革命看成是继铁路和电力之后的"第三次工业革命"，认为数字革命改变了人类最根本的特征之一，直接影响到人类社会的传播与交往。数字化传播融合了信息和传播两大领域，并由此引发了国际媒体商业模式、传播途径的重要转变。

7　魏佳 . 论新媒体环境下"受众"新特征 [J]. 新闻爱好者 , 2009 (12): 19-20.

8　石磊 . 新媒体概论 [M]. 北京 : 中国传媒大学出版社 , 2009.

9　洪俊浩 . 从信息时代进入传播时代，我们准备好了吗？ [J]. 人民论坛·学术前沿 , 2021 (09): 96-110.

10　王晓辉 . 对外传播中不能仅注重"说什么"，还要思考"怎么说" [EB/OL]. 中国网 , (2019-05-15) [2019-05-16]. http://www.china. com.cn/opinion/think/2019-05/16/content_74791747.htm.

11　郭庆光 . 传播学教程 [M]. 北京 : 中国人民大学出版社 , 1999.

如近年来，在线新闻、新闻短视频、新闻播客在国际传播市场方兴未艾，付费订阅逐渐兴起等。

（二）以网络技术为主导的国际传播媒介

从传播学的视角来看，网络传播的最大特点就是把大量分散的信息源和用户统合到了一个系统当中，形成了巨大的信息海洋[12]。互联网不但可以同时将各式各样的信息如声音、视频、图片和文字等传送出去，还能帮助接受者迅速通过网络平台进行接收。传统的大众传播是一个信息单向传播的过程，而基于网络平台的传播是双向的，甚至是多向的。互联网背景下这种全新的传播方式使得人际传播和大众传播融为一体，并迅速渗透到了世界各国的众多领域当中，提升了各国受众之间的关联度，并为增进各国之间的理解与合作提供机会。

（三）以多媒体技术为主导的国际传播媒介

多媒体一般指的是用数字压缩和网络技术将广播、电视、电话、传真、电子出版、计算机通信等各种信息媒介联成一体，对声音、图像、文字、视频、数据等进行一元化高速处理并提供给用户的双向信息系统[13]。总的来说，多媒体技术的集成能够在视觉和听觉等方面满足人们的感官享受，并且促进人们之间的沟通与交流。在这个意义上，多媒体技术的传播促进了信息传播的多样化发展。如中国国际电视台（CGTN）结合"三微一端"、VR视频、大数据服务等多媒体技术，打造多款新闻产品，与全球网民展开互动，极大地优化了国际传播效果。

（四）以智能技术为主导的国际传播媒介

当今世界正处于百年未有之大变局，5G、人工智能等技术的发展对现有信息传播模式带来剧烈冲击，国际传播媒介形态将从单一模态向多模态方向发展。为应对这一变化，各国主流媒体也在积极探索先进技术并运用到国际传播的智慧全媒体建设中，如新华社加大对人工智能技术的研发投入，试图打造具有智能化、移动化、社交化特色的新媒体平台，并与阿里巴巴联手打造新华智云公司，研发推出"媒体大脑"[14]。除新华社外，央视网也与顶级人工智能技术机构合作，推出集"智能内容创作、智能内容运营、智能内容推荐、智能内容审核"为一体的一体化内容生产平台，构建出可以为用户提供多样化需求的智慧全媒体传播体系[15]。

12，13　郭庆光. 传播学教程 [M]. 北京：中国人民大学出版社，1999.

14，15　新华社"人工智能时代媒体变革与发展"课题组. 国内外媒体应用人工智能的现状及影响 [J]. 中国记者，2020（02）：4-9.

麦克卢汉曾说，新媒介不是人与自然的桥梁，新媒介就是自然，对新媒介的转化与利用在一定程度上影响着国际传播格局的变化以及国际传播秩序的重塑。当前，新媒介技术仍在汹涌澎湃地、日新月异地发展演变，其影响日益广泛而深入，将在更大程度、更广范围改变人们的生活行为及思维方式，继续推进社会结构的不断重组和调整，从而影响甚至左右国际社会发展与变化的进程和模式 [16]。

三、国际传播中的语言媒介和文化对接

国际传播中最值得关注的问题之一，是语言转换和文化对接的问题 [17]。著名传播学者詹姆斯·凯瑞（James W. Carey）曾将传播媒介隐喻为传播的交通，认为传播媒介中的传播等同于"传递""传送"，是将信息从空间的某一位置迁移到另一位置 [18]。不同于大众传播，国际传播的信息传递牵涉对信息的二次编码和释码。这其中，文化因素影响着编码与释码的过程。爱德华·霍尔（Edward T. Hall）在《超越文化》一书中提出了"高语境文化"和"低语境文化"的概念。他认为："高语境的交流或讯息是指大多数信息都已体现出来，只有极少的信息以编码的方式进行传达；低语境的交流正好相反，即大多数信息都是通过外在的语言方式进行传达。" [19] 对高、低语境文化的把握与受众对国际信息的理解息息相关，并影响着国际传播主体对媒介的选择。

除此之外，詹姆斯·凯瑞提出有关传播与文化的另一种理论模式，他认为传播活动是人们交往的一种仪式，是社会交往仪式和文化的生存与再生。复旦大学新闻学教授潘忠党认为传播就是文化，因为文化的基本构成因素是符号系统和由此组成的社会现实，没有符号的处理、创造和交流，就没有文化的生存和变化 [20]。由此可见，国际传播与语言、文化有密不可分的联系。

（一）国际传播中的语言媒介

语言符号是人类最基本的符号系统，人类的信息交流活动主要是借助语言完成的 [21]。现代语言学之父索绪尔（Ferdinand de Saussure）提出的符号分析是媒体研究

16 洪俊浩 . 从信息时代进入传播时代，我们准备好了吗？ [J]. 人民论坛·学术前沿，2021 (09): 96-110.

17，21 程曼丽 . 国际传播学教程 [M]. 北京：北京大学出版社，2006.

18 Carey J W. Communication as Culture: Essays on Media and Society [M]. London: Routledge, 2009.

19 沈正赋 . 对话与传播：新时代对外传播的机制创新与全球化适应 [J]. 新闻战线，2019 (13): 55-58.

20 潘忠党 . 传播媒介与文化：社会科学与人文学研究的三个模式（上）[J]. 学院话语，1996 (04): 8-14.

与文化研究的重要工具。从符号学视角来看，广义的媒介语言既包括传统语言形态，又涵盖大众传播社会文化意义的一切形式符号。狭义的媒介语言则包含听觉语言和视觉语言[22]。媒介语言一般借助现代化的传播手段进行传播，在此过程中，语言符号不仅仅是传播者的语言或翻译能力的体现，还是传播者国家形象和文化品质的象征。

媒介语言有以下三个方面的特质：

首先，媒介语言应当是规范化的语言。语言规范，指为了便于信息及文化的沟通、交流、传播，在一定区域和时间内使用某种语言的人所应共同遵守的语音、词汇、语法、书写等方面的标准和典范[23]。正所谓"文化传播，语言先行"，就当今世界而言，英语是国际化程度最高的语言，如何规范使用英语这一语言也是中国国际传播需要解决的难题之一。

其次，媒介语言应当是地道的语言。媒介语言的使用是为了让受众正确理解和接受传播的信息。如果媒介语言转换地道且恰当，则会产生事半功倍的效果，反之亦然。因此，跨国信息的语言把关非常必要。近年来，中国国际电视台（CGTN）对外籍记者和主播的启用是增强语言地道性的策略之一。

最后，媒介语言应当是与时俱进的语言。随着互联网的普及，新媒体语言脱颖而出，并突破了传统媒体在语言、词汇和语法等方面的限制。它们在网络虚拟世界里被广泛使用的同时，也为现实世界中的语言注入了新的活力。对于国际传播机构来说，因地制宜学习使用新媒体语言与网络流行语是进行跨文化传播的重要方式。

（二）国际传播中的文化对接

国际传播学者拉里·萨莫瓦（Larry A. Samovar）曾提到，"文化与传播，如同声音与回答"，这意味着传播的发生就是文化交流的开始[24]。国际传播是全球各国参与的信息传播和交流互动的过程，不同国家所处地域、政治经济制度与宗教信仰不同而导致语言文化形态存在着很大的差异，不同文化之间的交流和碰撞对促进文化的变迁和重塑具有重要意义。因此，当前谈国际传播，需考虑到国内外的文化差异。我们之前提到，语言作为传播媒介是符号之间的转换，但是如果一种符号转换成另一种符号的过程出现误读，则有可能会引起文化冲突，给国际传播活动带来适得其反的效果。

22　姜秋杰.符号语言学视角下城市形象传播媒介语言研究——以佛山市为例 [J].湖南大众传媒职业技术学院学报,2017,17 (03): 21-24.

23　尚伟.新媒体语言的发展及其规范 [J].北华大学学报（社会科学版）,2017,18 (04): 11-15.

24　萨莫瓦,等.跨文化交际 [M].北京：外语教学与研究出版社,2000.

加拿大学者霍斯金斯（Colin Hoskins）和米卢斯（Rolf Mirus）在1988年发表的论文《美国主导电视节目国际市场的原因》中首次提出"文化折扣（cultural discounts）"的概念。他们认为特定的电视节目、电影等内容之所以在国内吸引受众是因为国内市场的观众有着相同的文化和认知，但如果转换到其他环境中，相同的电视节目和电影的吸引力可能会下降或消失，这是因为不同地域的观众有着不同的历史、价值观、文化、社会制度和行为模式，从而导致双方出现了文化结构差异[25]。因此，在国际传播活动中，文化因素的影响不容小觑，它决定着传播内容的认可度和传播效果。这对不同文化背景下所进行的国际传播提出了要求，即首先应了解对方、适应对方。刘利群等学者在《国际传播概论》中提出用文化适应、文化对接及文化融合等三种途径来增强不同文化之间的对接。在全球化浪潮下，面对强势的西方媒体，提升中国媒体的国际影响力以及重塑中国的国家形象，需要国际传播人才了解国际传播中的文化差异并学习实践跨文化交流的技巧，推动世界各国文明的交流互鉴，为形成更大范围的人类命运共同体做出贡献。

第二节　中国故事中的国际传播媒介

一、案例1：国际性通讯社

（一）故事背景

党的二十大报告中明确提出："增强中华文明传播力影响力……加快构建中国话语和中国叙事体系，讲好中国故事、传播好中国声音，展现可信、可爱、可敬的中国形象。加强国际传播能力建设，全面提升国际传播效能，形成同我国综合国力和国际地位相匹配的国际话语权。"[26]中华文化的传播力影响力，很大程度上取决于国际传播中媒体的传播力和影响力。目前，我国已经有一些国家级媒体在传播力和影响力发展方面具备一定的实力。

25　Hoskin C, Mirus R. Reasons for the US Dominance of the International Trade in Television Programmes [J]. Media, Culture and Society, 1988 (10): 499-515.

26　习近平：高举中国特色社会主义伟大旗帜 为全面建设社会主义现代化国家而团结奋斗——在中国共产党第二十次全国代表大会上的报告 [R/OL]. 学习强国，(2022-10-25) [2023-09-14]. https://www.xuexi.cn/lgpage/detail/index.html?id=17478440677105407928&item_id=17478440677105407928.

新华通讯社，简称新华社，是中国国家通讯社和世界性通讯社，也是全球六大通讯社之一。新华社建立了覆盖全球的新闻信息采集网络，形成了多语种、多媒体、多渠道、多层次、多功能的新闻发布体系，集通讯社供稿业务、报刊业务、电视业务、经济信息业务、互联网和新媒体业务等为一体，向世界各类用户提供文字、图片、图表、音频、视频等各种新闻和信息产品 27。新华社作为国际性通讯社，是我国进行国际传播的重要手段。

新华社于 2022 年 10 月 26 日发布了《习近平：高举中国特色社会主义伟大旗帜 为全面建设社会主义现代化而团结奋斗——在中国共产党第二十次全国代表大会上的报告》和 *Full Text of the Report to the 20th National Congress of the Communist Party of China*，对内总结具有重大现实意义和深远历史意义的党和人民事业，展望国家未来新发展；对外为全球提供新发展新机遇，展现中国智慧和中国方案。作为中国国家通讯社和国际性通讯社，新华社发布的二十大报告官方权威、意义重大、影响深远、国际传播范围广泛。

（二）故事内容 28, 29

Today, our world, our times, and history are changing in ways like never before. The historical trends of peace, development, cooperation, and mutual benefit are unstoppable. The will of the people and the general trends of our day will eventually lead to a bright future for humanity. And yet, the hegemonic, high-handed, and bullying acts of using strength to intimidate the weak, taking from others by force and subterfuge, and playing zero-sum games are exerting grave harm. The deficit in peace, development, security, and governance is growing. All of this is posing unprecedented challenges for human society. The world has once again reached a crossroads in history, and its future course will be decided by all the world's peoples.

当前，世界之变、时代之变、历史之变正以前所未有的方式展开。一方面，和平、发展、合作、共赢的历史潮流不可阻挡，人心所向、大势所趋决定了人类前途终归光明。另一方面，恃强凌弱、巧取豪夺、零和博弈等霸权霸道霸凌行径危害

27 新华通讯社－新华社简介 [EB/OL]. 新华社,（不详）[2023-09-14]. http://203.192.6.89/xhs/xhsjj.htm.

28 Full Text of the Report to the 20th National Congress of the Communist Party of China [EB/OL]. CHINADAILY, (2022-10-25) [2023-09-14]. https://www.chinadaily.com.cn/a/202210/25/WS6357e484a310fd2b29e7e7de.html.

29 习近平：高举中国特色社会主义伟大旗帜 为全面建设社会主义现代化国家而团结奋斗——在中国共产党第二十次全国代表大会上的报告 [R/OL]. 学习强国,（2022-10-25）[2023-09-14]. https://www.xuexi.cn/lgpage/detail/index.html?id=17478440677105407928&item_id=17478440677105407928.

深重，和平赤字、发展赤字、安全赤字、治理赤字加重，人类社会面临前所未有的挑战。世界又一次站在历史的十字路口，何去何从取决于各国人民的抉择。

For its part, China has always been committed to its foreign policy goals of upholding world peace and promoting common development, and it is dedicated to promoting a human community with a shared future.

中国始终坚持维护世界和平、促进共同发展的外交政策宗旨，致力于推动构建人类命运共同体。

Building a human community with a shared future is the way forward for all the world's peoples. An ancient Chinese philosopher observed that "all living things may grow side by side without harming one another, and different roads may run in parallel without interfering with one another." Only when all countries pursue the cause of common good, live in harmony, and engage in cooperation for mutual benefit will there be sustained prosperity and guaranteed security. It is in this spirit that China has put forward the Global Development Initiative and the Global Security Initiative, and it stands ready to work with the international community to put these two initiatives into action. China is committed to building a world of lasting peace through dialogue and consultation, a world of universal security through collaboration and shared benefits, a world of common prosperity through mutually beneficial cooperation, an open and inclusive world through exchanges and mutual learning, and a clean and beautiful world through green and low-carbon development.

构建人类命运共同体是世界各国人民前途所在。万物并育而不相害，道并行而不相悖。只有各国行天下之大道，和睦相处、合作共赢，繁荣才能持久，安全才有保障。中国提出了全球发展倡议、全球安全倡议，愿同国际社会一道努力落实。中国坚持对话协商，推动建设一个持久和平的世界；坚持共建共享，推动建设一个普遍安全的世界；坚持合作共赢，推动建设一个共同繁荣的世界；坚持交流互鉴，推动建设一个开放包容的世界；坚持绿色低碳，推动建设一个清洁美丽的世界。

We sincerely call upon all countries to hold dear humanity's shared values of peace, development, fairness, justice, democracy, and freedom; to promote mutual understanding and forge closer bonds with other peoples; and to respect the diversity of civilizations. Let us allow cultural exchanges to transcend estrangement, mutual learning to transcend clashes, and coexistence to transcend feelings of superiority. Let us all join forces to meet all types of global challenges.

我们真诚呼吁，世界各国弘扬和平、发展、公平、正义、民主、自由的全人类共同价值，促进各国人民相知相亲，尊重世界文明多样性，以文明交流超越文明隔阂、文明互鉴超越文明冲突、文明共存超越文明优越，共同应对各种全球性挑战。

Although this is an era fraught with challenges, it is also an era brimming with hope. The Chinese people are ready to work hand in hand with people across the world to create an even brighter future for humanity.

我们所处的是一个充满挑战的时代，也是一个充满希望的时代。中国人民愿同世界人民携手开创人类更加美好的未来！

（三）故事分析

1. 中国态度和抉择的表达与传播

本节故事内容选自二十大报告中的第十四点：促进世界和平与发展，推动构建人类命运共同体。其标题就是向国际社会表达中国面对世界百年变局的态度和抉择。中国共产党不仅为中国人民谋幸福、为中华民族谋复兴，也在为人类谋进步、为世界谋大同。党的二十大重申了中国始终坚持维护世界和平、促进共同发展的外交政策宗旨，致力于推动构建人类命运共同体，充分彰显了中国共产党胸怀天下的责任担当 [30]。党的二十大闭幕后，国际社会的反馈也充分体现了其对中国发展的坚定信心，对构建人类命运共同体的共识和期待 [31]。

2. 新华社作为国际传播媒介的优势

新华社的国际传播能力较强，国际报道和对外报道水平较高。新华社积极抢占海外新媒体和主要社交媒体平台，每天 24 小时不间断用中文、英文、法文、俄文、西班牙文、阿拉伯文、葡萄牙文和日文等 8 种语言讲述中国故事、传播中国声音、阐释中国特色，重视国际传播中的语言媒介，充分发挥其对外宣传主力军和主阵地的作用，维护国家利益，服务外交大局 [32]。新华社重视对外交流合作，是全球第一家与联合国所属机构建立系列化、机制化、常态化合作关系的世界主流媒体机构 [33]。因此，以新华社为传播手段发布党的二十大报告能够达到极佳的国际传播效果，将中国智慧和方案传播得更为广泛。

3. 国际传播中展现的国际视野

本书节选的党的二十大报告内容充分表明了中国共产党致力于人类和平与发展崇高事业的愿望和诚意，同时也展现了其立足现实、放眼世界的全球眼光；关注自身、兼济天下的人类情怀；认清形势、顺应时代的发展眼光；明确使命、正视比较的开放思维；摒弃分歧、谋求共赢的大局意识；总而言之，充分展现其开阔的国际视野 [34]。新华社不仅重视加强其国际传播能力建设，积极进行海外落地工作，高度重视利用海外社交媒体平台进行报道，还注重加强与国外主流媒体的互动合作，

30, 31, 34　何毅亭. 党的二十大的重大意义 [N]. 学习时报，2022-11-11 (001).

32, 33　新华通讯社 - 新华社简介 [EB/OL]. 新华社，（不详）[2023-09-14]. http://203.192.6.89/xhs/xhsjj.htm.

提高传播覆盖率。作为新时代的青年学生，我们要在尊重时代规律、厚植爱国情怀、认同话语体系的同时，不断扩展国际视野，为讲好中国故事、进行国际传播贡献出自己的一份力量。

二、案例 2：国际性电视台

（一）故事背景

国际性电视台同样是国际传播的重要手段之一。中国国际电视台（CGTN）是中国极具代表性的国际性电视台，是国务院直属正部级事业单位中央广播电视总台所属的中华人民共和国面向全球播出的新闻国际传播机构[35]，旨在为全球受众提供准确、及时的信息资讯和丰富的视听服务，促进中国与世界沟通了解，增进中外文化交流与互信合作[36]。

中国进入新时代，国家持续不断地进行脱贫攻坚、环境治理和乡村振兴工作，不仅惠及了中国的亿万百姓，同时也给众多生活在中国的外籍友人留下了"深刻的印象"。这些外籍友人来自世界各地，他们有着不同的视角、迥异的文化，但是他们都怀着善意和热情讲述了属于他们的中国故事，赞叹中国的飞速发展和人民的勤劳朴实。CGTN 新媒体邀请了 15 位外籍网红博主，共同完成系列节目"中国印象"，他们希望可以用自己的"眼睛"为世界认识中国打开一扇窗[37]。本节故事内容是将该节目中墨西哥博主麦克斯（Max Carrera）的视频转为文字形成的。

（二）故事内容[38]

Looking into China: I See a Different China
展望中国：我看见不一样的中国

When I was fifteen years old, my parents decided to take me on a family trip to China. Little did I know that trip was about to change the way I see the world. Up until the moment that I arrived in China, I never really understood the concept of the word "prejudice". In school, teachers would talk about it every now and then, but I never considered having any prejudice myself. But there I was, realizing that most of the things I believed about this country weren't true. And I love it. What I found instead turned out to be

35　中央广播电视总台招贤纳士进行时 [EB/OL]. 央视网，(2019-06-09) [2023-09-14]. http://m.news.cctv.com/2019/06/07/ARTIeT9Rz5dIy734Ycb5RxlN190607.shtml.

36　ABOUT US-China Global Television Network [EB/OL]. CGTN,（不详）[2023-09-14]. https://www.cgtn.com/about-us.

37, 28　中国印象 | 外国人的中国事 [EB/OL]. CGTN, (2022-10-10) [2023-09-14]. https://mp.weixin.qq.com/s/4-9xkDfqvOkU391Put2yAQ.

one of the most impressive places I had visited in my entire life. Suddenly, China was on the verge of eradicating extreme poverty, and it was one of the safest places I'd ever been to.

在我 15 岁的时候，我的父母决定带全家去中国旅游。当时我不知道，那次旅行将改变我看待世界的方式。直到我来到中国的那一刻，我从来没有真正理解"偏见"这个词的意义。在学校里，老师们会时不时地谈论这个词，但我从来没有想过自己会抱有任何偏见。但当我来到中国，我开始意识到，我所认为的关于这个国家的大部分事情，都不是真实的。我喜欢它真实的样子。我发现中国成为了我此生去过的最令人印象深刻的地方之一。转瞬之间，中国已经实现了消除绝对贫困，而且成为了我所去过的最安全的地方之一。

Coming from a place in which people are used to look over the shoulders, I couldn't ask for more. But there were lots more. Right away, I knew I had to stay and learn. If the Chinese people had achieved so much in such a short period, why can't my country do it as well? Both places are rich in history, culture and natural resources. We have endured hardships and injustices from other nations, but eventually ended by rising up. We have very similar values as well. There is nothing more important for Chinese and Latin American people than family and nation. We care for our people and our elders as no one else does. I cannot help to imagine what would eventually happen if we were together for a coming future of the human race.

在我的家乡，每个人都习惯小心翼翼，（中国的治安情况）真的已经让我很满意了。但实际上，这里还有更多（令人印象深刻的地方）。于是，我突然意识到我必须留下来学习。如果中国在这么短的时间内取得了这么多成就，我的国家是不是也能做到呢？我们都有着丰富的历史、文化和自然资源，我们都曾经受过苦难以及来自其他国家的不公正对待，但最终还是站了起来。我们的价值观也非常相似。对中国和拉美人民来说，没有什么比家庭和国家更重要。我们比任何人都更关心自己的同胞和家中的亲人。我不禁想象，如果我们为了人类的未来而团结在一起，那么会发生（怎样的奇迹）。

Unfortunately, there is one more thing: both countries are victims of prejudice as well. But after spending so much time in both countries, I have realized the world is often way different to what they portray in the news. So maybe it's time to start questioning the media and to start finding out on our own. It's time to start learning from each other instead of criticizing; time to stop seeing the world as a divided place, and to start working together for a coming future as a human race. Until then, our vision of this world will continue to be shaped by news outlets, and we will see our brothers and sisters as them instead of us. In the end, we are all humans, and if we dare to go past our prejudices, we will realize that we are all part of the human race.

不幸的是，还有一件事：中国和墨西哥也都是偏见的受害者。但在这两个国家生活了这么久，我意识到真实情况往往与新闻中呈现的完全不同。因此，也许是时候开始质疑媒体（的报道），并开始自己寻找答案了。现在是时候开始互相学习，而不是互相指责；请停止将世界视为一个分裂的世界，我们应该开始为人类共同的未来而努力。在那之前，我们对这个世界的看法，还将继续被新闻媒体的论断而左右。我们把彼此视为"他们"而不是"我们"。最后我想说，我们都是人类的一份子，如果我们敢于超越自身的偏见，我们就会意识到彼此亲如一家。

（三）故事分析

1. 外国人讲述真实的中国故事

一直以来，部分西方媒体在涉华报道中都带有意识形态的偏见，而民众的看法往往会因新闻媒体的论断而受影响。麦克斯提到，"当我来到中国，我才开始意识到，我所认为的关于这个国家的大部分事情都不是真实的"。他所感受到的中国是最令人印象深刻的地方之一，也是最安全的地方之一。他认为如果我们敢于超越自身的偏见，就能意识到彼此亲如一家。有海外网友对此评价道，"感谢您用自己开放包容的视野向大家分享了最真实的中国见闻。我们能感受到这里没有虚构或有失偏颇的情节，一切都很中肯"。

2. 中国国际电视台作为国际传播手段的优势

中国国际电视台（中国环球电视网、CGTN）新媒体深耕适配社交媒体平台特性的内容建设，突出"新、短、快、活"四大特点[39]。CGTN 新媒体的系列节目"中国印象"以外籍博主视频的形式发布，内容新、时长短，节目模式创新，借嘴说话传声，出新又出彩。由外籍友人讲述他们眼中的中国，通过他们的视角和理解，讲述他们的中国故事，进行国际传播，能让外国观众更容易读懂中国故事，理解真实中国，达到良好的国际传播效果。

3. 在国际传播中进行跨文化交流

麦克斯在视频中提到，"我们都有着丰富的历史、文化和自然资源，我们都曾经受过苦难以及来自其他国家的不公正对待""我们的价值观也非常相似。对中国和拉美人民来说，没有什么比家庭和国家更重要。我们比任何人都更关心自己的同胞和家中的亲人"。寻找共同点的表达方式很容易得到中外观众的认同，让外国受

---

39 中国国际电视台新媒体：开启国际传播新时代 [EB/OL]. 中国记协网，(2017-11-23) [2023-09-14]. http://www.xinhuanet.com/zgjx/2017-11/23/c_136773282.htm.

众感同身受，进行心与心的交流。虽然中墨两国文化不同，但是价值观和经历是相似的。因此，在这条视频中，存在跨文化交流和跨文化共情传播。

三、案例 3：国际新媒体

（一）故事背景

互联网时代，国际传播的速度和广度不断被突破，除了通讯社、电视台等传统的传播机构以外，国际性新媒体平台也成为国际传播中不可小觑的传播手段之一。国际在线（www.cri.cn）是由中央广播电视总台主办的以"国际传播"为特点的国家重点新闻网站，目前通过 44 个语种以及广、客、闽、潮 4 种方言对全球进行传播，是中国使用语种最多的国际化新媒体平台[40]。

国际在线在其滚动新闻中设置了"外国人笔下的二十四节气"栏目，通过外国人的画和讲述，向世界介绍中国的二十四节气，让海外受众更容易了解中国文化，看到多彩立体的中国。本节选取了栏目中分别代表夏天、秋天和冬天的三个节气——小暑、寒露和小寒，将视频转为文字形成以下故事内容。

（二）故事内容 [41, 42, 43]

The eleventh solar term in Chinese lunar calendar Minor Heat falls on July 7 this year. It introduces increasing heat, but the hottest point has yet to arrive. In ancient China, there was a custom of grinding and cooking the newly-harvested rice to celebrate the harvest. In a yard growing cucumbers, the Chinese girl is grabbing a palm-leaf fan, and the foreign boy is holding a bowl of "new rice". They create a peaceful scene showing the Chinese wisdom of keeping cool and refreshed in summer along the sliced watermelon in front of them.

二十四节气中的第十一个节气小暑于今年 7 月 7 日到来。之后，气温越来越高，但还没到最热的时候。在中国古代，有着将新割的稻谷碾成米，做成米饭，以庆祝

40 中央广电总台国际在线 [EB/OL]. 国际在线，(2018-10-25) [2023-09-14]. https://news.cri.cn/20181025/3c9752d3-ff8e-b40b-63a4-402d59dd11c3.html.

41 外国人笔下的二十四节气·小暑 [EB/OL]. 国际在线，(2022-07-07) [2023-09-14]. https://news.cri.cn/20220707/6f2293dc-bc32-aac2-b7cf-a12fd93ed049.html.

42 外国人笔下的二十四节气·寒露 [EB/OL]. 国际在线，(2022-10-08) [2023-09-14]. https://news.cri.cn/20221008/56fc560b-1ede-a00f-fb13-4748a92e5357.html.

43 外国人笔下的二十四节气·小寒 [EB/OL]. 国际在线，(2023-01-05) [2023-09-14]. https://news.cri.cn/20230105/cd0a2955-fce7-5d04-dc02-3497f034894c.html.

丰收的习俗。在一个种着黄瓜的院子里，中国女孩拿着一把蒲扇，外国男孩端着一碗新米，眼前摆着切好的西瓜。一幅夏日静谧而美好的场景，也展现出中国人降温防暑、保持活力的智慧。

The seventeenth solid term on Chinese lunar calendar Cold Dew falls on October 8 this year. It is the first solar term with the word "cold", with geese flying south, foliage falling in the wind, and chrysanthemums blooming alone. It's also the perfect time for fishing. As the temperature drops quickly during Cold Dew, fish and crafts swim to in shallow waters where the temperature is relatively high, and the sunshine is relatively warm. Crab meat is at its best time. My painting, features a Chinese girl holding a cup of chrysanthemum tea, and a foreign boy paddling a boat to catch crabs. "Frost covered leaves are redder than the flowers of early spring." Climbing a mountain to appreciate the beauty of fall. Tires upon tires of woods bedecked with red dye. What a poetic fall scene!

二十四节气中的第十七个节气寒露于今年 10 月 8 日到来。它是第一个带"寒"字的节气。此时节，大雁南飞，风吹叶落，唯有菊花独自绽放。寒露也是钓鱼的最佳时节。随着寒露期间气温迅速下降，鱼和蟹游到更温暖、阳光更充足的浅水区。此时，蟹肉丰腴肥美。在我的画中，一个中国女孩端着一杯菊花茶，一个外国男孩正划船捕蟹。"霜叶红于二月花"，登高赏秋，层林尽染，好一个诗意的深秋！

The 23rd of 24 solar terms on the Chinese lunar calendar, Xiao Han, or Minor Cold, falls on January 5 this year. It's the fifth solar term in winter. The characteristic of Minor Cold is cold, but it is not extreme cold yet with the solar term Da Han (Major Cold) following Minor Cold. Every solar term seems to be linked with a specific food. During Minor Cold, there is a tradition of eating glutinous rice in some parts of China. Fragrant glutinous rice was cooked with smoked pork. It not only tastes good with sweet smell, but also has the effect of dispelling cold and warming the stomach. In addition, wintersweet flowers bloom during Minor Cold. During the period, it's also a good time for people to enjoy the view of wintersweet flowers and snow. My painting features a Chinese girl and a foreign boy both of whom are eating fresh cooked glutinous rice. On the table, there are wintersweet flowers in the vase. Can you smell the sweet scent coming from the wintersweet flowers?

二十四节气中的第二十三个节气小寒于今年 1 月 5 日到来，它是冬季的第五个节气。小寒节气的特点就是寒冷，但还没有冷到极致，因为后面还有大寒。每个节气似乎都会和某种特定的食物相关联。小寒时节，中国有些地方会吃糯米饭。把糯米煮成香喷喷的糯米饭，再配上炒香的"腊味"，吃起来不仅特别香，还有驱寒、暖胃的作用。另外，腊梅花在小寒时节会争相绽放。所以小寒也是踏雪寻梅的好时节。在我的画中，中国女孩和外国男孩正在一起，吃着刚出锅的糯米饭。而桌子上的花瓶里插着几只腊梅，你闻到那隐隐飘来的香气了吗？

（三）故事分析

1. 外国人讲述的中华文化

国际在线通过特邀嘉宾 Anna 笔下的画和视频讲述，向观众介绍二十四节气，来进行中华文化的国际传播。二十四节气不仅是指导农耕生产的时节体系，更是包含有丰富民俗事象的民俗系统[44]。一年四季，春夏秋冬各三个月，每月两个节气，每个节气均有其独特的含义。二十四节气准确地反映了自然节律变化，在人们日常生活中发挥了极为重要的作用。它蕴含着悠久的文化内涵和历史积淀，是中华民族悠久历史文化的重要组成部分[45]。国际在线借用外国人的视角巧妙地传播中华优秀传统文化，展现了可信、可爱的中国形象，也让海外民众更加了解中国、喜爱中国。

2. 国际在线新媒体进行国际传播的优势

国际在线作为中国使用语种最多的国际化新媒体平台，依托中央广播电视总台的全球资源，业务遍布新闻、评论、地方、产业、文体等范围；重视对外交流，与许多驻华和驻外机构、海内外媒体、"走出去"中资企业、地方政府、学院智库等建立了良好的合作关系。同时，国际在线也会面向具有跨语言、跨文化传播需求的海内外客户提供专业的资讯服务和整合营销服务[46]。由此可见，国际在线重视国际传播能力建设，新媒体平台的国际传播资源广泛；重视国际传播中的语言媒介，使用规范的语言、地道的语言、与时俱进的语言讲述中国故事；重视国际传播中的文化对接，不断创新报道形式，将新媒体的优势最大化，将其作为传播手段进行国际传播，让世界了解真实立体的中国。

44, 45 二十四节气 [EB/OL]. 百度百科，（不详）[2023-09-14]. https://baike.baidu.com/item/%E4%B A%8C%E5%8D%81%E5%9B%9B%E8%8A%82%E6%B0%94/191597.

46 中央广电总台国际在线 [EB/OL]. 国际在线，(2018-10-25) [2023-09-14]. https://news.cri. cn/20181025/ 3c9752d3-ff8e-b40b-63a4-402d59dd11c3.html.

第三节　翻译传播媒介的多模态与讲好中国故事

一、翻译传播媒介的多模态

几个世纪以来，西方国家在国际传播的舞台上占据主要位置。在传播世界故事的过程中，其他国家常常处于受到影响、被塑造的地位，国际舆论总体趋势往往表现为西方强势、我方相对弱势。新的时代，新的机遇。中国要走向强盛，不仅体现在世界各地的人们愿意接受来自中国的产品，更体现在愿意倾听来自中国的声音，认同并推崇中国价值。《中国互联网络发展状况统计报告》[47]指出，我国网民规模达 10.32 亿（截至 2021 年 12 月），手机上网比例达 99.7%，短视频用户使用率达 90.5%。以文本为主的单一媒体无法追踪全球舆论热点，舆论引导应从一元走向多元。2020 年 11 月 3 日，《中共中央关于制定国民经济和社会发展第十四个五年规划和二〇三五年远景目标的建议》中提到："推进媒体深度融合，实施全媒体传播工程，做强新型主流媒体"[48]。智能媒体技术的革新，不仅使人工智能技术打破传播行业原有的业务壁垒，同时也为现代传播能力的提升提供了有力的支撑和保障。在当前多媒体融合、全媒体发展的背景之下，讲好中国故事作为我国国际传播的重要内容，也应该顺应趋势，突破传统国际传播的形式，做到"中国故事，国际表达"。传播媒介，特别是国际传播媒介的多元多能为这一目标提供了可能性，这要求我们必须跳出传统的思考局限，结合当前媒体智能化的技术背景，以全新的视角去观察、探索具有中国特色的国际翻译传播。

（一）传播媒介与翻译传播媒介

传播媒介是传播学中一个重要的基础概念，是传播得以成功实施的关键要素。对于传播媒介的理解，可以追溯到广义的媒介，即凡是能使人与人、人与事物或是事物与事物之间产生联系或是发生关系的物质都属于媒介[49]。传播媒介，既可以指信息传递的载体、渠道、中介物、工具或技术手段，如计算机及其网络、报纸、广播、电视等与传播技术有关的媒体；也可以指从事信息的采集、选择、加工、制作和传输的组织或机构，如报社、电台和电视台等。麦克卢汉认为媒介即讯息，媒介形式

47　第 49 次《中国互联网络发展状况统计报告》[EB-OL]. 中国互联网络信息中心 ,（2022-02-25）[2022-04-01]. http://www.cnnic.cn/ n4/2022/0401/c88-1131.html.

48　习近平主持中共中央政治局第三十次集体学习并讲话 [EB/OL]. 中国政协网 ,（2021-06-02）[2022-04-22]. http://www.cppcc.gov.cn/zxww/2021/06/02/ARTI1622594657617104.shtml?eqid=ed8ec018003426c4000000066452104f.

49　郭庆光 . 传播学教程 [M]. 2 版 . 北京 : 中国人民大学出版社 ,2011.

对于传播的效果起着非常重要的作用，他认为媒介形式决定着信息内容的清晰程度和结构方式，也决定着媒介内容的效果[50]。传播媒介的发展经历了四个阶段：口语传播、文字传播（书籍、杂志等）、电子传播（广播、电视、电影等）和网络传播。即使现在的电子传播是传播媒介的主要形式，也不代表其他的传播媒介已经过时，毫无用武之地，因为媒介的形式和内容区分不是固定不变的，这种可变性也是决定媒介效果的一个重要方面。

传播学的基本理论、基本概念、研究方法都适用于翻译传播学。由于其跨文化传播的特殊性，翻译传播和传统传播还是有所区别。作为翻译传播过程要素之一的媒介主要有三种：一是载体媒介，信息传递的渠道和工具，如从事翻译传播的出版社、杂志社、电视台等。二是技术媒介，指信息传递的技术手段，如印刷术、网络技术等。三是机构媒介，即从事跨文化信息采集、翻译加工制作和传播的社会组织，如翻译公司等[51]。翻译传播的过程不仅要有不同语言的信息传递，还应该考虑传播媒介的特质是否适合此次的翻译传播目的。如果翻译传播者（或是译者）忽略不同媒介的特点，只是一味选取个人喜好或是方便的媒介，那么翻译传播将远远达不到预期效果。

（二）翻译传播媒介多模态与多模态融合

1. 翻译媒介多模态

坚定文化自信、全面贴近受众、讲好中国故事、传播中国声音，成为全球传播新格局中我国国际传播的总纲领。在新冠后疫情时代下，中国国家形象的对外传播正面临错综复杂的国内外文化思潮，部分国际受众对中国的认知依然存在片面化、碎片化的偏差解读，有效讲好中国故事面临严峻的国际挑战。与此同时，随着新媒体技术的日趋完善，全媒体时代背景下的大众传播得到了深度融合，呈现多元化色彩。以文字、音频、视频等多媒体融合的传播形态打通了复杂的舆论传播环境，大众已从渴求简单地获取资讯转向追求多种介质传播融合，大众的注意力持续时间越来越短，这直接冲击了传统媒体原有的讲述方式[52]。

赵磊在《强者通心：国际传播能力建设》[53]中提到中国国际传播的重要任务主要有三项：一是提升中国国际传播效能；二是夯实中国话语体系；三是宣介中国主张、中国智慧、中国方案。要完成这三个任务，国际传播要素缺一不可。我国

50　马歇尔·麦克卢汉. 理解媒介：论人的延伸 [M]. 3 版（中译）. 南京：译林出版社, 2011.

51　尹飞舟, 余承法, 邓颖玲. 翻译传播学十讲 [M]. 长沙：湖南师范大学出版社, 2021.

52　黄芙蓉, 黄琪, 王芬. 时政微视频：多模态话语讲好中国故事的政治传播实践：以人民日报《中国一分钟》等为例 [J]. 湖北第二师范学院学报, 2021 (06): 102-108.

53　赵磊. 强者通心：国际传播能力建设 [M]. 北京：国家行政学院出版社, 2022.

在不断推进经济建设的同时，高度重视提升国际传播能力和跨文化传播能力，而翻译传播是让国际社会了解中国的重要途径，是国际传播、跨文化传播的必要方式。这几类传播有一个共通点是传播主体多元化、传播目标多元化、传播媒介多元化。"内容为王"的单一思维已经成为翻译传播、跨文化传播的限制，这就要求打破翻译传播一元化的内容建设思路，应以多元化的媒介多模态形式赢得发展优势。

模态是结构系统的固有振动特性，是"通过特定的感知过程进行解读的符号系统"[54]。在翻译传播学中，模态指的是跨文化、跨语言的交流与媒介。多模态则是"来自不同符号系统的意义集合"[55]，即指在特定语境中存在两种或两种以上不同的模态，这些模态包括口头语言、书面语言、图像和声音等[56]。常见的多模态形式有图片、声音、文字、视频等。传播学科的集大成者和创始人威尔伯·施拉姆（Wilbur Schramm）认为视听媒介在传播一定数量的有关某种主题的信息上，要比单纯的听觉或视觉媒介更为优越[57]。那么，翻译传播媒介的多模态意义在于，首先，有助于传播受众更好地理解和认知翻译传播的内容。如一些有地域特色、民族特色的表达或者概念难以以单一的文字形式进行翻译传播，很容易出现误解，传播的有效性没有办法保证。以文字与多媒体视频等形式相结合的多模态形式进行阐述，可以降低陌生感，帮助受众理解和接受翻译传播的内容。其次，翻译传播媒介的多模态可以给传播内容注入更多内涵。从传统单一媒介到新型多模态媒介，丰富的内容和形式给翻译传播带来了新的宽度和广度，激发受众对于源作品的兴趣，保证了传播的效果。由此可见，传播媒介的多模态已是必然趋势，是翻译传播、跨文化传播的常态。利用当前国际传播媒介多模态的主体特性，最优化当前媒体资源配置，最大化国际传播效果，才能让全球看到更真实、立体、全面的中国形象。

2. 翻译传播媒介多模态的制约

首先，就翻译传播来看，我国当前翻译传播的主力军是政府和媒体，而企业、高校、民间组织、社会团体、公民个人等参与的程度较低，总体格局还没有完全打开，各主体间的相互协调配合程度较低，这也从源头上制约了传播媒介多样性和多模态，导致了"会做不会说"或是"学做学着说"的现状。

其次，在新媒体大众传播与国际传播的语境中，传统的翻译宣传思维和宣传模式面临严峻挑战，亟待改革创新。特别是在社会透明度空前提升的当下，所有的大众传播都可看作"对外宣传"。在此背景下，我们需要对沿袭多年、已经不适应新时代发展要求的一些宣传方式进行改革，探索大众传播和对外传播的科学路径，探

54　福尔切维尔,尤里斯-亚帕拉西.多模态隐喻[M].上海：上海外语教育出版社,2018.

55　Gibbons A. Multi modality, Cognition, and Experimental Literature [M]. New York: Routledge, 2012.

56　Kress G, Leeuwen V. Reading Images: The Grammar of Visual Design [M]. London: Routledge, 1996.

57　邵培仁.传播学[M].3版.北京：高等教育出版社,2015.

索出能够内外兼容、国际通识的话语表达，建立起一套适合大众传播和国际传播的话语体系，通过变革对外宣传思维和模式，推进我国的国际传播能力建设。

从前文得出，跨文化传播媒介的多模态已经形成趋势，甚至可以成为潮流。但是如果一味追求媒介的多样性、多模态，其传播的效果与设定的目标就将是背道而驰的。如果翻译传播的媒介只是从文字到影像叙事，只停留在技术层面，而全然不顾及多种媒介的独特性和外部文化因素的作用[58]，那么，对于翻译传播内容的诠释将是片面的、不深入的，中国故事的"对外宣传"就有可能是不成功的。

3. 翻译传播媒介的多模态融合

媒介融合可以从狭义与广义两方面来理解：狭义上指不同媒介形态融合在一起产生质变，形成一种新的媒介形式；广义上指一切媒介及其相关要素的结合、汇聚甚至融合。总的来说，媒介融合是技术迭代下一种从低级向高级逐渐发展的媒介互融与交融过程[59]。之所以有这样的趋势，学者们将其归因为技术、经济和市场三方面。然而从媒介发展史的角度追溯，媒体融合不仅有技术或经济等方面的诱因，还由可感知的需要、竞争及政治压力，以及社会和技术革新的复杂要素相互作用所引发。就翻译传播媒介而言，两点尤为重要——精准的翻译和有效的传播媒介。

中国故事的翻译传播是一种特殊的多模态语言呈现形式，是一种跨语言信息传播与交流的方式，不仅涉及文本的多符号转换，更涉及多种模态的组合与交互。多模态应用于中国故事的翻译传播是一个新的重要研究领域。多模态理论支撑下的中国故事翻译传播给中国故事的国际翻译提供了新的研究思路，有助于促进翻译质量的提升，也为中国文化国际传播开辟了新路径。翻译传播的多模态融合，首先需要超越纯文本本身，摆脱单一的语言模态，针对中国故事本身兼具文学性和传播性的特点，综合运用插画、绘本等多模态文本，"在 21 世纪翻译应该是多模态翻译，而翻译行为则是多模态符号的活动"[60]。因此，在翻译中国故事纯文本时，可以尝试打破传统单一的文字模态，通过增删、转化等方式重组原文本为绘本、漫画等多模态文本，或对原文本中的典故、文化负载词等含有中国传统文化意义的表达，通过图像插画等非语言符号扩充其意义。这样不仅更直观生动，而且能够给读者呈现一种良好的视觉体验，具有更强的可读性，甚至能达到以图传情的效果。

中国故事的翻译传播，本质上是文化的国际传播，"翻译是一种文化跨越地域、族群、民族和国家的传播实践，传播是翻译赖以生存的手段"。[61]中国故事的翻译

58　毛凌滢. 互文与创造：从文字叙事到图像叙事 [J]. 江西社会科学 , 2007, (04): 33-37.

59, 60　喻国明, 胥伟岚. 多模态融合：媒体传播的效能提升及其研究模式 [J]. 传媒观察, 2021 (12): 14-20.

61　张生祥. 翻译传播学：理论建构与学科空间 [J]. 湛江师范学院学报 , 2013, 34 (01): 116-120.

传播不只是转换语言、构建符号意义，同时也是一种跨国界的多模态文化信息传播行为。

二、多模态翻译下的中国故事传播

自改革开放以来，中国日益走向全球舞台。习近平总书记的重要讲话精神指出"讲好中国故事"是加强我国国际传播能力建设的重大任务，把"讲好中国故事"提升至国家战略的高度，拉近了"传播中国声音"在中国历史长河中的纵向距离，中国故事的书写与传播也呈现出欣欣向荣的景象。但在此繁荣景象的背后始终存在中国故事"讲不出、传不开"的问题。究其缘由，中国故事的叙事形式单一是重要原因之一，更新中国故事的讲述方式是亟需解决的问题。科技的飞速发展使计算机操作系统和多媒体虚拟现实技术得到广泛运用，文字、图像、声音等多模态同时出现的话语形态更加普遍[62]。在人工智能等新兴技术空前发展的当下，单一的传播媒介已略显单调和粗略，受众对译本的文本表现形态和内涵有了新的需求，仅靠单一的纸质媒介讲好中国故事是远远不够的，"单模态"走向"多模态"成为必然。翻译作为中国故事对外传播的重要手段，在信息时代的背景下也不能陷于传统文本翻译的桎梏中，应顺应时势，创新对外翻译[63]，从"单模态"走向"多模态"，拓宽中国故事的叙事路径，同时融通语言和非语言符号系统，以生动、形象的多模态文本对中国故事进行新叙事，形成中国故事叙事多样化。相对于传统的纸质文本，多模态文本显得更直观、具象和生动。除语言形式外，在翻译活动中注重其他模态的意义建构作用，已成为加强国际传播的必要策略，有利于提升用外语"讲好中国故事"的力度和效度，增强国际传播能力。

基于多模态翻译，可以将承载中国故事的各类文本翻译改写为多模态文本。多模态翻译可以通过"图像"叙事、"视听"叙事或"超文本"叙事，实现对中国故事的"新叙"[64]，让国外传播受众切实看到、听到、感受到中国故事。

（一）图像叙事

图像叙事是通过图片讲述故事或传达信息的一种方式。通过选择、排列和组合不同的图片，可以创造出连贯的叙事线，并通过图像中的元素、情节和情感传达特定的故事主题或观点。法国文学批评家热拉尔·热奈特（Gérard Genette）在其副文本理论中将图像视为"副文本"，如封面、图画等副文本信息在文本构成中起辅

62　陈曦，潘韩婷，潘莉．翻译研究的多模态转向：现状与展望 [J]．外语学刊，2020 (02): 80-87.

63　黄友义．讲好中国故事 引领国际舆论 [J]．公共外交季刊，2015 (01): 48-52.

64　吴赟，牟宜武．中国故事的多模态国家翻译策略研究 [J]．外语教学，2022, 43 (01): 76-82.

助作用，为语篇的阐释提供修饰性和辅助性信息[65]。作为传播意义与信息的载体，图像当然也具有叙事功能，图像作为信息媒介，中国故事的本质和意义也能够通过图像向读者有效传递出去。"同一文本，是否配有图像会带来完全不同的阅读体验"[66]，在翻译中如果能够合理地插入图像，打破中国故事原文本的单一文字模态，形成图文互补，故事内容会更加精彩与生动。近年来，被称为"纸上电影"的漫画、绘本、连环画等多模态图像叙事文本，在对外传播中的价值不断凸显。如"花木兰"这个中华传统文化符号性人物目前已收获大量海外"粉丝"，这与 20 世纪 90 年代以来在美国出版的一系列绘本密切相关[67]。此外，国家级非物质文化遗产木兰传说传承人叶蔚璋说，从他 30 多年收集整理的相关藏品中可以看到，木兰文化在日本传播和影响甚广，《木兰诗》不仅被收录在《古诗大观》的刻本中，更有日本名画家桥本关雪绘制《木兰》图，描绘了花木兰回归故乡时在林间休息的情景。花木兰已被广大海外读者认为是"最英勇的中国女性"代表，其所体现的英雄主义、勇敢精神、家国情怀等思想都是人类永恒不变的主题。花木兰走出国门，是向世界讲好中国故事，更是给世界探索中华文化打开了窗口。

（二）视听叙事

除了图像模态以外，声音模态也具有叙事功能。视听叙事由声音模态与图像模态组合后形成，指利用图像、影像、声音等视听元素讲述故事或表达信息的一种方式[68]。它充分利用了人类的视觉和听觉感知能力，能够让受众更加深入地理解内涵，体验情感和叙事情节，增强故事的吸引力和表现力，使得受众更能沉浸并参与其中。通过影像和声音的综合运用，视听叙事能够提供更加丰富、真实和感性的体验，从而激发观众的情感共鸣和思考，增强受众的理解程度。2014 年，习近平总书记《在文艺工作座谈会上的讲话》中指出"文艺是最好的交流方式，在这方面可以发挥不可替代的作用，一部小说，一篇散文，一首诗，一幅画，一张照片，一部电影，一部电视剧，一曲音乐，都能给外国人了解中国提供一个独特的视角，都能以各自的魅力去吸引人、感染人、打动人。京剧、民乐、书法、国画等都是我国文化瑰宝，都是外国人了解中国的重要途径"[69]。电影和电视剧都是常见的视听叙事形式，它

65　Genette G. Paratexts: Thresholds of Interpretation [M]. Lewin J E, Trans. Cambridge: Cambridge University Press, 1997.

66　Weissbrod R, Kohn A. Translating the Visual: A Multimodal Perspective [M]. New York: Routledge, 2019.

67　Dong L. Mulan's Legend and Legacy in China and the United States [M]. Philadelphia: Temple University Press, 2010.

68　吴赟，牟宜武. 中国故事的多模态国家翻译策略研究 [J]. 外语教学，2022, 43 (01): 76-82.

69　刘亚琼. 习近平关于"讲好中国故事"的五个论断 [J]. 党的文献，2019 (02): 17-23.

们通过影像、音乐、对白等元素讲述故事，将情节、角色和情感传递给观众，也为讲好中国故事开辟了道路。世界电影中心好莱坞如今已发展成为美国文化的象征符号。因此，将中国故事翻译改写为影视作品可作为在视听时代对外传播中国故事的又一切入点。现如今，由于"出海"渠道的大量拓展，影视作品"走出去"也越来越便利与高效，在世界形成中国话语。近年来，中国影视作品的国际传播较过去已取得了突破性发展。2011年，《媳妇的美好时代》走红坦桑尼亚，开启了中国影视作品的国际传播道路；2014年，《北京青年》等剧作为国礼随习近平主席访问拉美；2015年，中国影视出口服务"零税率"政策出台，推动《甄嬛传》《白夜追凶》等剧进入如美国Netflix等海外视频网站，以及《步步惊心》《致我们单纯的小美好》等剧的海外翻拍；2020年，票房破31亿的《八佰》、28亿的《我和我的家乡》、16亿的《姜子牙》以及《在一起》《三十而已》等优秀影视作品的扎堆出现，助推了中国市场成为全球电影票房第一；2021年是中国共产党建党100周年，同年国家广播电视总局推出了《觉醒年代》《理想照耀中国》《功勋》等建党100周年优秀电视剧，这些红色影视剧都实现了中国故事的视听叙事。这一切表明，中国影视作品的国际传播收获了越来越多国外观众的认可和喜爱，这为中国影视作品"走出去""讲好中国故事"奠定了坚实的观众基础。

（三）超文本叙事

超文本叙事（Hypertext Narrative）起源于计算机科学和互联网的发展。在传统线性叙事中，故事以线性的方式从开始到结束展开。而超文本技术的出现，使得叙事可以更加非线性、交互性和多样化[70]。超文本叙事是一种基于超文本技术的叙事形式，通过超链接技术将不同的文本片段、图像、视频等元素连接起来形成一个网状的结构，使受众可以根据自己的兴趣和需求选择不同的路径进行阅读或浏览。观众可以非线性地自由跳转、探索和构建自己的叙事体验。超文本叙事在讲好中国故事方面具有可观的潜力和价值。

1. 多维度展示

超文本叙事可以以非线性的方式展示中国故事的多个维度和层面。通过链接不同的内容元素，如文字、图片、音频和视频，可以提供更全面、多角度的信息，让受众深入了解中国文化、历史和社会。

2. 个性化探索

超文本叙事可以让受众根据自己的兴趣和需求进行个性化的探索和阅读。观众可以自由选择不同的路径，深入研究感兴趣的主题、角色或历史时期，从而建立个人化的故事体验。这种互动和探索的方式可以增强受众的参与感和投入度。

70　吴赟，牟宜武.中国故事的多模态国家翻译策略研究[J].外语教学，2022, 43 (01): 76-82.

3. 跨文化交流

超文本叙事可以通过链接不同语言和地域的内容，促进跨文化交流和理解。它提供了一个平台，让国际受众能够更直观地了解中国文化和价值观。同时，超文本叙事也为中国创作者提供了机会，通过多媒体展现和全球受众的互动，将中国故事推广到国际舞台。

4. 创新叙事形式

超文本叙事具有创新性的叙事形式，可以激发创作者的想象力和创作力。创作者可以融合多种媒体元素和互动设计，打破传统叙事的限制，以更富有张力和吸引力的方式讲述中国故事。借助超文本叙事的特点和优势，可以更好地传递中国文化、历史和价值观，提升中国故事的吸引力和影响力。它为讲好中国故事提供了一种创新、交互和个性化的方式。

"讲好中国故事"是为加强国际传播能力建设而提出的一项国家战略，对推进中国故事的全球传播和提升文化软实力具有重要战略意义。面对"讲好中国故事"这一使命，国家翻译需要对中国故事的传统翻译路径进行拓展，把传统的文字文本从单模态文本翻译改写为多模态文本，这不仅需要译者具备扎实的语言基本功，还需要译者具备综合运用文字、图像、视听等多模态符号对中国故事进行意义建构的能力，使翻译后生成的多模态文化产品能够再现中国故事原作品的文化内涵。经过图像、视听、超文本叙事的诠释和新叙，增强中国故事在国家对外译介中的塑造力、感召力和感染力，推动外界真正认识一个全面、真实、立体的中国。

课后练习

简答题

1. 中国故事在国际传播中最普遍的传播媒介是什么？
2. 请解释什么是多模态翻译传播？它有哪些优势和挑战？
3. 如何在多模态翻译传播过程中平衡各种元素的比重，使其更具有吸引力和说服力？请提供一些实际建议。

讨论题

如何利用国际传播媒介"讲好中国故事"？

翻译题

请结合所学的多模态翻译策略，选择一个你感兴趣的中国故事，将其用英语翻译出来。

第四章

国际传播的受众

·学习目标·

◇ 掌握国际传播受众的分类和特征

◇ 了解在中国故事国际传播中的不同受众

◇ 理解翻译传播受众的认同意识与讲好中国故事

思考题 新媒体环境下，如何针对多元化国际受众讲好中国故事？

单元导读

在国际传播活动中，由于各国在社会制度、媒介体制、文化认同、社会习俗等方面存在差异，因此国际传播中的受众研究具有一定的复杂性。国际传播的受众可以被视为游走于不同国家、不同语言和文化以及不同政治体制之间的特殊群体[1]。根据国际传播的不同受众群体，"讲好中国故事"需要切实加强中国故事和中国声音的全球化表达、区域化表达[2]、分众化表达，以提高国际传播活动的针对性与精准性，扩大知华友华的"朋友圈"。

第一节　国际传播受众的界定

受众一般是指传播过程中讯息的接收者，是传播对象，也是读者、听众和观众的统称[3]。以国际传播活动的国界为划分依据，国际传播的受众群体可分为国际受众和国内受众两类。国内传播是发生在一国之内的传播，传播对象分布在一定区域范围内，相对比较集中[4]，因其在地域和心理上具有更强的"接近性"，所以往往通过更小的投入成本便可取得相对良好的传播效果。国际受众则指传播国的国界以外的传播对象，既可能是过往存在政治、经济、文化交流合作的"朋友圈"，也可能是始终存在倡导单边主义、拒绝"人类命运共同体"理念，屡屡对传播国实施经济封锁、产生文化冲突的对立国。

互联网等新兴媒体技术和社交媒体平台消解了国际传播的边界，以"超越有形疆界"的姿态打破了国际传播的地域限制。单纯以"国界"作为国际传播受众

1　刘燕南，谷征. 我国国际传播受众研究的现状与问题探讨 [J]. 现代传播，2012, 34 (09): 24-28.

2　崔灿，钟新. 精准国际传播的内涵与实践策略 [J]. 对外传播，2022 (07): 4-7.

3　刘燕南，史利，等. 国际传播受众研究 [M]. 北京：中国传媒大学出版社，2011.

4　程曼丽. 国际传播学教程 [M]. 北京：北京大学出版社，2006.

的区分标准已经不能满足国际传播研究的需要，国际传播的受众也正在不断被重新定义。

一、国际传播受众的特点

国际传播学者刘燕南等在《国际传播受众研究》中，将国际传播定位为：民族国家、国际组织、社会机构、企业和个体等，通过传统大众媒介、新媒介或其他可能的媒介所进行的跨国信息传播活动 [5]。不同于国内传播受众群体在文化接收上的接近性、传播范围上的区域性等特征，国际传播的受众在国际传播活动中表现出了受众构成的复杂性、传播范围的跨国界、文化接收上的不确定性等特征。

（一）受众构成的复杂性

国际传播受众构成的复杂性与国际传播环境的复杂性、国际利益格局的不稳定性，以及国际传播主体的策略选择密切相关。一方面，当21世纪进入第三个十年之际，"百年未有之大变局"和"百年未见之大疫情"相互交织，将世界推到了一个充满高度不确定性的节点，德国社会学家贝克（Ulrich Beck）所预言的"全球风险社会"的图景展现无遗，全球社会进入了以不稳定性、不确定性、复杂性和模糊性为主要特征的"乌卡"时代 [6]。从宏观层面而言，把握国际传播的受众特征变得更为困难。

另一方面，国际传播的对象国本身经济发展水平迥异、媒介体制不同、文化接收习惯有所差别，也造成了受众构成的复杂性。即便同为发展中国家，在作为国际传播的对象国时也存在特定的接收倾向性和明显的选择性接触行为。如"一带一路"国际合作以来，讲好中国故事在"丝路"中寻找"思路"，各国在政策沟通、设施联通、贸易畅通、资金融通、民心相通构成的"五通"指数呈现出明显的区域特征：东南亚地区国家更倾向于接受贸易畅通、资金融通和民心相通等方面的议题，蒙古及中亚地区则对政策沟通和设施联通等方面的议题更感兴趣。

（二）传播范围的跨国界

传播范围的跨国界是国际传播受众的另一特征。传播范围的跨国界主要体现在三方面。其一，跨国界的特征体现在地理位置、气候、政治及经济水平的不同，这就造成了国际传播受众之间不同的思维方式及生活方式。国际传播受众不是一个无差别的、统一的群体，他们来自不同的国家，拥有不同的宗教、政治信仰、价值观念、

5　刘燕南，史利，等 . 国际传播受众研究 [M]. 北京：中国传媒大学出版社，2011.

6　史安斌，刘长宇 . "乌卡"时代的解困型新闻：角色演进与发展态势 [J]. 青年记者，2021 (13)：95-98.

利益诉求和传媒体制，信息接受心理和水平也不一样[7]。其二，跨国界的特征体现在语言使用方面。据不完全统计，世界上有 6 700 多种语言，使用人口超过 100 万的有 140 多种[8]。在国际传播活动中，由于传播国与对象国之间在语言使用方面的不匹配、使用英语这一"世界通用语"容易在文化折扣方面带来文化误读等问题，如何在跨国界传播的过程中选择语言种类至关重要。其三，社会制度决定媒介制度，不同的国际传播对象国对于媒介的掌控程度不同，对于信息的流通和限制也存在差异。不同的媒介体制下，受众在媒介使用过程当中的经济成本与费力程度均有所不同。简而言之，受众更倾向于选择媒介使用"或然率"与自身更匹配的媒介参与国际传播活动。因此，当其对象国的媒介基础设施建设不完备的时候，"跨国界"的辐射广度与全球化的传播范围均受到限制。

（三）文化接收上的不确定性

文化接收上的不确定性是国际传播受众研究的最大难点所在。美国学者爱德华·霍尔曾用高语境传播和低语境传播分析中西文化系统相互传播时的差异。他指出，作为东方文化代表的中国文化处于高语境的顶端，而美国和西方国家倾向于低语境，同一象征元素在不同文化语境中由于传播行为方面的差异会在跨文化传播中遇到"文化折扣"现象，进而导致不同的文化系统的民众不能准确理解传播国文化产品的内涵性意义、外延性价值或滋生文化误读。

近年来的国际传播在文化接收方面，已经开始从"跨文化传播"向"转文化传播"升维。跨文化传播（intercultural communication）是在第二次世界大战后蓬勃兴起的"美式全球化"进程中得以成熟和普及的一种国际传播类型，是通过对语言学、社会学、心理学、人类学等跨学科的理论和实践成果的整合形成的"文化间传播"。而 2018 年国际传播学者史安斌明确提出的转文化传播（transcultural communication）则是在两种或多种文化的交流对话中产生了文化的转型、变异，实质是一种多元文化的平等互构。

从"跨文化传播"到"转文化传播"的这种国际传播思维转变更有利于平等交流、和谐共生的传播语境，实现对他者文化的过滤吸收，实现对自我文化的全新认知，进而呈现出"你中有我，我中有你"的文化杂糅。北京冬奥会是"转文化传播"的良好见证之一：奥林匹克频道开播后，将中国特色与奥运底色之间、将赛事叙事与生命叙事之间、将国家理性与个体感性之间实现融贯，不断展现出冰雪健

7 刘燕南，史利，等. 国际传播受众研究 [M]. 北京：中国传媒大学出版社，2011.

8 李智. 国际传播 [M]. 北京：中国人民大学出版社，2016.

儿奋斗拼搏的时代人格、中华民族自强不息的历史性格、中国冬奥开放共赢的体育品格[9]。

二、国际传播受众的分类

国际传播受众的分类标准是多元化的，当前学界从不同视角对国际传播的受众进行划分，大致分为以下几类：从传播者的传播意图界定受众角色，将国际传播受众划分为宣传对象、消费者和普通个人三种类型[10]；从受众对传播者的态度出发，国际传播的受众可划分为顺意受众、逆意受众和中立受众[11]；从文化影响力的角度划分，可分为汉语言文化圈受众、中华文化影响圈内受众和中华文化影响圈外受众[12]。本书在此基础上，以受众对中华文化理解程度与受众重要程度为划分标准，对我国的国际传播受众进行了更为细致的分类。

（一）根据对中华文化理解程度划分的国际受众分类

1. 华侨受众

华侨是指在国外定居的具有中国国籍的自然人。华侨具有中国国籍，依法享有中国公民权利，并履行相应的义务，因此中国政府保护华侨在海外的正当权益。在国际传播中华侨既是中国故事的讲述者，也是中国故事重要的倾听者。作为"中国故事"的海外受众之一，由于语言文化的传播隔阂与传播障碍大大降低，华侨对"中国故事"多采取支持和理解的态度，即属于"顺意受众"。"顺意受众"多为与传播主体国有长期友好关系或处在同一联合体中的受众，抑或指在某一大事件中与传播主体国有相同态度和立场的受众[13]。因此，在国际传播活动中争取"顺意受众"，更有利于"中国故事"在讲述中漂洋过海、中国智慧在国际社会中落地生根。

2. 对中华文化认可和理解的国际受众

由于地缘政治和国家历史的关系，国际受众对中华文化的认可程度与理解程度大不相同。面对西方媒体的"锐实力"和"新殖民主义"污蔑，柬埔寨、缅甸、巴基斯坦、古巴、伊朗等国的受众甚至出现对西方媒体的"对抗性解读"，并对中国智慧、中国方案持有客观与辩证的认知态度。如美国《华尔街日报》与英国

9　章晓杰，丁韬文 . 讲好中国体育故事——奥林匹克频道的三重战略定位与多向融合维度 [J]. 电视研究，2022 (01): 33-36.

10　李智 . 国际传播 [M]. 北京：中国人民大学出版社，2016.

11, 13　程曼丽 . 国际传播学教程 [M]. 北京：北京大学出版社，2006.

12　刘燕南，史利，等 . 国际传播受众研究 [M]. 北京：中国传媒大学出版社，2011.

《金融时报》等曾断章取义挑拨中国和巴基斯坦的关系，对"中巴经济走廊"进行抹黑称"跟着中国走只会害惨自己的国家"，遭到巴基斯坦网友嘲讽。

但在"西强我弱"的话语格局之下，西方媒体与政客的"东方学叙事"也对国际受众对中华文化的认同产生巨大的负面影响，如瑞典电视台《瑞典新闻》曾播出的辱华视频中所使用的中国地图缺少台湾省与西藏部分地区，对北欧地区中国形象的客观呈现产生了严重负面影响。瑞典品牌 H&M 集团于 2021 年在其网站发表过一份歪曲事实的报道，其中包括对新疆维吾尔自治区少数民族强迫劳动和宗教歧视的不实指控。因此在国际传播中，及时监测国际舆论动态，推动"逆意受众"和"中立受众"向"顺意受众"转变至关重要。

3. 对中华文化缺乏了解的国际受众

习近平总书记在文化传承发展座谈会上曾强调，中华文明具有突出的和平性，从根本上决定了中国始终是世界和平的建设者、全球发展的贡献者、国际秩序的维护者，决定了中国不断追求文明交流互鉴而不搞文化霸权，决定了中国不会把自己的价值观念与政治体制强加于人，决定了中国坚持合作、不搞对抗，决不搞"党同伐异"的小圈子[14]。然而，尽管中国始终坚持以"美美与共"的文化理念致力于扩大知华友华的朋友圈，倡导以"人类命运共同体"理念促进建立国际传播的新秩序，但在当今世界的文明交锋与文化碰撞中，文化差异有时仍然成为国际传播的隔阂与障碍。因此在国际传播的过程中，对中国文化缺乏了解的国际受众不能仅仅凭靠"策略性"，还需要结合"战略性"，不能仅仅将国际传播视为"短期性"的舆论引导任务，还需要辅以更为"长期性"与综合性的文化浸润。

（二）根据重要程度划分的国际受众分类

以国际受众在国际传播活动中的重要程度为依据进行划分，国际传播的受众可以分为重要受众、次重要受众与一般受众。这种划分方式更有利于在制定国际传播策略时理性地进行资金投入、人员调配，并采取更为科学精准的传播策略。

1. 重要的国际受众

重要的国际受众一般指与国际传播主体有着直接或特殊利害关系，且对传播效果起着至关重要作用的人群[15]。如国家领导人、新闻发言人、外交官等拥有强大传播影响力的一群人，而作为重要国际受众的他们能够在促进内容传播、影响传播态度等方面发挥重要的作用。重要的国际受众或涉及本国的外交政策制定，或针对传

14　张颐武. 中华文明具有突出的和平性 [J]. 红旗文稿，2023 (12): 29-31.

15　李智. 国际传播 [M]. 北京：中国人民大学出版社，2016.

播目标国涉及战略传播方案，或代表本国发布国家最新动态等，因此在国际传播中作为重点的受众往往不仅是接受、参与国际传播活动，更重要的是根据本国国家利益和国家安全对国际传播活动经过自主化的选择加工后还会进行"再传播"。

2. 次重要的国际受众

次重要的国际受众是指与国际传播主体存在一定或间接的利害关系，对其所要达到的传播效果有一定影响的国际受众[16]。和重要国际受众相比，尽管其在权威性、影响力等方面稍显逊色，作为国际传播活动的接受对象与国家利益安全的维护、区域经济发展的推动等呈现出一种"弱关联性"，但其立场和态度对国际关系的发展仍有一定的制衡与牵制作用。因此，在国际传播活动中次重要国际受众的确定仍然是必要的，但在资金扶持、人员调配、渠道建设等方面的投入需要更为慎重与理性。

3. 一般的国际受众

一般的国际受众指在国际传播活动中与传播主体不存在直接的利害关系，也不在传播主体国的战略区域之内，对国际传播活动的整体效果不具有决定性影响作用的国际受众群体。与"重要的国际受众""次重要的国际受众"相比，"一般的国际受众"具有更加"多、杂、散、匿"的特质。但在特定的国际传播舆情事件中，"一般的国际受众"常常由于其在国际传播方面的中立性而对国际舆论走向产生深刻影响，并可能促成"舆论一边倒"的舆论态势。因此，在国际传播活动中此类受众也不能被完全忽视。

三、融媒体时代国际传播的受众角色变化

（一）受众作为"产消者"

相比于以往以国家政府、主流媒体为主导性传播主体的传统媒体时代，融媒体时代由于互联网与社交媒体的低门槛和便捷性，国际传播活动的主体已经在一定程度上开始向普通民众发生下移和让渡。国际传播的受众既可以是主流媒体在"举旗帜、聚民心、育新人、兴文化、展形象"使命引领下的内容接受者，也可以主动成为"沟通中外、连接世界"的内容传播者。受众以"产消者"身份参与国际传播的生动实践打破了国际传播主体与客体之间的明确界限，以 UGC、PUGC（Professional User Generated Content，即"专业用户生产内容"，具体表现为以专业用户为内容创作源泉，通过将专业化的内容生成手法与用户的内容需求进行紧密结合，以此获得更多的专业创作优势和内容质量）的内容形式进一步激活了国际传播的"内容池"。如 2020

---

16 李智. 国际传播 [M]. 北京：中国人民大学出版社，2016.

年"侗家七仙女"系列纪录短片中就曾将地方故事以 PUGC 的形式推向世界舞台：通过将盖宝村中的七位女孩做黑糯米饭、牵牛耕地、梯田秋收等侗家生活与当地少数民族特色文化相结合，用系列微纪录片讲述了"七仙女"团队计划建立帮扶合作社、发展特色旅游、开发侗族手工艺产品等脱贫致富的故事，成为中国外文局公布的"2020 年度对外传播十大优秀案例"之一，是在大山深处挖掘对外传播宝藏资源，使中国地方脱贫故事走向世界舞台的生动实践[17]。

（二）受众作为媒介资源

加拿大传播政治经济学家达拉斯·斯麦兹（Dallas Walker Smythe）的"受众商品论"指出了"媒介—广告商—受众"之间的三角关系[18]，其中受众的注意力作为媒介真正售卖的商品被售卖给了广告商，广告商将其算入产品成本并将产品售卖给受众，最终受众自己消费购买了自己在其中所创造的价值。融媒体时代"受众"向"用户"的转变使其作为媒介资源的价值性进一步凸显，部分大型的商业媒体集团、广告公司以及小型自媒体开始抢占国际市场。用户的注意力作为一种可创造价值的媒介资源，能够对媒介集团起到重要的反哺作用和供能作用，因此，集聚更多的受众注意力就意味着其在国际市场拥有更强劲的全球竞争能力和资源整合动力。如 BBC World Service 制作播出的 The Forum，作为跨国家、跨领域的受众互动讨论类节目，积极鼓励受众通过短信、电话、邮件和博客等方式积极参与时事讨论[19]，并每年至少进行一次涉及几十个国家的大规模受众调研来了解全球受众喜好，最终形成在国际传播活动中的强大口碑优势。

（三）受众用户的"精准化"

英国传播学家丹尼斯·麦奎尔（Denis McQuail）在其著作《受众分析》中指出，新媒体技术的发展将使得受众的"分众化"趋势成为必然[20]。在媒介融合纵深推进的过程中，国际传播活动中"分众化"的传播逻辑被"精准传播"所概括，其中既指明了要对国际传播产品进行精准设计，也指出了在传播过程中借助大数据、算法推荐等实现"用户—信息"之间的精准匹配。

17　牛慧清，丁韬文. 论中国脱贫攻坚纪录片国际传播的叙事逻辑 [J]. 现代传播（中国传媒大学学报），2022, 44 (03): 99-107.

18　陈积银，孙月琴. 数据资本化与资本数据化：数据资本主义的批判与应对 [J]. 探索与争鸣，2023, (11): 75-86.

19　陈云松，柳建坤. 当代中国国际传播：受众特征与提升路径 [J]. 中国浦东干部学院学报，2022, 16 (03): 84, 129-136.

20　丹尼斯·麦奎尔. 受众分析 [M]. 刘燕南，李颖，杨振荣，译. 北京：中国人民大学出版社，2006.

尽管"一国一策"的理论设想为国际传播提供了精准传播的思路，但由于全球范围内国际受众的国情状况、经济发展程度、社会文化背景不同，"一国一策"的实践难度颇大。因此，当下我国的国际传播"精准化"实践主要体现为"区域化表达"。一区（区域）一策、一语（语种）一策、一圈（文化圈）一策等体现出了可行性，CGTN 开设的海外社交媒体借助世界某些区域文化之间的相似性、语言的相通性，简单细分目标区域及其语言分布，并采取多语种账号协同的传播策略：除了英语主账号之外，还通过三个用英语运营的区域账号——非洲账号、美洲账号、欧洲账号——立足目标区域，并开设用四种非通用语运营的俄语账号、法语账号、西班牙语账号、阿拉伯语账号来传播中国立场[21]，实现较大范围地辐射、勾联"全球村"的更多目标用户。

第二节　中国故事中的国际传播受众

一、案例 1："一带一路"沿线国家

（一）故事背景

"一带一路"（The Belt and Road，缩写 B & R）是"丝绸之路经济带"和"21世纪海上丝绸之路"的简称。2013 年 9 月和 10 月，中国国家主席习近平分别提出建设"新丝绸之路经济带"和"21 世纪海上丝绸之路"的合作倡议。依靠中国与有关国家既有的双多边机制，借助既有的、行之有效的区域合作平台，"一带一路"旨在借用古代丝绸之路的历史符号，高举和平发展的旗帜，积极发展与合作伙伴的经济合作关系，共同打造政治互信、经济融合、文化包容的利益共同体、命运共同体和责任共同体。

"一带一路"不仅是经济繁荣之路，也是绿色发展之路。"一带一路"倡议提出 10 周年，10 年来中方以实实在在的行动，同各方分享交流绿色发展领域的中国智慧、中国技术、中国方案，让高质量共建"一带一路"的绿色底色更加鲜明，同共建国家和人民共享绿色发展成果。作为负责任的大国，中国始终积极践行绿色发展理念。中国同各国一道完善"一带一路"绿色发展合作机制，同有关国家和国际组织签署了 50 多份生态环境保护合作文件，与 28 个共建国家发起"一带一路"绿色发展伙伴关系倡议[22]。

21　崔灿，钟新.精准国际传播的内涵与实践策略 [J].对外传播，2022 (07): 4-7.
22　外交部：中方愿继续为建设绿色丝绸之路提供强大动能 [EB/OL].澎湃新闻，(2023-02-24)
　　[2024-01-27]. https://baijiahao.baidu.com/s?id=1758700169099542005&wfr=spider&for=pc.

本节故事内容选自中国网的"中国关键词"栏目，由中国外文局、当代中国与世界研究院以及中国翻译研究院权威解读当代中国，向"一带一路"沿线国家解读相关政策和理念。

（二）故事内容 [23]

The Green Silk Road

绿色丝绸之路

China has pursued green development and advocated building a green Silk Road. Building a green Silk Road was an idea proposed by Xi Jinping in a speech made in Uzbekistan in June 2016.

中国坚持把绿色作为底色，携手各方打造绿色丝绸之路。2016 年 6 月，习近平在乌兹别克斯坦发表演讲时提出，携手打造"绿色丝绸之路"。

In May 2017, China published two documents on promoting green development and cooperation on ecological protection among the Belt and Road countries. In a videoconference with UN Secretary-General Antonio Guterres in September 2020, President Xi said that development must be sustainable and humanity must manage the relationship with nature wisely. China will continue with its own eco-environmental conservation, honor its obligations with regard to addressing climate change and protecting the earth, and work with other countries to build a green Silk Road.

2017 年 5 月，中国发布《关于推进绿色"一带一路"建设的指导意见》《"一带一路"生态环境保护合作规划》，推动落实共建"一带一路"的绿色责任和绿色标准。2020 年 9 月，习近平以视频方式会见联合国秘书长古特雷斯时强调，发展必须是可持续的，需要处理好人与自然的关系。中国既加强自身生态文明建设，也主动承担应对气候变化的国际责任，努力呵护好人类共同的地球家园，积极同各国一道打造"绿色丝绸之路"。

In June 2021, China and 28 other countries launched the Initiative for Belt and Road Partnership on Green Development, calling on all countries to join forces to promote green, low-carbon and sustainable development.

2021 年 6 月，中国同 28 个国家共同发起"一带一路"绿色发展伙伴关系倡议，倡导各国齐心协力，共同促进绿色、低碳、可持续发展。

23　中国关键词 . 绿色丝绸之路 [EB/OL]. 中国外文局，当代中国与世界研究院，中国翻译研究院 . (2023-01-16) [2023-09-14]. http://keywords.china.org.cn/2023-01-16/content_85062004.html.

Building a green Silk Road is China's proposal for solving the global issue of sustainable development. This green vision informed by the philosophy of eco-civilization helps strengthen eco-environmental cooperation among the Belt and Road countries, and supports the search for effective models of eco-protection, rational utilization of the ecosystem, and environmental governance.

"绿色丝绸之路"是解决全球可持续发展问题的中国方案，是以生态文明理念促进"一带一路"沿线国家生态环境保护合作的绿色愿景。建设"绿色丝绸之路"旨在促进实现全球可持续发展目标，探索生态保护与合理利用的优化模式，为世界各国携手探索环境治理模式提供重要借鉴。

（三）故事分析

1. 中国智慧与中国方案

"一带一路"倡议不仅是经济合作，更是完善全球发展模式和全球治理、推进经济全球化健康发展的重要途径，是一个开放包容的合作平台，是各方共同打造的全球公共产品，有力地推动了沿线各国政治互信、经济互融、人文互通[24]。"一带一路"倡议专注于基础设施建设，助推国际产能合作，将为沿线国家带来福利，是为使我国与欧亚各国经济联系更加紧密、相互合作更加深入、发展空间更加广阔而创新的合作模式，是全球价值链和产业链的重构和延伸。"一带一路"倡议契合中国、沿线国家发展需要，符合有关各方共同利益，顺应地区和全球合作潮流，在已有基础上推动沿线国家实现发展战略相互对接、优势互补，打造多主体、全方位、宽领域的互利合作新格局，这是中国为世界经济发展提出的中国方案，"一带一路"沿线国家也因此成为中国故事传播受众的重要阵地。

2. 利益相关优先原则

国际传播是国际利益主导下的传播，因而传播主体在选择传播受众时应着重考虑国家利益，优先把握与本国有直接或特殊利害关系且对传播效果起至关重要作用的那群人。"一带一路"沿线国家多以发展中国家为主，其经济体制尚处于新兴状态，我国政府积极与沿线国家建立合作关系，为沿线国家贸易营造良好的客观环境。部分国家存在基础设施和经济不完善的情况，我国利用自身优势，帮助他们修建铁路、促进商业，以实现经济的快速发展。中国将本国资源与沿线各国共享，同时吸收其他国家的先进理念，取长补短，互帮互助。在这个过程中，中国不仅促成了经济发展共赢的局面，同时也向沿线国家传播了中国声音，展示了中国实力，贡献了

24　柴尚金 . "一带一路"的思想基础与时代意义 [J]. 前线 , 2018 (12): 4-8.

中国智慧，向这部分受众传播了中国文化，将中国形象填补得更生动、更具体、更饱满。"一带一路"沿线国家这部分受众也会因为中国为其带来的福利和资源而更容易成为中国在国际传播中的顺意受众，中国故事在该区域的传播也会因此而变得更加深刻和长远。

3. 面向"一带一路"受众国的传播策略

国际传播要有针对性。国际传播面临的环境和对象不是单一的，不同地区、不同阶层、发达国家和发展中国家对中国的关注点也不相同，因而要关注传播受众的兴趣所在，努力实现我们想要表达的和对方想要了解的内容上的同频共振。"一带一路"沿线以发展中国家为主，我们要通过展示性的叙述手段更多地向发展中国家展现我们发展的成果，展示我们的实力、我们的发展状况，这是能够听得到、看得到的事实层面，从而传递我们的发展理念。2017 年 5 月 14 日，习近平总书记在第一届"一带一路"国际合作高峰论坛开幕式发表主旨演讲，在谈到"民心相通"时指出"国之交在于民相亲，民相亲在于心相通"[25]。中国愿意将自身的发展经验同"一带一路"沿线各国分享，与沿线各国人民实现亲切友好交流，争取这部分传播受众的顺意倾向，有利于提高中国在沿线国家的传播影响力[26]。

二、案例 2：亚太经济合作组织成员国

（一）故事背景

亚太经济合作组织（Asia-Pacific Economic Cooperation），简称亚态经合组织（APEC），成立于 1989 年，是亚太地区重要的经济合作论坛，也是亚太地区最高级别的政府间经济合作机构。20 世纪 80 年代，冷战结束，国际形势趋向缓和，经济因素在国际关系中的地位上升，世界经济全球化、贸易投资自由化和区域集团化的趋势渐成潮流。1989 年 1 月，澳大利亚总理霍克访问韩国时提出"汉城倡议"，建议召开亚太国家部长级会议，以讨论加强经济合作问题。经与有关国家磋商，1989 年 11 月 6 日至 7 日，澳、美、日、韩、新西兰、加拿大及东盟六国在澳大利亚首都堪培拉举行了亚太经济合作组织（APEC）首届部长级会议，亚太经济合作组织成立。

APEC 成立以来，为各成员提供区域经济、科技、贸易和发展等方面多边合作的机会，交流各成员在这些领域内的经验，促进本区域的共同发展。我国于 1991 年以主权国家身份加入该组织，中国台北和中国香港以地区经济体名义正式加入，该

25　习近平出席"一带一路"国际合作高峰论坛开幕式并发表主旨演讲 [EB/OL]. 中国共产党新闻网，(2017-05-15) [2023-09-14]. http://cpc.people.com.cn/n1/2017/0515/c64094-29274591.html.

26　柴尚金."一带一路"的思想基础与时代意义 [J]. 前线，2018 (12): 4-8.

组织目前已有 21 个成员。亚太经合组织属于地区间合作的经济组织，具有组织成员的广泛性、成员自由性、开放性、自愿性、独特的区域经济性等特点。由于其独特的规定，亚太经合组织成为了一个很自由的经济合作平台，这一自由性不仅可以使发达国家继续发展，还可以为发展中国家提供机会。

2022 年，亚太经合组织第二十九次领导人非正式会议在泰国曼谷国家会议中心举行，国家主席习近平出席会议并发表题为《团结合作勇担责任 构建亚太命运共同体》的重要讲话。本节故事内容节选自该讲话。

（二）故事内容 27, 28

The Asia-Pacific is our home as well as the powerhouse of global economic growth. Over the past decades, robust economic cooperation in the region has created the "Asia-Pacific miracle" admired across the world. Asia-Pacific cooperation has taken deep roots in the hearts of the people.

亚太是我们安身立命之所，也是全球经济增长动力之源。过去几十年，亚太区域经济合作蓬勃发展，创造了举世瞩目的"亚太奇迹"，亚太合作早已深入人心。

Today the world has come to another historical crossroads, and this has made the Asia-Pacific region even more important and prominent in its standing and role.

现在，世界又一次站在历史的十字路口，亚太地位更加重要、作用更加突出。

As an ancient Chinese sage observed, "The wise are free from doubts, the benevolent from anxiety, and the brave from fear." Facing the new circumstances, we must join hands together to build an Asia-Pacific community with a shared future and take Asia-Pacific cooperation to a new height. To this end, I wish to propose the following.

中国古人说："知者不惑，仁者不忧，勇者不惧。"新形势下，我们要携手构建亚太命运共同体，再创亚太合作新辉煌。这里，我愿提出几点建议。

First, we should uphold international fairness and justice and build an Asia-Pacific of peace and stability. The region owes decades of its rapid growth to a peaceful and stable environment. This attests to the critical importance of mutual respect, solidarity and cooperation, and consultation among all parties for the greatest denominator when something comes up.

27 习近平出席亚太经合组织第二十九次领导人非正式会议并发表重要讲话 [EB/OL]. 新华网，(2022-11-18) [2023-09-14]. http://www.news.cn/politics/leaders/2022/11/18/c_1129139779.htm.

28 Xi's Speech at 29th APEC Economic Leaders' Meeting [EB/OL]. XINHUANET, (2022-11-18) [2023-09-14]. https://english.news.cn/20221118/debc87ecfa2f4598a5047b0cc23a5e63/c.html.

第一，维护国际公平正义，建设和平稳定的亚太。亚太过去几十年经济快速增长，得益于和平稳定的环境。一个重要启示就是相互尊重、团结合作，遇到事情大家商量着办，寻求最大公约数。

Second, we should stay committed to openness and inclusiveness and bring about prosperity for all in the Asia-Pacific. History has proven time and again that only openness, inclusiveness and win-win cooperation is the right way forward for humanity.

第二，坚持开放包容，建设共同富裕的亚太。历史反复证明，开放包容、合作共赢才是人间正道。

Third, we should always strive for green and low-carbon development and ensure a clean and beautiful Asia-Pacific. Protecting the ecological environment and tackling climate change is a common challenge facing all humanity.

第三，坚持绿色低碳发展，建设清洁美丽的亚太。保护生态环境、应对气候变化是全人类面临的共同挑战。

Fourth, we should bear in mind our shared future and make the Asia-Pacific a region where all are ready to help each other. We need to view Asia-Pacific cooperation from a strategic and long-term perspective, uphold APEC's role as the main channel in regional cooperation, and keep Asia-Pacific cooperation in the right direction.

第四，坚持命运与共，建设守望相助的亚太。我们要以战略和长远眼光看待亚太合作，维护亚太经合组织在区域合作中的主渠道地位，维护亚太合作正确方向。

Last month, the 20th National Congress of the Communist Party of China was held successfully, setting the course and providing the blueprint for China's development for now and the years to come. China is ready to pursue peaceful coexistence and common development with all countries on the basis of mutual respect, equality and mutual benefit. We will advance a broader agenda of opening up across more areas and in greater depth, follow the Chinese path to modernization, put in place new systems for a higher-standard open economy, and continue to share our development opportunities with the world, particularly with the Asia-Pacific region.

上个月，中国共产党第二十次全国代表大会成功举行，为当前和今后一个时期中国发展指明了方向、规划了蓝图。中国愿同所有国家在相互尊重、平等互利的基础上和平共处、共同发展。中国将坚持实施更大范围、更宽领域、更深层次对外开放，坚持走中国式现代化道路，建设更高水平开放型经济新体制，继续同世界特别是亚太分享中国发展的机遇。

As a Thai proverb goes, "You reap what you sow." We have jointly sown the seed of the Putrajaya Vision. It is time for us to cultivate, nurture, and foster the blossoming flower of common development of the Asia-Pacific!

泰国有句谚语："撒什么种子结什么果。"我们已经共同播下布特拉加亚愿景的种子，应该精心栽培、共同呵护，培育亚太共同发展的繁荣之花！

（三）故事分析

1. 寻求共性，唤起共鸣

APEC 的成员国在经济发展、贸易和投资自由化、技术创新、能源安全、金融服务、就业和社会保障等方面取得了显著成就，为地区经济发展和繁荣带来了巨大的收益，为地区人民带来了更高的生活水平。该组织成员国既有发达国家又有发展中国家，成员覆盖亚洲和太平洋沿岸，地域广泛，传播受众丰富多样，纵使成员国之间具有跨国界、跨文化以及多样性等特点，但对追求经济发展的诉求是一致的。各国通过共同发展、相互受益为相互认同创造了一定的条件。

中国在此次领导人非正式会议上提及中国先贤的思想理念"知者不惑，仁者不忧，勇者不惧"，间接向成员国受众传播了中国文化，为亚太经合组织的发展提出了"维护国际公平正义，建设和平稳定的亚太；坚持开放包容，建设共同富裕的亚太；坚持绿色低碳发展，建设清洁美丽的亚太；坚持命运与共，建设守望相助的亚太"四点建议，向各成员国传达了中国坚定不移的发展与合作理念。人们对公平正义的渴望、对共同富裕的向往、对绿色环境的追求、对守望相助的期盼都是中国与该传播受众的共同点，以此引发的情感共鸣为中国理念的传播减小了阻力。

2. 国家领导人的特殊优势

国家领导人作为国际传播过程中的重要受众，会影响其所在国其他受众的态度和对信息的理解。对于传播主体国而言，把握好这部分受众对国际传播的效果走向具有不可忽视的作用。此次领导人非正式会议聚集成员国领导人，中国在该会议上的发言将直接影响各国领导人对中国的态度，从而影响受众国的人民对中国的看法。因此，国际传播过程中确定自己的重要受众并通过对其影响形成有利的传播效果是传播者的首要任务。

在此类高层会议中，多维度向受众展示中国的发展理念与促成世界共同繁荣的决心更有利于呈现中国生动立体的国家形象，抓住受众国关心的利益共同点，并就此做出回应与举措。就此会议而言，公平与正义无疑是各成员国合作的基础。近年来，气候恶化引发的环境问题引起世界广泛关注，中国就此在多个场合都提到了绿色发展之路，主动承担起大国责任，树立大国榜样，为解决全球性问题做出中国贡献，寻找与传播受众的利益共同点，对受众中的关键人物传播中国声音，将使中国声音传播得更广。

三、案例 3：七国集团

（一）故事背景

2023 年 5 月 19 日至 21 日，七国集团峰会在日本广岛举行，峰会就安保、经济、环境、能源等多方面问题展开讨论。但在会议期间，日本多个团体联合多国人士发起游行集会，抗议在日本广岛举行的七国集团峰会。

七国集团（G7）是由世界上七个经济强国组成的国际组织，包括加拿大、法国、德国、意大利、日本、英国和美国。七国集团成员国来自不同的地理区域和经济体系，拥有不同的经济、政治和文化背景。七国集团峰会旨在让这些国家的领导人就全球重要议题展开对话和合作，通过峰会，国家领导人可以分享经验、交流意见并建立互信关系，寻求共同利益和解决全球挑战。相当长一段时间以来，七国集团不仅发挥着主导世界经济的作用，在世界管理体系中的话语权也很大。从经济增长、环境保护，甚至到世界安全，七国集团几乎涵盖国际事务的各个方面。然而，随着世界格局不断变动，七国集团成员经济增长乏力且后劲不足，无论在领导全球经济增长，还是在解决国际和地区热点问题上，七国集团都显得气力不足，影响力减弱。

在峰会召开之际，全球经济正面临多重挑战，包括新冠疫情带来的持续影响、通货膨胀压力、货币政策调整以及地缘政治风险等。在这样的背景下，各国需要加强合作，共同应对这些挑战，以促进全球经济的稳定和复苏，而以美国为首的七国集团却发表众多抹黑中国的言论，欲在世界各地挑起纷争。本节故事内容节选自2022 年 6 月 27 日外交部发言人赵立坚主持的例行记者会。

（二）故事内容 [29]

Reuters: The G7 leaders, who are meeting at the moment, have said that they aim to raise \$600 billion for mainly infrastructure-based projects in developing countries to counter China's Belt and Road Initiative. What's the Chinese government's comment?

路透社记者提问：目前正在举行会晤的七国集团领导人表示，他们的目标是为基础设施筹集 6 000 亿美元，主要是发展中国家的基础设施项目，以对抗中国的"一带一路"倡议。中方对此有何评论？

Zhao Lijian: I noticed relevant reports. They said China's Belt and Road Initiative (BRI) has led to debt trap. To call the BRI a debt trap is a false narrative. For nine years

---

29 【双语】例行记者会 /Regular Press Conference (2022-6-27) [EB/OL]. 外交部发言人办公室，(2022-06-28) [2023-09-14]. https://mp.weixin.qq.com/s/YmIgXwrNqfe8ebfeApk_cw.

since its inception, the BRI has followed the principle of extensive consultation, joint contribution and shared benefits and delivered tangible benefits to partner countries and their peoples.

赵立坚：我看到了有关报道。他们还说中国的"一带一路"造成了"债务陷阱"。所谓"一带一路"造成"债务陷阱"完全是个伪命题。"一带一路"倡议提出9年来，始终秉持共商共建共享原则，为有关国家人民带来了实实在在的利益。

According to World Bank forecast, if all BRI transport infrastructure projects are carried out, by 2030, the BRI will generate $1.6 trillion of revenues for the world each year, or 1.3% of global GDP. Up to 90% of the revenues will go to partner countries, and upper-middle- and low-income corridor economies are expected to benefit the most. The BRI could contribute to lifting 7.6 million people from extreme poverty and 32 million from moderate poverty from 2015 to 2030. In fact, no BRI partner has agreed to the so-called "debt trap" accusation. Rather, it is the US that should be held responsible for creating the "debt trap". The US's expansionary monetary policies, financial innovation with lax supervision and ill-intended short-selling are weighing down developing countries with debt burden and the very reason some countries have fallen into debt trap.

据世界银行测算，"一带一路"框架下的交通基础设施项目若全部得以实施，到2030年，每年将有望为全球产生1.6万亿美元收益，占全球GDP1.3%，其中90%由伙伴国分享，低收入和中低收入国家受益更多。2015至2030年间，760万人将因此摆脱极端贫困，3200万人摆脱中度贫困。事实上，没有任何一个"一带一路"合作伙伴国家认可所谓"一带一路"造成"债务陷阱"的说法。事实上，美国才是"债务陷阱"的真正制造者，美国扩张性货币政策、缺乏监管的金融创新、恶意做空等行径，加剧发展中国家债务负担，对有关国家落入"债务陷阱"更是难辞其咎。

With regard to the new initiative put forward by G7, China always welcomes initiatives that promote global infrastructure. Such initiatives do not have to cancel each other out. What we oppose is moves to advance geopolitical calculation and smear the BRI in the name of promoting infrastructure development.

关于你提到的七国集团提出的新倡议，中方始终欢迎一切促进全球基建的倡议。我们认为各类相关倡议不存在彼此取代的问题。我们反对打着基础设施建设旗号推进地缘政治算计、抹黑污蔑"一带一路"倡议的言行。

I also noticed that a year ago, it was also at a G7 Summit that the US put forward the B3W Initiative. The US committed then to developing global infrastructure in a different way from the BRI. Whether it is B3W or any other initiative, the world wants to see real investment and projects that will truly deliver for the people.

我也注意到，一年前，同样是在七国集团峰会上，美方提出"重建更好的世界"（B3W）倡议，承诺推进有别于"一带一路"的全球基础设施建设。不论是"重建更好世界"倡议，还是别的什么倡议，国际社会希望看到的是真金白银和实实在在造福于民的项目。

（三）故事分析

1. 陈述事实，数据支撑

中国提出的"一带一路"倡议致力于推动沿线国家的经济发展，通过加强基础设施建设、扩大贸易投资和鼓励沿线国家加强区域合作，为沿线国家带来了更多的就业机会和经济发展机会，推动了地区间的贸易和投资自由化，加强沿路各国互联互通，促进区域内的政治和安全合作，为周边国家提供更多的安全感和稳定性。面对美国的恶意抹黑，中方陈述事实，以数据做支撑。在西方社会，数据和定量分析被广泛认为是客观、准确和可信的，数据分析通常基于客观事实和大规模的实证研究，能够提供客观的证据，被认为是不受主观意见和情感干扰的。中方援引"一带一路"取得成绩的数据既是对美国质疑的有力回应，同时还是"一带一路"对拉动世界经济发展所做贡献的宣传。在影响国际舆论的事件中选择以传播受众国易于理解和接受的方式表明中国立场，更有利于传播中国声音、展示中国态度，变被动刻画为主动发声。

2. 刚柔相济，表明立场

中国欢迎一切促进全球基建的倡议，不因政治立场差异而全盘否定他国倡议，表现出中国开放包容、促进世界共同发展的大国担当。全球基础设施建设对于促进经济增长具有重要意义，基础设施是连接各国、各地区的重要纽带，提升全球基础设施互联互通水平，有助于加强各国之间的联系，促进资源、资本、技术、人才等要素在全球范围内更加高效地流动和配置。高质量的基建项目能够提高生产效率、促进贸易往来、增加就业机会、推动世界经济，进而提高全球经济的韧性和活力，实现共赢共享发展。客观评价传播受众国的国情和行为能够为传播效果奠定良好基础。中方坚决反对恶意抹黑中国的言论，态度刚硬，但对美国在 2022 年七国集团峰会中提出"重建美好的世界"不乏肯定之声，态度柔和，从而表明中国对待国际舆论理性客观的态度基调。

3. 强化舆论斗争意识

当前国际环境日益复杂，国际舆论斗争日益激烈，但是相比欧美国家，我们在国际传播中还是稍显经验不足，力量不够，我们的讲述能力还有待加强。2021 年 5 月 31 日，习近平总书记在主持中共中央政治局第三十次集体学习时强调，要深刻认识新形势下加强和改进国际传播工作的重要性和必要性，下大气力加强国际传播能力建设，有效开展国际舆论引导和舆论斗争，构建对外话语体系，形成同我国综合国力和国际地位相匹配的国际话语权。面对种种负面舆论，中国应当直面传播困境，敢于同这部分受众进行正面交锋，态度坚决，守好舆论阵地。[30]

第三节　翻译传播受众的认同意识与讲好中国故事

一、翻译传播受众的认同意识

（一）翻译传播受众研究的必要性

近年来，我国外宣机构加大力度，尝试通过西方受众容易理解和接受的方式讲述中国故事，传播中国文化。2021 年 5 月 31 日，习近平总书记在中共中央政治局第三十次集体学习时发表重要讲话，指出要下大气力加强国际传播能力建设，讲好中国故事，传播好中国声音，展示真实、立体、全面的中国。讲话还专门谈到受众和效果的问题，习近平总书记指出"要采用贴近不同区域、不同国家、不同群体受众的精准传播方式，推进中国故事和中国声音的全球化表达、区域化表达、分众化表达，增强国际传播的亲和力和实效性"[31]。在全新国际大环境下，中国需要以更加积极的姿态向世界展示负责任的大国形象。翻译传播是对外讲好中国故事，传播好中国声音的重要渠道。然而，中国故事"传播出去"并不等于中国文化真正"走出去"了。由于各国语言和文化的差异，翻译和国际传播领域都面临很多挑战。如何充分考虑翻译传播受众的认同意识，讲好中国故事，成为翻译传播工作的重要课题。由此可见，"中国故事"的国际传播有必要从受众的角度审视翻译传播的内容和翻译语言模式，精准研究和了解传播受众的认同意识，有效提升中国文化国际传播的能力。

随着中国的国力增强与发展，越来越多的人开始关注中国，对中国文化和历史产生了浓厚的兴趣。通常而言，国际传播受众是国家、国际组织、社会机构、企业

30　习近平主持中共中央政治局第三十次集体学习并讲话 [EB/OL]. 中国政府网，(2021-06-01) [2023-09-14]. https://www.gov.cn/xinwen/2021-06/01/content_5614684.htm?lsRedirectHit=20481191&wd=&eqid=cfc434130000030700000004645df24c.

31　习近平在中共中央政治局第三十次集体学习时强调加强和改进国际传播工作 展示真实立体全面的中国 [EB/OL]. 中华人民共和国司法部，(2021-06-01) [2023-09-14]. http://www.moj.gov.cn/pub/sfbgw/gwxw/ttxw/202106/t20210601_424961.html.

和个人 [32]。在新媒体环境下，传播受众还包括媒介信息的用户和网民。要确保跨国界、跨文化、跨媒介的国际传播受众能接受到真实有效的中国文化传播内容是一个艰巨的任务。国际传播受众类型多样是影响中国故事翻译传播效果的主要原因之一。其次，翻译传播中的传者、译者与受者之间也存在隐性的文化壁垒。在中国故事对外翻译传播过程中，即使翻译传播媒介具有优势，仍然难以将故事传达到受众的"内心" [33]。"中国故事"传播受众的认同意识将直接影响我国跨文化传播的精准性及时效性，所以针对翻译传播受众的研究至关重要。

（二）翻译传播与受众认同意识

1. 翻译传播与受众认同意识的基本概念

翻译传播受体即受传者，是翻译传播讯息的接受者，以个体或者群体方式存在，其中传播活动的群体性接受者称为受众 [34]。针对不同的传播内容和形式，受众也可以被称为读者、听众、观众等。传播学关注同一语言和文化的信息传递，翻译传播涉及两种语言和文化，其受众类型更多元复杂。既包括源语受众，又包括译语受众。受众认同意识是影响传播效果的重要因素，涉及国际传播和跨文化传播领域。因此，认同意识的重要性更是不容忽视。

受众认同意识指当一组人在特定时间和空间中，对某个特定的想法、信仰或观点产生共鸣和认可的情况。它通常由共同的经历、文化、背景和价值观念等因素所驱动，并在相互交流和互相理解中逐渐形成和加强。国际传播的受众认同意识指在传统跨文化交流过程中，受众对自身文化背景、观念、价值等方面的认知和理解程度。该概念最早由美国翻译学家尤金·奈达（Eugene A. Nida）提出，他认为在跨文化交流中，受众必须对自己的文化认同有清晰的理解，才能更好地接受和理解来自其他文化的信息 [35]。例如，在国际传播中，一个美国观众可能不熟悉中国文化和传统，无法理解中国文化中某些传统价值观背后的含义，因此可能对翻译传播的信息产生误解或不恰当的理解。相反，如果一个具有跨文化认知和理解能力的观众，能够理解并尊重中国文化的价值观和传统，就能够更好地理解和接受信息的传递。

因此，在跨文化传播中，译者需要充分考虑受众的文化背景和认知水平，并针对其特定的文化传统和历史背景进行传播，以便更好地传达信息和文化内涵。同时，受众在国际传播中也需要具备跨文化的认知和理解能力，以更好地接受和理解来自其他国家和文化的信息和价值观。

32 刘燕南，史利. 国际传播受众研究 [M]. 北京：中国传媒大学出版社，2011.

33 陈功. 跨越情感与文化的鸿沟：国际传播受众接受度研究 [J]. 现代传播，2021 (02): 71-77.

34 董璐. 传播学核心理论与概念 [M]. 2 版. 北京：北京大学出版社，2016.

35 Nida E A. Principles of Correspondence: The Translation Studies Reader [M]. London: Routledge, 2021.

2. 当代翻译传播受众与认同意识的特征

翻译传播的对象是信息和文化，其目的是通过翻译实现信息和文化的跨语言和跨文化传播。随着全球化的加速，跨越不同国家和文化的信息和文化交流日益频繁。作为跨越语言和文化边界的重要手段，翻译传播在全球化进程中扮演着越来越重要的角色。在人工智能、大数据等技术的加持下，翻译传播主体、传播内容以及媒介的多元化和创新性给传播受众也打上了时代烙印，赋予其新的特征。

首先，当代翻译传播受众呈现出多元化和碎片化的特点。在互联网时代，人们获得信息的渠道和方式越来越多样化，受众观念和兴趣的差异也越来越明显。因此，翻译传播需要根据受众的特点精准定位，增加定制化服务。其次，随着全球化进程的加快，翻译传播已成为跨越不同国家和地区的信息和文化传播的必要手段。当代翻译传播受众不仅来自国内市场，还包括国外市场。因此，翻译传播需要在翻译技术和文化背景方面做出相应调整。数字化已成为当代翻译传播的主要特征之一，其内容可以轻松地跨越语言和文化边界，翻译的重要性被更加凸显。翻译传播需要掌握数字翻译技术，确保数字内容的准确传达。

3. 影响受众认同意识的因素

翻译传播背景下，影响受众认同意识的因素可以从多个方面进行考虑，主要包括受众的文化传统和社会环境，译者，以及国际舆论环境等。

不同国家和地区的文化传统不同是影响受众认同意识的重要因素。文化传统包括文化习惯、历史背景、价值观等，这些因素都会对受众的接受度和理解程度造成影响。社会环境包括政治制度、经济形态、社会结构等，这些因素也对受众的认同意识造成重要影响。其中，政治制度和社会结构对受众的认同意识影响更大。

译者在翻译传播中扮演着非常重要的角色，他们的个人文化背景、翻译内容等要素的选择和决策会直接影响受众的认同意识。语言与文化好比一张纸的正反面，互为支撑 [36]。例如，当译者翻译一篇中国故事时，其目的是将故事中蕴含的中国文化进行国际传播，所以应该考虑目标受众对中国文化和价值观的接受度和理解程度。如果只是单纯地把原文中的词汇翻译成目标语言，那么目标受众会难以理解故事的内涵和意义，相应地会对故事的感知、理解产生困难。因此，在翻译传播过程中，要在遵循原文本意的前提下，适当考虑目标受众的文化认知和认同意识，为受众提供更加全面、准确且易于理解的内容。

（三）翻译传播受众认同意识的提升策略及发展挑战

中国故事"走出去"是一个长期持续的过程。翻译是将中国故事传递给全球受众的重要方式之一，旨在让国外读者通过不同媒介形式读懂、看懂中国故事，更加

36　申莉. 汉语国际传播与中国文化认同 [J]. 人民论坛，2019 (01): 140-141.

深入地了解中国社会的发展现状、社会主流价值观和博大精深的中国传统文化，从而逐步消除对中国的刻板印象、误解、偏见和歧视。然而，翻译传播受众的认同意识是一个关键的挑战。这一部分将探讨提升翻译传播受众认同意识的策略，并分析在讲好中国故事过程中所面临的发展挑战。

1. 研究受众目标背景

"深层的文化潜流"构建了我们的生活，塑造了我们的思维方式[37]，任何一个处于不同国家、不同文化背景下的人都遵循这一原则。对于翻译传播而言，"受众难以沉浸其中的阅读体验"[38]是最突出的挑战之一。严进、杨姗姗指出影响叙事传输效果的三大因素（个体因素、情境因素和叙事质量）中，个体因素是最基础的，指的就是受众的知识背景、认知模式、个性特征等[39]。为了确定目标受众，首先需要认真研究目标市场的文化、历史、社会背景以及传媒环境，了解目标受众的社会经济状况、教育水平、语言使用习惯、媒体偏好等。在进行翻译创作之前，译者"应通过问卷、访问、观察等方式，对不同目标受众群体进行深入调查和分析，以了解他们的需求和价值观"。在调查问卷的设计上，除了要遵循一般研究调查的基本原则之外，还应该充分考虑到中国故事的国际传播面临着多元化的目标受众需求。中国故事的翻译传播不应仅仅针对一种受众类型。例如，国际观众可能对中国文化和历史感兴趣，而外国政府部门可能关注中国的政策和战略。因此，调查要对目标受众的多元需求给予一定的考量。

2. 加强译者的能力

提高译者的能力是加强中国故事传播效果的重要因素，提高译者的专业能力和跨文化沟通技巧对于加强翻译传播受众的认同意识，有效提高翻译传播的效果具有重要意义。翻译传播的认同意识指译者在翻译传播过程中，对自身身份和翻译内容所涉及的文化、价值观和观念等方面的认同和理解的程度。翻译传播的成功与否，取决于译者是否能够在跨文化交流中保持自身认同与对传统文化的理解。

其次，译者的专业背景知识与翻译技巧是翻译传播的大前提。译者应具备扎实的中国文化和历史知识，理解中国故事中的深层含义和文化背景。在翻译过程中，译者可以采用适当的文学手法、修辞技巧和语言转换策略，以更好地传达中国故事的独特魅力。

译者的跨文化敏感度和沟通技巧对中国故事的国际传播效果起着关键作用。良好的受众意识要求译者牢记翻译目的，充分考虑受众预期，注重话语在译入语语境

37　霍尔. 超越文化 [M]. 何道宽，译. 北京：北京大学出版社，2010.

38　陈功. 跨越情感与文化的鸿沟：国际传播受众接受度研究 [J]. 现代传播，2021 (02): 71-77.

39　严进，杨姗姗. 叙事传输的说服机制 [J]. 心理科学进展，2016 (03): 1125-1132.

中的理性、逻辑性和吸引力，引导受众正确了解源语文化[40]。因此，译者应学会站在目标受众的角度，理解其文化背景、价值观和审美观，以更好地调整翻译策略，这样才能加强国际受众对中国故事的认同意识。通过提高译者的能力，可以加强中国故事的传播效果。译者的专业背景知识和翻译技巧能够确保故事的准确传达，跨文化敏感度和沟通技巧有助于促进受众的认同意识。

3. 确定适当的翻译传播渠道和传播策略

翻译传播不仅仅是简单地将信息或故事从一种语言转化为另一种语言，更重要的是能够传递文化内涵和触动受众的认同意识。为了讲好中国故事，我们需要确定适当的翻译传播渠道和传播策略，以加强传播效果。

首先，在确定翻译传播渠道时，需要考虑受众的特点和偏好。不同的受众可能在语言能力、文化背景和接受形式上存在差异。因此，选择合适的媒体平台和传播工具非常重要。例如，在一些国际性的新闻媒体上发布文章或报道可以吸引大范围的受众，而在社交媒体平台上发布短视频或引人入胜的图片可以更好地吸引年轻人的关注。其次，在确定传播策略时，我们需要考虑中国故事的独特性，并结合受众的认知方式和文化背景制定相应的策略。一种常见的策略是针对不同受众群体进行定制化的传播，以更好地引起他们的共鸣。例如，对于西方受众，可以通过引用与其文化背景相关的故事、历史事件或文学作品解释中国故事的背景和意义，以促进他们的理解和认同。

总结起来，确定适当的翻译传播渠道和传播策略是讲好中国故事并增强传播效果的关键因素。在选择渠道时要考虑受众特点，而在制定策略时要结合中国故事的独特性和受众的认知方式以及文化背景。借助合作与交流，我们可以走向更广阔的舞台，用英语更好地诠释中国故事。

4. 展望受众认同意识的发展趋势和挑战

受众接受是衡量外译质量的重要指标之一。只有充分被受众接受，外译文本才能产生预期的传播效果[41]。在当今全球化的环境下，受众的认同意识不断演变，这对于翻译传播的有效性和成功至关重要。理解并面对这些发展趋势和挑战，可以帮助我们更好地传播中国故事。受众认同意识的发展趋势之一是多样性和包容性的崛起。现代社会越来越注重多元文化和包容性，受众对各种文化的欣赏和认同意识不断增强。在讲好中国故事时，我们需要考虑多元受众群体的需求，通过翻译传播传达中国的文化内涵和价值观。

40　陈小慰.文化外译受众意识的样本分析：以《中国文化读本英译为例》[J].中国翻译,2015 (04):
　　76-82.

41　蒲红英、王吉祥.翻译心理学视域下译者受众意识研究 [J].昌吉学院学报,2023 (02): 97-102

此外，新媒体技术的快速发展也对受众认同意识带来了挑战和机遇。新媒体的出现使得信息传播更为迅速和广泛，同时也改变了受众获取和传播信息的方式。然而，新媒体也面临着信息过载和真实性的挑战。在传播中国故事时，我们需要利用新媒体的优势，通过社交媒体平台、在线视频或网络文章等形式吸引受众的注意力。同时，我们也要保证传播内容的准确性和可靠性，以增强受众的认同意识和信任度。

二、翻译认同意识下的中国故事传播

中国故事本质上是一种来自中国的国家叙事，用外语讲好中国故事，即中国故事的翻译和传播是中国特色对外话语体系的重要环节。讲"出"中国故事不难，但讲"好"中国故事，让世界听"进"中国声音是一大难点。当今世界不同文明之间交流的关键是努力了解"他人"的语言、传统，做到设身处地地用当地人的眼光看待周围的事物[42]。具体来说，我们不能想当然地认为读者会像中国人一样理解和接受我们所传递的信息和讲述的故事，但是我们应当重视翻译传播受众在传播效果中的作用。译者具备受众认同意识是讲好中国故事的基础。

中国故事是中国特色对外话语体系的主体与核心，对外讲好中国故事的目的在于确立中国话语权、宣传中国价值观、阐释中国精神、展示中国力量，所以在进行中国故事翻译与传播的过程中达成国际传播目标就显得非常重要[43]。祝朝伟在"中华文化走出去""讲好中国故事"的背景下，基于对外传播的角度，提出了"话语等效"的概念[44]。所谓"话语等效"，就是把翻译看作来自不同社会文化背景和不同话语体系的人们进行语际交流的动态话语过程并确保译文有效的翻译标准。翻译的话语等效是根据翻译传播效果提出的目标追求，其根本目的是通过采用译入语读者能够接受的话语，将原文的信息及说话者的意图进行准确传达，使原文与译文在话语层面实现相同的传播效果。要实现这一目标，翻译工作者必须首先坚定文化自信，并在此基础上关注中外语言、文化与话语差异，同时站在传播受众的角度思考问题。

（一）关注语言差异

讲好中国故事，实现翻译的话语等效，译者首先要熟知中外语言的差异。中外语言的差异不仅仅表现在我们熟悉的语音、语法与词汇的差异，还体现在文字表面

42　费孝通. 费孝通论文化与文化自觉 [M]. 北京：群言出版社，2007.

43　钟智翔. 中国故事与中国声音的跨文化翻译与传播 [J]. 天津外国语大学学报，2021, 28 (06): 25-29.

44　祝朝伟. 翻译的话语等效与对外话语传播体系创新 [J]. 中国外语，2020, 17 (02): 4-12.

虽有直接的对等语，但读者无法理解或表意模糊的语言现象[45]。这就要求译者在翻译的过程中，要尽可能地采用翻译传播受众熟悉的话语表达，确保"我们在同一个频道上说话"。

(例①)[46]

原文：实践告诉我们，中国共产党为什么能，中国特色社会主义为什么好，归根到底是马克思主义行，是中国化时代化的马克思主义行。

译文：Our experience has taught us that, at the fundamental level, we owe the success of our Party and socialism with Chinese characteristics to the fact that Marxism works, particularly when it is adapted to the Chinese context and the needs of our times.

分析：原文中的"中国化时代化的马克思主义"没有采用"Modern Chinese Marxism"的表达方法，而是采用了"Marxism adapted to the Chinese context and the needs of our times"。之所以这样，是因为如果按照前者翻译，站在传播受众的角度来看，外国读者很可能将其理解为"中国式的马克思主义"，而不是"马克思主义普遍真理与中国实际结合的产物"，从而产生误解。

(例②)[47]

原文：今天，群贤毕至，少长咸集，我期待着大家集思广益、畅所欲言，为推动"一带一路"建设献计献策，让这一世纪工程造福各国人民。

译文：This is indeed a gathering of great minds. In the coming two days, I hope that by engaging in full exchanges of views, we will contribute to pursuing the Belt and Road Initiative, a project of the century, so that it will benefit people across the world.

分析：原文中"群贤毕至，少长咸集"出自东晋时期著名书法家王羲之的《兰亭集序》，用于描绘群英云集、人才济济的景象。习近平总书记在"一带一路"国际合作高峰论坛开幕式上的演讲中引用了该句。此处译文中并没有将"群贤""少长"按照字面意思翻译出来，而是用"great minds"进行总体概括，简练清晰传达出原文表示人才荟萃的涵义。如果不考虑传播受众的接受效果，将其译成"a group of talents""the young and the old"，则显得多余且无意义，还可能会引起传播受众的不理解和无端揣测。

---

45 祝朝伟. 翻译的话语等效与对外话语传播体系创新 [J]. 中国外语, 2020, 17 (02): 4-12.

46 马克思主义中国化时代化新篇章 [R/OL]. 中国日报, (2022-10-09) [2023-09-14]. https://language. chinadaily.com.cn/a/202210/19/WS634f6276a310f d2b29e7d58e.html.

47 携手推进"一带一路"建设. [R/OL]. 新华社, (2017-05-15) [2023-09-14]. http://language.chinadaily. com.cn/ 2017xuexi/2017-05/15/content_29848800.htm.

（二）关注文化差异

讲好中国故事，实现翻译的话语等效，译者还要熟知中外文化的差异。中国故事翻译与传播的实质在于中国故事中蕴含的价值观和思想文化等通过话语的跨语际、跨文化构建得以诠释，并通过传播走向世界。讲好中国故事的过程也是跨文化交流的过程。译者不仅是语言文字的转化者，也是不同思维模式的桥接者，更是文化交流的使者，引导不同语言文化背景的人们相互认识、了解、包容和接受。译者的任务就是搭建中国与世界之间的跨文化沟通桥梁，将中国故事讲述给西方读者。

例③[48]

原文：中国将更重视经济发展质量和效益……使中国经济凤凰涅槃、浴火重生，保持强劲发展动力。

译文：China will focus more on improving the quality and efficiency of economic growth… and enable the Chinese economy to successfully transform itself and maintain strong momentum of growth.

分析：原文是习近平总书记在美国西雅图市欢迎宴会的讲话。在中国文化中，凤凰被视为吉祥和幸福的象征，它代表着希望和重生，"凤凰涅槃"传递的意义是经历困境或逆境后的重生和再度崛起；"浴火重生"是指通过经历火焰的洗礼和考验后得到重生，这个表达方式源自古代神话传说。"凤凰涅槃""浴火重生"都是典型的中国文化意象，在西方文化中并无此含义，它们体现了中国文化中对于坚韧、坚持和希望的重视，也展示了中国传统文化中对于逆境中成长和追求进步的理念，这里用来比喻中国经济经过改革将更强大。译者站在传播受众的角度，直接指明文化意象背后所表达的涵义，将其译为"enable the Chinese economy to successfully transform"，能够保证信息传递的有效性。

例④[49]

原文：那么，究竟中国的生肖是个什么样的概念？可能很多西方人会首先想到希腊罗马星座，以 12 个月分别划分。而中国生肖则是不同的。以 12 年为一轮，每一年以一种动物为代表。从鼠开始，以猪结束。

译文：So what is the Chinese zodiac, exactly? Most Westerners think of Greco-Roman zodiacs, the signs divided into 12 months. The Chinese zodiac is different. It's a 12-year cycle labeled with animals starting with a Rat and ending with a Pig.

48　MO Hong'e. Full Text of Xi Jinping's Speech on China-U.S. Relations in Seattle [EB/OL]. 中新网，(2015-09-24) [2019-05-07]. http://www.ecns.cn/2015/09-24/182360.shtml.

49　TED 演讲：如何用英文介绍十二生肖？ [G/OL]. 中国日报，(2020-09-22) [2023-09-14]. https://language.chinadaily.com.cn/ a/202009/22/WS5f69ae64a31024ad0ba7b0e9.html.

分析：十二生肖是中国传统文化中用来纪年的一种方法。它由十二种不同的动物组成，每种动物代表一个年份，循环出现。西方的十二星座与中国文化的十二生肖类似，也有黄道十二宫的说法，因此译文中并没有将"生肖"按照字面翻译成"animals"，而是按照英语文化的习惯译为"zodiac"，既可以解释12年的时间跨度，又符合英语的使用习惯，解决文化差异带来的理解不便。

（三）关注话语差异

讲好中国故事，实现翻译的话语等效，译者还要在翻译中做到话语同步。话语同步指的是在翻译过程中，译者需要尽可能地让目标语言的表达方式与原文的表达含义相匹配，如使用目的语语言中现有的恰当词语，为外国读者提供汉语中某些事物或形象的大致概念，从而增进理解，增强译文的可读性，强化传播效果。

例⑤ [50]

原文：人心齐，泰山移。

译文：When people are determined, they can overcome anything.

分析：原文中的谚语"人心齐，泰山移"源自《古今贤文合作篇》，说的是当人们齐心合力时，就能够移动泰山，即强调人们齐心协力时能够战胜任何困难。这句谚语在疫情期间被广泛运用于防疫标语和鼓舞士气的语境中，传达着团结一致的力量和不可阻挡的决心。在中国援助非洲的物资上也贴上了"人心齐、泰山移"的中文标语，并配上了"When people are determined, they can overcome anything"的译文。需要注意的是，该译文是南非已故总统纳尔逊·曼德拉的一句名言。"泰山"是我们耳熟能详的地名，但外国受众不一定有所了解。通过曼德拉的名言，该译文一方面做到了话语同步，既保留了谚语的内涵，又让谚语的象征意义得到了更深层次的表达，有助于中非两国的沟通与理解；另一方面还为其注入更广泛的国际影响力，展现出中非两国千年同好、坚于金石的情谊。

例⑥ [51]

原文："一带一路"建设不是另起炉灶、推倒重来。

译文：The pursuit of the Belt and Road Initiative is not meant to reinvent the wheel.

分析：原文是习近平总书记在"一带一路"国际合作高峰论坛开幕式演讲中的讲话。"另起炉灶"原指放弃原来的，另外从头做起，此处指各国放弃"一带一路"建设之前已经取得的成果。在英语文化里并没有"另起炉灶"一说，译文中将"炉灶"

巧妙换为"车轮"，将"另起炉灶"译为"reinvent the wheel"，表示白费力气做重复工作。英语里广为接受的惯用俗语传达了原文的含义，实现话语同步，从而达到传播效果。

当今中国正前所未有地接近世界舞台的中央，讲好中国故事已经成为时代的使命。翻译为讲好中国故事搭建了桥梁，译员必须树立受众意识，采用"翻译话语等效"标准指导翻译实践，重视中外语言、文化与话语差异，真正把中国故事讲好，实现中国故事国际传播。

课后练习

简答题

1. 如何推动"中国故事"的精准化传播？

2. 融媒体时代下国际传播受众的角色发生了哪些变化？

3. 在翻译传播中国故事时，为什么要考虑受众的认同意识和文化背景？

讨论题

列举一到两个译者在处理文化难题时可能面临的困难，并提出应对策略。可用实例说明。

翻译题

请基于受众认同意识，用英语从语言、文化、话语差异的角度翻译以下句子。

1. 众人拾柴火焰高。

2. 国之交在于民相亲，民相亲在于心相通。

3. 改革关头勇者胜，我们将以敢于啃硬骨头、敢于涉险滩的决心，义无反顾推进改革。

4. 我们要坚持以事实为依据，防止三人成虎，也不疑邻盗斧，不能戴着有色眼镜观察对方。

5. 古丝绸之路见证了陆上"使者相望于道，商旅不绝于途"的盛况，也见证了海上"舶交海中，不知其数"的繁华。

6. 中国唐代诗人李白曾有过"长安复携手，再顾重千金"的诗句。今天我们在西安相聚，续写千年友谊，开辟崭新未来，具有十分重要的意义。

第五章

国际传播的内容

学习目标

◇理解国际传播内容与国际传播主体的关系

◇了解中国故事中的国际传播内容

◇了解非虚构写作中的中国故事传播

思考题 如何理解"国际传播要在传播内容和话语上下功夫"？

单元导读

在大众传播学中，内容研究主要关注大众传播媒介采集、制作、传播的信息[1]。国际传播的内容指在国际传播信道里流动的信息，这些信息的特征与传播主体有密不可分的联系，与此相应，国际传播内容研究则主要关注国际传播主体传播的信息[2]。在传统媒体时代，由于时间、空间、资源、成本、技术等多方面原因，国际传播议题设置较为严肃，传播内容较为单一，受众的参与度较低。随着新媒介技术的迅猛发展，各类国际新媒体平台纷纷涌现，国际传播处在一个更为"自由开放、多元平等、多向交互"的网络空间。随着多元国际传播主体的加入，国际传播内容呈现多样化的演变趋势[3]。在此意义上，本章对国际传播内容的研究基于不同的国际传播主体展开，具体分为以政府为主体的传播内容、以企业为主体的传播内容、以社会组织为主体的传播内容和以个人为主体的传播内容。

第一节　国际传播信息的内容

一、国际传播信息的类别

关注的重点不同，国际传播信息有不同的分类标准。从题材来看，国际传播信息内容可分为国际政治信息、国际经济信息、国际军事信息、国际文化信息、国际科技信息等。从传播主体来看，国际传播信息内容可分为政府传播的内容、跨国企

1　程曼丽. 国际传播学学科体系建立的理论前提 [J]. 北京大学学报 (哲学社会科学版), 2006, (06): 116-121.

2　程曼丽. 国际传播学教程 [M]. 北京：北京大学出版社 , 2006.

3　罗慧芳. 新媒体时代加强国际传播能力建设的思考 [EB/OL]. 中国新闻网 , (2022-09-20) [2023-09-14]. https://www.chinanews.com.cn/gn/2022/09-20/9856763.shtml.

业传播的内容、国际组织传播的内容以及个人传播的内容等。本节将根据传播主体的不同，对其所传播的国际信息内容进行讨论。

（一）以政府为传播主体的国际传播内容

政府是国家的权力机构，也是国际传播中最主要的主体。政府传播的国际信息内容具有较高的权威性和影响力，在国际传播内容中占据主导地位。国际传播信道中流通的信息，大致可分为四类：

1. 国家对外发布的重大决策信息

一般来说，各国对于法律、法规的制定以及相关信息的颁布是政府传播中的重要内容。为体现立法过程的公开性，法律的制定过程和最终结果都要向社会公布。而在全球一体化的时代，任何一个国家都会将本国制定的法律、法规向其他国家公告，以更好地进行交流和沟通[4]。除此之外，与国家有关的重大决策和实施过程，政府也会及时对国内外公布，在满足公众信息需求的同时，与各国进行交往互动，提升本国在国际社会中的影响力。

2. 政府部门运营情况的信息

国家行政机构的运行情况、公共事务管理、政府各部门工作状况影响着一国的国际交往方针，其相关信息不仅是国内外公众关心的问题，也决定着其他国家相应的反馈和决策。主要原因为在世界各国发展日益密切的今天，不同国家的民众拥有在其他国家学习、工作、交流的机会。这一系列活动使民众与其他国家政府部门之间的联系和交往愈发频繁。基于此，各国政府部门的运营情况受到国际公众的广泛关注。为了让不同国家的民众能更好地了解本国政府部门的运营状况，促进国内外友好往来，各国政府部门应该善于利用国际传播渠道，传递及时、有效的国际政治信息。

3. 国家重大活动与事件的信息

国家的重大事件一般指在一国或地区内发生的大事情，包括政治、经济、军事、体育、文化等领域的重大事件，也包括突发灾难性事故[5]。这些信息通常涉及范围广，有极大的影响力，并广受国内外公众瞩目，是塑造国家形象的重要契机。在这些重大活动或事件发生时，政府往往承担着信息的唯一发布者的职责。由于对此类事件

4　刘利群, 张毓强. 国际传播概论 [M]. 北京：中国传媒大学出版社，2011.

5　哈艳秋, 齐亚宁. 试论中国主流媒体重大事件报道的国家形象传播策略 [N/OL]. 人民网，(2016-12-13) [2023-09-14]. http://media.people.com.cn/n1/2016/1213/c408848-28946045.html.

的报道可能会影响国际社会对该国国家形象的认知，因此，相关政府部门的任务是在及时报道相关事件的同时，塑造良好的国家形象。

4. 有关国家宣传方面的信息

宣传的目的一般是为了对传播对象的意识和行为产生一定的影响，宣传是一种信息传播的行为，因此宣传本身也是一种传播[6]。与权威内容的强制接受性不同的是，宣传性内容更注重以受众能接受的方式取得舆论主导权，从而达到"润物细无声"的效果。在此意义上，国家政府为达到推广国家行为或树立国家形象的目的，会借助国内外的大众媒体将信息传播到全世界。例如，为了让国际社会更好地了解中国，中国于 1991 年组建了中华人民共和国国务院新闻办公室。其主要职能是推动中国媒体向世界说明中国，包括介绍中国的内外方针政策、经济社会发展情况，以及中国的历史和中国科技、教育、文化等发展情况。

（二）以企业为传播主体的国际传播内容

第二章提到在全球经济一体化和新媒体时代的大背景下，企业为树立良好的企业形象，也逐渐参与到对外传播活动中，成为国际传播的主体之一，其参与的国际传播活动多在国际广告和公共关系中呈现。

1. 广告类信息

随着企业的国际化以及市场的全球化，国际经济竞争环境愈发激烈和复杂，强化用户思维、重视广告营销是获得竞争优势的策略之一。对于企业来说，最大范围地将商品信息广告和企业形象广告传递到用户群中，是其参与国际传播活动的最根本原因。一般而言，广告分为产品广告和形象广告两大类。前者以产品促销为目的，后者以树立公司形象为目标，两者虽有差异，但归根结底都是一种以企业盈利为目的的传播营销行为。在此基础上，许多企业在进军国际市场前，会针对目标国家用户群体及文化背景对广告内容进行重新设计。如美国的可口可乐公司，自从进入中国市场以来，基于中国人对春节年味和亲朋好友欢聚的渴望，通过团聚场景相关的广告营销带动品牌销量，一句"团圆年味，就要可口可乐"的广告语，成功突破中国市场，使其产品获得中国消费者的青睐。

2. 公关性信息

在国际传播活动中，企业会采用公共关系的手段传送经济信息[7]。英国著名的公共关系学专家弗兰克·杰夫金斯（Frank Jefkins）在公共关系定义中提到："公共

6　刘继南，周积华，段鹏，等. 国际传播与国家形象——国际关系的新视角 [M]. 北京：北京广播学院出版社，2002.

7　刘利群，张毓强. 国际传播概论 [M]. 北京：中国传媒大学出版社，2011.

关系是组织为了达到与公众之间相互理解的目标，而有计划地采用的传播方法。"[8]
由此可见，企业会通过利用公关性信息与公众建立良好关系。公共关系的活动形式
多种多样，包括企业文化、企业精神、组织的各种专题活动以及社会公益性活动
等[9]。许多跨国企业会借助目标国家的语言和当地文化开展有利于企业发展的传播
活动或行为。与商业广告相比，公共关系中的传播方式更容易为受众所接受。例如，
各大企业纷纷赞助 2022 年中国举行的冬奥会，通过参与运营和组织活动等方式进
行企业宣传。这其中，阿里巴巴和国际奥委会的合作开始于 2017 年，并达成长期
的战略合作关系，在此次奥运会上展现出的云观众、云鼓掌等高科技手段让很多国
外受众看到了阿里巴巴的科技实力。

（二）以社会组织为传播主体的国际传播内容

社会组织泛指政府与企业之外的、不以营利为目的的组织机构和团体。随着世
界一体化进程的深入推进，社会组织逐渐成为对外交往和国际传播的主体之一。这
其中，以世界贸易组织、世界环境保护组织、中国对外友好协会、孔子学院等为代
表的社会组织需要将其目标、宗旨和运营等信息公布于众，以此获得国际社会的关
注、理解与支持。

1. 告知性信息

国际性的社会组织往往在国际上有着重要的地位，在一定程度上，它们是相关
领域规则、方针、政策的制定者。如世界贸易组织的宗旨是建立多边贸易体系，通
过削减关税、降低非关税贸易障碍、解决贸易国争端、消除成员国在国际贸易中的
歧视待遇等协议或协定促进世界经济和贸易的发展。同理，联合国也有自己的发言
人和网站，会及时公布联合国的决议、提案和规则等，履行告知的义务。因此，这
类社会组织需要通过国际传播让国际受众了解其目标、宗旨以及开展的活动和可提
供的服务等。

2. 公益广告信息

国际社会组织同样也是国际广告的传播主体，但不同于一般的商业广告，公益
广告是一种特殊的广告形式，其目的不具有利己的功利性，而是完全社会（公益）
性的，追求的是公众的理解和积极参与[10]。公益广告的目的是通过影响和改变受众
的态度来改变他们的行为。因此，公益广告的设计内容要对受众的情感进行精准的
把握，并引起目标受众的情感共鸣，以实现传播目的。如"抵制皮草保护动物"这

8　吴玉兰.论公共关系视角下的企业品牌塑造 [D]. 华中科技大学 ,2005.

9　程曼丽.国际传播学教程 [M]. 北京：北京大学出版社 ,2006.

10　李智.国际传播 [M]. 北京：中国人民大学出版社 ,2016.

一公益广告以视频的方式将保护动物的理念传递给目标受众，让受众在观看的过程中产生情感的共鸣，对保护动物、爱护大自然产生更深刻的理解。

3. 知识性信息

社会组织的传播内容中有很大一部分是知识性内容，此类信息是以事实为依据的科学内容传播。一般而言，知识类信息不含价值偏向性，它通常遵循真实性和客观性原则[11]。社会组织可能就某一方面的问题进行调查研究，并将结果作为知识性内容向大众传播，并帮助大众树立正确的科学观念、采用合理的方式规避风险。

（四）以个人为传播主体的国际传播内容

在数字技术推动的深度媒介化的今天，个人、本地、国家和全球以一种新方式被连接起来，在国际传播多元主体多维互动构成的行动者网络中，个体成为生产国际传播内容的一支强大的生力军，其更具个性化、多元性、亲和力、感染力的内容表达，更可能在国际社会中达到某种情感共振的效能[12]。随着传播技术的发展，以个人为主体的国际传播内容在各个阶段具有不同的特点。

1. 联络类信息

最早人们利用互联网技术的目的是进行信件的传递，在 web1.0 时代，个人展开国际传播活动的方式及平台包括 E-mail、即时通信、个人主页和个人网站等。世界各地的网民可以通过网络和对方进行交流，但这种"点对点"的传播方式具有较强的局限性，它们的形式和内容都带有私人性，传播范围较小。

2. 自创类信息

在网络个人化日益普及的当下，个人传播远离中心控制、标准化和表面化的"信息驱动"，在技术的带动下促进了国际传播个性化的发展，也使个人用户在国际社会信息生产和交换中获得了空前的主体地位[13]。个体不仅可以通过国际性媒介获取信息，还可以生产信息。人们在各类图片、视频、新闻等跨国平台上发布自己生产的内容，使每个人都是传播内容的生产者和传播者成为现实。

3. 闲谈及评论性信息

自媒体平台的出现在一定程度上将个人传播与大众传播融合在了一起，人们的交流传播方式也从线下逐渐转变为线上。脸书、油管、推特、抖音海外版 TikTok 等社交媒体的出现使用户的交流模式从"一对一"变为"一对多"，用户可以与来自不同国家的用户展开互动性评论，参与观点的分享与传播，生活化、多元化、娱乐

11　李智. 国际传播 [M]. 北京：中国人民大学出版社, 2016.

12　罗昕. 中国网民群体在国际传播中的角色与引导 [J]. 人民论坛, 2022 (13): 34-37.

13　郑智斌, 李淑欢. 试论网络时代的个人传播 [J]. 江西社会科学, 2008, 261 (08): 235-239.

化的鲜活内容得到广大国际用户的青睐，精简凝练、直观高效的互动方式使国际传播内容得到极大丰富与发展。

二、国际传播内容的特点

（一）政府传播内容的特点

1. 权威性

从政治立场看，各国政府的传播行为都是其行政管理职能的延伸，与政府相关的传播机构也是国家对外传播的"法定代言人"。一些涉及国家发展的政治信息只有政府的官方媒体才能发布，除此以外的任何其他传播主体都无权传播。由此可见，在国际传播中，政府在政治信息的发布方面具有绝对的权威性，并承担唯一对外传播主体的责任。

2. 被动性

政治信息多半是有关国家机密的信息，因此政治信息的主要发布者是政府。与此同时，各界媒体希望能够获得政府方面的信息彰显自身机构的可信度，他们往往处于一种被动等待的状态。原因在于，出于对政治信息发布的谨慎态度，政府会对能够与之合作的媒体加以选择。从这一视角看，媒体传播国际政治信息时具有一定的被动性。

3. 影响力

政府作为国家法律和重大政策的制定者，在国际传播主体中具有较高的影响力。在传统媒体时代，政府在传播信息的过程中，除了对信息进行颁布和解释外，还承担监管和控制的角色。对国际社会而言，政府的发言代表了一个国家的意志，会在国际事务中产生重要的影响。然而，在互联网环境下，政府传播的行为受到了新媒体传播方式的影响，从信息的监管者更多地转换为信息的阐述者。例如，近年来，"互联网外交""互联网政治"等与政府传播相关的词汇高频出现，揭示出互联网环境对政府国际传播活动产生的影响。

（二）企业传播内容的特点

1. 以盈利为目的

企业传播的根本目的是为了将企业的产品和服务营销出去，以获得消费者的接受和认可。无论是商业广告还是公共关系，都是一定程度上对企业产品及企业形象的包装，即通过良好的社会形象获取更多的经济效益。因此企业在进行国际市场开拓时，会采取适应性的原则，主动了解目标国家的社会文化背景和受众心理特征，以达到利益最大化的目的。

2. 多元化

随着互联网的普及和新媒体技术的蓬勃发展，企业国际传播信息的形式呈现出多元化的特征。企业可以利用多种途径进行国际信息的有效传达，如产品形式、服务形式、形象展示形式等，还可以采用语言传播、非语言传播、文字传播、视频传播、网络传播等方式[14]。除此之外，企业在借助杂志、影视作品、戏剧、多媒体、重大活动等多种媒介宣传品牌形象的同时，通过传播企业故事、企业文化、企业 logo、企业歌曲等多元化的信息塑造内容，获得更多消费者的关注。

（三）社会组织传播内容的特点

1. 非营利性

国际社会组织追求的往往是社会目标，而非营利性目的。虽然一些社会组织会通过募捐或接受资助获取活动经费，但这些经费也会用在社会公益活动上而非用来营利，它们通过为社会各界提供服务获取支持。与企业不同，社会组织的公益性目的决定了其传播内容的非营利性特点。

2. 多样性

由于社会组织数量众多，且在不同的领域有各自的目标和诉求，因此不同领域的社会组织传播的内容也是不同的，社会组织不同的性质、职能、目标和宗旨使得它传播的内容具有多样性的特征[15]。如学术性社会组织传播内容多与学术相关，而医疗健康型社会组织传播内容多与健康和安全防疫有关，环境保护组织传播的内容则多与动植物保护有关等。

（四）个人传播内容的特点

1. 随意性

由于传播者数量众多，传播内容很难持续性地围绕一个目标展开，特别是随着时间延续，传播话题往往会频繁转换和跳跃，这就使得个人传播出现随意性的特点。通信技术的发展使得用户可以随时随地通过各种通信设备连接网络，因此任何一个新闻现场的目击者都可能利用手中的手机发布他们眼中的"新闻"。新媒体技术的更迭与演进，使得国际传播的传播样态与内容生态更为丰富多元。但个体用户在更为便捷的移动终端中发布的内容与观点在国际传播中存在明显的个性化特点。个体

---

14 黎永泰，李文勇 . 试论企业文化传播的内涵和特点 [J]. 企业科技与发展，2010, 284 (14): 217-218, 221.

15 程曼丽 . 国际传播学教程 [M]. 北京：北京大学出版社，2006.

传播的主体具有随意性，很多人不具备新闻专业知识，甚至为了追求吸引眼球而不惜夸大事实，进行不实报道[16]。

2. 信息控制难度大

个人传播的随意性也可能因为个人缺乏媒介素养和判断能力而导致信息监管难度加大。个人身份的模糊性和隐匿性，也决定了他们不可能成为信息传播的责任主体[17]。如一些个人传播者为了谋求一定的经济利益，有可能违背社会责任和道德发布不实的信息，从而造成不良影响。目前各国政府也都在探寻针对个人传播者有效的监管办法。

3. 传受合一

互联网时代倡导的是用户参与、去中心化和网络社群的理念[18]。互联网时代的国际传播中，个人也不再仅仅是受众，而是国际传播内容的参与者和创作者。只要有网络，不论是专业的新闻媒体人还是普通的网民，都可以将自己的观点与网络上的其他用户或传播者进行交流并获得及时的反馈。例如，在中国，用户可以在微博、抖音、B 站等新媒体平台随时随地发布信息并第一时间通知关注者，这一转变使得传播的内容日渐丰富，受者和传者也合二为一[19]。

第二节　中国故事中的国际传播内容

一、案例 1：国家形象网络宣传片

（一）故事背景

以政府为国际传播主体的国际传播内容包括国家对外颁布的有关法律法规方面的信息、政府各部门运营情况的信息、有关国家重要活动和重大事件的信息以及有关国家宣传方面的信息。其中，国家宣传内容与权威性内容的强制接受性不同，更注重以受众喜闻乐见的方式取得舆论攻势，达到"润物细无声"的效果。国家政府为推广国家行为或树立国家形象，会借助国内外的大众媒体将国家宣传信息传播到全世界。

16　李儒俊，陈凌，曹葳. 新媒体个人传播对个体文明进程影响研究 [J]. 新媒体研究，2017, 3 (23): 74-75.

17　程曼丽. 国际传播学教程 [M]. 北京：北京大学出版社，2006.

18　任翔. web1.0 还是 web3.0 [J]. 出版参考，2010, (10): 15.

19　郭琳. 大数据背景下的智能个人传播之新探 [J]. 今传媒，2015, 23 (09): 94-95.

国家形象宣传片是常见的国家宣传内容的载体之一。国家形象宣传片是一种通过多种表现手法展现国家形象的艺术形式。它基于清晰的自我定位，从历史、文化、政治、经济、人文等方面提炼出代表性的素材，通过镜头的剪辑、语言的表达和音效的运用，增进视听感观的冲击力与感染力，从而达到传达中华民族文化和树立中国国家形象的目的[20]。

2023 年全国两会期间，《人民日报》新媒体重磅发布最新国家形象网络宣传片。这部以英语为原声的宣传片，站在千年底蕴的磐石上，以开拓创新的姿态，向世界介绍新中国，迅速在全网刷屏。而后，为了响应国内外网友需求，《人民日报》新媒体联合上海外国语大学，制作推出《PRC》多语种版本。

（二）故事内容 [21]

This is me, ancient and profound. This is also me, young and open. This is me, prosperous and enterprising. This is also me, friendly and peace-loving. This was me before, impoverished and weak. This is me too, with a dream in my heart, I never stopped trying.

这是我，古老深邃。这也是我，年轻开放。这是我，富饶进取。这也是我，友善和平。这是我，曾经一穷二白，筚路蓝缕。这也是我，心怀梦想，从没停止过努力。

I own a vast territory, but not an inch shall be lost. I have more than 1.4 billion people, and I care about each of them. I hold the firm belief that hard work begets miracles; strength comes from unity. I know that it is the people who always have my back and give me confidence.

我的疆域广阔，但一点都不能少。我有 14 亿多的人民，每个人的生活我都在意。我坚信，奋斗创造奇迹，力量源于团结。我深知，人民永远是我最坚实的依托，最强大的底气。

I am fully aware that humanity is a whole and the Earth is home to us all. I look forward to joining hands with countries all over the world to meet the challenges and share the opportunities.

我懂得，人类是一个整体，地球是一个家园。我期待同世界各国携手，应对挑战，共享机遇。

With the persistent efforts of one generation after another, we have taken China to where it is today. We must press on courageously to make tomorrow's China a better place.

---

20 汤天甜. 论中国国家形象宣传片的文化公关与价值输出 [J]. 南京社会科学，2011 (03): 113-117, 149.

21 最新国家形象网宣片《PRC》[EB/OL]. 人民日报，(2023-03-10) [2023-09-14]. https://mp.weixin. qq.com/s/9w5DrTzPCEpqDreWHBRPvg.

一代又一代人接续奋斗，创造了今天的中国。我们要一往无前、顽强拼搏，让明天的中国更美好。

I am the People's Republic of China!

我是中华人民共和国！

（三）故事分析

1. 以政府为主体的国际传播内容的权威性与影响力

作为以政府为传播主体的国际传播内容类别之一，国家宣传类信息的国际传播往往具备权威性，且能够在国际范围产生巨大影响力。国家宣传内容的权威性是由其传播主体，也就是政府所决定的。在国际传播中，政府属于主导性的传播者，是国家进行国际传播的"法定代言人"。同样，国家宣传内容的巨大影响力也来源于政府这一强势传播主体。《人民日报》新媒体在 2023 年全国两会期间发布最新国家形象网络宣传片《PRC》，迅速在全网刷屏，为响应中国国内外网友需求，而后制作推出最新国家形象网宣片多语种版本，15 种外语版本同步上线。由此可见，以政府为传播主体的国家形象宣传片的权威性和影响力，能够助力传播内容达到理想的国际传播效果，对国内外传播受众的意识和行为产生一定的影响。

2. 传达中华民族文化，展现中国大国形象

《人民日报》新媒体发布的最新国家形象网络宣传片《PRC》短小精悍，细节满满。整部宣传片涉及文化文物、农业农村、科技创新、基础建设、领土与安全、人民生活、教育、民族团结和国际合作等领域，主要展现了历史厚重而又生机勃勃的中国形象；站起来、富起来、强起来的中国历程；"一点都不能少"的中国底线；服务人民、团结奋斗的中国态度；拥抱世界、合作共赢的中国主张。对国际受众而言，我们传达了渊远流长、博大精深的中华民族文化，展现了历史悠久、充满活力、成就卓著的中国形象，更传递出了开放、友善、和平、担当、负责任的大国形象，不断释放出"合作、共赢"的强烈信号。

3. 国家形象宣传片中的国家认同

国家认同是指公民对自己国家的认识、情感和态度的综合表现，主要表现为国民个人承认和接受自己的传统文化和政治身份，对国家产生的归属感。国家形象宣传片展现了五千年华夏文明的历史，展现了中华民族的渊远流长和生生不息，有助于我们理解、欣赏和认同中华优秀传统文化，增强中华民族自豪感、自尊心和自信心。同时，国家形象宣传片展现了中国取得的巨大成就，传达了中华民族团结发展、自强不息的精神，有助于加强中华儿女对祖国的强烈认同感和归属感，从而提高国民的国家认同感。

二、案例 2：企业国际形象宣传片

（一）故事背景

作为在全球经济一体化和新媒体时代大背景下的国际传播主体之一，企业参与的国际传播活动主要涉及国际广告和公共关系。因此，以企业为传播主体的国际传播内容主要分为广告类信息和公关类信息。其中，公关类信息是指企业运用公关手段传播信息，以达到树立企业良好形象或对企业不良行为进行补救的目的。企业国际形象宣传片的内容主要是公关性信息，向国际受众讲述企业故事，以获得受众的理解与支持，拉近与受众之间的距离。

中国建筑集团有限公司（以下简称"中国建筑"）主动策划、精心实施，联合 CGTN 创新开展"建筑在说话"（Building Lives）海外重点工程回访，以构建新时代人类命运共同体理念为引领，将"繁荣、创新、绿色、文明、合作"等关键词与企业案例有机结合，从"发展见证者""设施联通践行者""文化融合使者"的视角，深入挖掘中国企业与"一带一路"沿线国家政府、合作伙伴和当地民众互利共赢、同舟共济的故事案例，全球阅读量 8 600 万次，国内外媒体转载报道 2 500 余篇，覆盖海外受众 1.6 亿人 [22]。

本节故事内容来源于中国建筑企业国际形象宣传片《听，建筑在说话 向世界讲述"一带一路"故事》，该案例入选"国际传播创新"类优秀案例及"2022 中国企业国际形象建设十大优秀案例"。

（二）故事内容 [23]

Building Lives—Harmony without Uniformity, Flourishing of All Cultures

建筑在说话——和而不同，美美与共

After 12 months of round o'clock construction, a high-level vaccine plant built by a Chinese enterprise is taking shape in the scorching sun. In line with President Xi Jinping's call to build a community of shared health for mankind, it's an important project in China and the UAE's joint effort to fight against COVID-19.

经过 12 个月的昼夜施工，一座由中国企业承建的高规格疫苗厂正在酷日的炙烤下拔地而起。它是在习近平主席倡导共建人类卫生健康共同体的理念下，中国与阿联酋携手推进全球抗击新冠疫情的重要合作项目。

22　听，建筑在说话——向世界讲述"一带一路"故事 [EB/OL]. 中国建筑, (2023-01-11) [2023-09-14]. https://www.cscec.com/zgjz_new/xwzx_new/zqydt_new/202301/3616879.html.

23　2022 中国企业国际形象建设十大优秀案例：《听，建筑在说话 向世界讲述"一带一路"故事》[EB/OL]. 中国建筑, (2023-01-11) [2023-09-14]. https://mp.weixin.qq.com/s/Qj1PAA3CksedCeKOUqm-0w.

The essence of high-quality Belt and Road cooperation is enhanced infrastructure connectivity among participating countries. Over the past four decades, China has undertaken a large number of landmark projects overseas. These have dramatically promoted local development and strengthened friendship between Chinese and local people.

高质量共建"一带一路"的核心是实现参与共建各方基础设施的互联互通。40年来，中国在海外承建了一大批标志性工程项目，有力地促进了当地发展，增进了中外人民友谊。

The Belt Road Initiative embodies the aspiration for inter-civilization exchanges, the yearning for peace and stability, the pursuit of common development and the shared dream for a better life. It originated in China, but its opportunities and benefits belong to the world.

"一带一路"建设承载着共建国家人民对文明交流的渴望，对和平安宁的期盼，对共同发展的追求，对美好生活的向往。"一带一路"倡议源自中国，但机会和成果属于全世界。

As one of the seeds that have been sown, over the past for two years CSCEC has taken route and bore fruit in cities and countries around the world. This would not have been possible without firm adherents to its corporate mission "expanding a happy living environment" by each and every employee.

中建集团作为被播撒的种子之一，40年来在一个个国家落地生根，在一座座城市发芽结果。这离不开每一个中建员工对于"拓展幸福空间"企业使命的坚定践行。

The success of CSCEC's overseas projects has clearly shown that the Belt and Road Initiative has formed a whole set of ideals that are highly compatible with a vision of a community of a shared future for mankind. These ideals are in line with the Chinese nation's view of the world: establishing harmonious relations with all countries. The Belt and Road Initiative has thus become an important platform for the building of the community of a shared future for mankind.

通过在海外成功落地的一个个项目，实践充分证明"一带一路"已经形成一整套与人类命运共同体理念高度契合的价值理念。符合中华民族和谐万邦的天下观是推动构建人类命运共同体的重要实践平台。

"A long journey can be covered only by taking one step at a time". Let us pursue this initiative step by step and deliver outcome one by one. By doing so, we will bring true benefit to both the world and all our people!

"不积跬步，无以至千里。"让我们一步一个脚印推进实施，一点一滴抓出成果。造福世界，造福人民！

（三）故事分析

1. 企业在国际传播中的公关性内容

在国际传播活动中，企业利用包括大众传媒在内的手段与公众建立良好关系，而其中的传播内容就是公关性信息。公关性信息的表现方式多种多样，包括企业文化、企业精神、组织的各种专题活动以及社会公益性活动等。许多企业会采取对方国的语言和可以接受的文化宣传内容创造有利的国际传播活动或行为。与商业广告相比，公共关系中的传播方式更容易为受众所接受。

中国建筑从其近 10 年承建的 2 400 个"一带一路"工程中，精选了 15 个重点项目，涵盖当地标志性超高层建筑、小而美的惠民工程、大型基础设施、医疗保障工程以及住房类民生工程，针对国际社会对"一带一路"项目的关切点，通过当地受益者的亲身经历生动诠释"一带一路"建设的开放性、包容性、平等性、实效性。通过其企业国际形象宣传片中"一带一路"故事的英语讲述，中国建筑一方面宣传了企业建造的实力和品质，树立中国企业的良好形象；另一方面以企业形象展现可信、可敬、可爱的中国形象。

2. 企业在国际传播中的"抓热点"原则

自"一带一路"倡议实施以来，在习近平总书记亲自谋划、亲自部署、亲自推动下，一大批关系沿线国家经济发展、民生改善的合作项目落地生根[24]。中国建筑坚定不移、全力以赴参与共建"一带一路"，以"拓展幸福空间"为使命，打造了中国建造名片、中国友谊名片、中国精神名片。因此，中国建筑本次推出的企业国际形象宣传片中，紧紧抓住了"一带一路"建设这一热点。

中国建筑结合重点国别、重点领域、重点项目的特点，针对国际社会对"一带一路"项目的关切点，挑选合适、典型的当地讲述人，通过当地受益者的亲身经历生动诠释"一带一路"建设的开放性、包容性、平等性、实效性。同时，用人物反映企业对当地的贡献，让"一带一路"上的小故事和趣闻打动海外受众，既提高了中国建筑的知名度与美誉度、塑造了有能力和社会责任感的企业形象，又有助于海外受众改变对中国企业的整体印象以及中国国际化大国形象的树立。

3. 企业国际形象宣传片中的文化交流

古往今来，文明因交流而多彩，文明因互鉴而丰富[25]。共建"一带一路"为世界经济发展开辟了新空间，为企业合作共赢搭建了新平台。中国建筑积极主动参与

24，25　2022 中国企业国际形象建设十大优秀案例：《听，建筑在说话 向世界讲述"一带一路"故事》[EB/OL]. 中国建筑，(2023-01-11) [2023-09-14]. https://mp.weixin.qq.com/s/Qj1PAA3CksedCeKOUqm-0w.

共建"一带一路",促进了沿线国家实现深层次的互联互通和共同发展。中国建筑形象宣传片"建筑在说话"主题传播聚焦"建筑",既体现中国建造的实力和品质,又容易被海外民众接受。同时,各国民众对便捷交通、先进办公设施、优美住宿环境的追求以及对"建筑之美"的天然亲近和友好,为"建筑"主题传播创新提供了独特条件。"建筑在说话"系列视频在海外社交媒体平台发布后,引发海外网友积极反馈,纷纷点赞"一带一路"项目建设惠及全球。海外网友的评论反映了海外民众对中国企业扎根融入当地社会、积极参与社区建设、增进民生福祉、共创美好生活的肯定和认可,进一步树立了中国企业良好形象,加强了中外文化的交流互鉴。

三、案例 3:联合国在中国——里程碑

(一)故事背景

社会组织是全球一体化发展中对外交往和国际传播的主体之一。在国际传播中,国际性的社会组织会将告知性信息、公益广告信息以及知识性信息传播至国际社会。其中,告知性信息的国际传播指社会组织将组织的目标、宗旨和运营信息公布于众,以取得社会公众的理解和支持。作为当今世界最具普遍性、代表性和权威性的政府间国际组织,联合国也不例外。

联合国驻华系统见证了中国自 20 世纪 70 年代末实行改革开放以来所经历的深刻经济和社会变革,是中国值得信赖的发展伙伴。在这些年间,联合国驻华系统的角色已从传统捐助方转变为中国的重要合作伙伴,在国内外为南南合作框架内活动等领域提供了专业知识和技术支持。通过多重努力,联合国驻华系统积极创造了价值,提供了专业知识,并在活动实施中确保遵循了国际准则和标准。

本节故事内容选自联合国驻华系统在其官方网站上总结的联合国在中国的里程碑事件,讲述联合国与中国的故事,进行告知性信息的国际传播。

(二)故事内容 [26, 27]

1970s—On October 25, 1971, the UN General Assembly passes Resolution 2758, on the Restoration of the lawful rights of the People's Republic of China in the UN. During the first phase of reform and opening-up, UNDP became the Government of China's first

---

26　联合国驻华系统 [EB/OL]. 联合国在中国,(不详) [2023-09-14]. https://china.un.org/zh/about/about-the-un.

27　The United Nations in China [EB/OL]. United Nations China,(不详) [2023-09-14]. https://china.un.org/en/about/about-the-un.

Development Cooperation partner in 1979. In this year, UNDP were joined by UNFPA, UNICEF, UNHCR, UNIDO and WFP who also established their presence as part of the UN family in China for the first time.

20 世纪 70 年代——1971 年 10 月 25 日，联合国大会通过了关于恢复中华人民共和国在联合国的合法权利的第 2758 号决议。改革开放初期，联合国开发计划署于 1979 年成为中国政府的第一个发展合作伙伴。同年，联合国人口基金、联合国儿童基金会、联合国难民事务高级专员公署、联合国工业发展组织和世界粮食计划署也紧随其后，成为联合国驻华大家庭的一员。

1980s—In this decade, FAO and IFAD join the UN family in China to become some of the first international organizations to assist in rural poverty reduction and agricultural development efforts, and ILO open its country office in Beijing in 1985. This year also sees China ratify the *1972 Convention Concerning the Protection of World Cultural and Natural Heritage*, with the first group of six sites from China inscribed in UNESCO's *World Heritage List* in 1987.

20 世纪 80 年代——在这十年，联合国粮食及农业组织和国际农业发展基金加入了联合国驻华大家庭，成为第一批协助农村减贫和农业发展工作的国际组织。国际劳工组织也于 1985 年在北京设立其国别办公室。这一年，中国还加入了《保护世界文化和自然遗产公约》。1987 年，中国首批六项遗产被列入联合国教科文组织的《世界遗产名录》。

1990s—In 1992, China ratifies the *Convention of the Rights of the Child*. In line with the Convention, the State Council promulgated a first national action plan centred on child development in China. The Fourth World Conference on Women held in September 1995 marks a significant turning point for the global agenda for gender equality with the *Beijing Declaration* and *Platform for Action*, adopted unanimously by all UN Member States.

20 世纪 90 年代——1992 年，中国通过了《儿童权利公约》。根据该公约，国务院颁布了中国第一部以儿童发展为中心的国家行动计划。1995 年 9 月召开的第四次世界妇女大会是全球性别平等议程的重要转折点，联合国所有会员国一致通过了《北京宣言》和《行动纲要》。

2000s—A partnership between UN entities in China and key Chinese stakeholders train 8,200 core volunteers and volunteer managers in the lead-up to the 2008 Olympic and Paralympic Games in Beijing. This year sees China becomes one of the first signatories of the *UN Convention of the Rights of Persons with Disabilities*. Following the 2008 Wenchuan earthquake, the UN family in China also support immediate relief services to survivors in rural Sichuan Province.

21 世纪——在筹备 2008 年北京奥运会和残奥会的过程中，联合国驻华机构和中国关键利益相关方建立了伙伴关系，培训了 8 200 名核心志愿者和志愿者管理人员。同年，中国成为联合国《残疾人权利公约》的首批签署国之一。2008 年汶川地震后，联合国驻华大家庭也在紧急救助四川农村地区幸存者方面提供了支持。

2010s—*The 2030 Agenda for Sustainable Development* and the 17 Sustainable Development Goals are agreed upon by the 193 Member States of the UN, including China in 2015. President Xi Jinping appears before the UN General Assembly for the first time and pledges an initial USD 2 billion contribution to the South-South Cooperation Assistance Fund. In 2016, China ratifies the *Paris Agreement* under the *UN Framework Convention on Climate Change*.

21 世纪 10 年代——2015 年，包括中国在内的 193 个联合国会员国通过了《2030 年可持续发展议程》和 17 个可持续发展目标。习近平主席首次出席联合国大会，并承诺为南南合作援助基金首期提供 20 亿美元。2016 年，中国通过了《联合国气候变化框架公约》下的《巴黎协定》。

Present—In 2020, the Government of China and the UN System in China agree upon the *United Nations Sustainable Development Cooperation Framework (UNSDCF) for the People's Republic of China 2021—2025*. The period covered by the UNSDCF is contemporaneous with China's 14th Five-Year Plan. Over the period, the UN System will continue to support China to implement the *2030 Agenda for Sustainable Development*.

至今——2020 年，中国政府与联合国驻华系统商定通过了《联合国对华可持续发展合作框架（2021—2025 年）》。该合作框架涵盖的时期与中国第十四个五年规划一致。在此期间，联合国系统将继续支持中国实施《2030 年可持续发展议程》。

（三）故事分析

1. 社会组织在国际传播中的告知性内容

国际性的社会组织往往在国际上占有重要的地位，它们需要通过告知性信息的传播让受众了解其目标和宗旨，以及开展的活动和提供的服务等。联合国驻华系统重视与国内利益相关方的往来，包括政府、多双边援助机构、非政府组织、民间社会组织以及公共和私营部门。联合国驻华系统的目标和宗旨始终如一：巩固其关键伙伴的地位，特别是通过构建和加强伙伴关系，以实现可持续发展目标，与国家发展优先事项保持一致。通过对里程碑事件的梳理总结，联合国驻华系统展示了联合国在中国的发展路程，讲述了联合国与中国特有的故事，让国际受众了解其目标和宗旨，支持联合国与中国的合作项目，有助于联合国驻华系统未来工作的开展。

2. 社会组织进行国际传播的非营利性

社会组织信息传播的非营利性是由社会组织本身非营利性的特点所决定的。社会组织大多是非营利性组织，其目标是社会效益，而不是利润。社会组织在进行宣传时，主要考虑的是社会服务事业。联合国驻华系统的职责是代表联合国就中国地区的重大事件发表声明，表明态度和立场；其资金来源主要是成员国缴纳的会费、捐助等。因此，联合国驻华系统工作时，不考虑利润回报，主要追求社会性回报。通过对自身宗旨、目标、所提供的各项服务和所发起组织的社会服务活动的信息传播，联合国驻华系统追求的是社会大众乃至国际受众对其事业的理解、支持与积极参与。

3. 社会组织在国际传播中展现的国际视野

国际视野指的是一种立足现实、放眼世界，认清形势、顺应时代的思维方法，国际视野并非简单地等同于"知道、了解国外事物"。国际视野这种思维方法更关注的是全球大背景下人类不同文明、经济、社会之间的联系，其背后其实隐含着对平等的追求和对人类命运共同体的关注。

联合国作为当今世界最具普遍性、代表性和权威性的政府间国际组织，其宗旨是维护国际和平与安全；发展国际间以尊重各国人民平等权利及自决原则为基础的友好关系；进行国际合作，以解决国际间经济、社会、文化和人道主义性质的问题，并促进对于全体人类的人权和基本自由的尊重 [28]。

联合国的性质和宗旨决定了其提供的各项服务及发起组织的公益活动都是在国际视野下策划形成的。因此，联合国驻华系统所讲述的联合国在中国的里程碑故事也充分展现了关注自身、兼济天下、明确使命、谋求共赢的国际视野。新时代的青年学生也应当在学习的过程中，厚植中国情怀、拓宽国际视野、增强讲述中国故事的本领，为国家发展进步贡献青春力量。

第三节　非虚构写作与讲好中国故事

一、非虚构写作与叙事逻辑

1966 年，美国记者杜鲁门·卡波特（Truman Capote）发表凶杀案纪实报道《冷血》，标志着非虚构写作的兴起。新时代、新媒体与文化产业蓬勃发展，非虚构写作仍然占据着重要的地位。在国际传播的背景下，非虚构写作被认为是一种用来传

28　联合国 [EB/OL]. 百度百科，(不详) [2023-09-14]. https://baike.baidu.com/item/%E8%81%94%E5%90%88%E5%9B%BD/135426.

播和讲述中国故事的重要工具。它通过真实的叙述和叙事逻辑，向国际读者传递生动的中国故事，激发其对中国文化的兴趣和理解。本节将探讨非虚构写作与中国故事国际传播之间的关系，思考如何运用非虚构写作的叙事逻辑讲好中国故事。

（一）基本概念

1. 非虚构写作的定义，类型与价值

非虚构写作是一种以真实事件、人物和事实为基础的写作形式，旨在通过客观而真实的叙述揭示和探索现实世界中的经历、观点和真相。它与小说（虚构文学）不同，注重事实的真实性和对真实事件的描绘。非虚构写作以否定性的方式展开，以否定"虚构"作为文学创作本质属性的方式赋予这些表达行为正当性[29]。非虚构写作通过准确的叙述、详实的描绘和精心构建的叙事逻辑，为读者呈现一个真实而引人入胜的故事。而"文学作为一种最重要的话语表意实践，它通过故事人物情节场景和历史的塑造，对特定文化和社会文化语境中的个体和群体具有深刻的认同建构功能"[30]。因而，将中国故事植入到非虚构写作中言说，是中国文化国际传播的重要的、有效的方式之一。

非虚构写作通常包括纪实文学、回忆录与自传、报告文学、历史纪实与旅行文学等形式。纪实文学是一种以真实事件和人物为基础的非虚构写作形式。在讲述中国故事时，纪实文学可以通过记录历史事件、描述社会现象、描绘人物故事等方式，向国际读者传递中国的多元文化和丰富历史。2010年《中国在梁庄》首次荣获"人民文学奖"新增的"非虚构类奖"。作者梁鸿用自己的眼睛和文字记录了一个乡村的过去与现在，由此可以看到一个真实的中国。回忆录与自传是非虚构写作中关于个人经历和回忆的文学形式。在讲好中国故事中，回忆录与自传可以帮助国际读者深入了解中国的历史和文化，以及个人在其中的经历和感受。报告文学是将文学创作技巧运用到新闻报道中，呈现真实事件和社会问题的写作形式。例如，梁鸿创作的《梁庄十年》（2021）聚焦梁庄的日常风景、人伦风俗与人物命运，通过乡村内部的变迁观察快速变化中的时代与生活。历史纪实是通过对历史事件和人物的研究和描写，还原过去的历史场景和文化背景。这种类型的非虚构文学能给国际读者展示中国悠久灿烂的古代、近代、现代文明。这些非虚构写作的种类各具特色，可以通过不同的写作形式和手法传达中国故事，帮助国际读者更好地了解和理解中国的历史、文化和社会现状。

29　刘卓."非虚构"写作的特征及局限 [J]. 文艺理论与批评, 2018 (01): 113-120.

30　周宪. 认同建构的宽容原则和差异逻辑 载《文学与认同：跨学科的反思》[M]. 上海：中华书局，2008.

无论是文学领域，还是传播领域，非虚构写作的价值都非常值得肯定。首先，它可以传递真实信息。非虚构写作可以提供真实、客观的信息，揭示中国故事背后的事实和真相，有助于国际读者更好地了解中国文化、历史和社会，避免误解和刻板印象的形成。其次，非虚构写作可以增进跨文化理解。通过非虚构写作，人们可以获得深入的洞察，了解中国社会的动态和复杂性，有助于促进不同文化之间的相互理解、尊重和包容，消除跨文化间的隔阂。唤起共鸣与人情味也是非虚构写作的另一个重要价值，通过真实人物的故事和经历，引发读者的情感共鸣，可以让国际读者更贴近中国人民的生活，感受他们的喜怒哀乐、价值观和人情味。

2. 叙事逻辑的定义与要素

习近平总书记在党的二十大报告中强调："增强中华文明传播力影响力。坚守中华文化立场，提炼展示中华文明的精神标识和文化精髓，加快构建中国话语和中国叙事体系，讲好中国故事、传播好中国声音，展现可信、可爱、可敬的中国形象。"[31] 所以，"讲好中国故事"的叙事逻辑不仅关系到中国故事"何以表征"的理论问题，更关系到"中国故事"所内蕴的思想"何以价值化"的实践问题。

叙事逻辑指通过故事的结构和性质，以合理而有条理的方式组织信息，以引发听众或读者的情感共鸣和理解。它强调故事的连贯性、目的性和可信度，以便有效地传达信息。叙事逻辑在国际传播中被广泛应用，以讲述文化、价值观和经验等内容，以及引发对国家、民族或其他群体的兴趣和认同。"讲好中国故事"不是随心所欲的口头叙事，而是作者利用叙事逻辑讲述其眼中的真相、传递价值的过程，比传统文学创作更具有人性化表达的意味，为中国故事国际传播奠定了坚实的基础。

在国际传播背景下，叙事逻辑的要素对于讲好中国故事至关重要。主要要素有主题和意义、结构和顺序、角色和情节、冲突与解决。首先，一个好的故事应该有深层次的主题和意义，引发读者或听众的思考和反思。其次，故事的结构和顺序也是中国故事得以被国际读者接受的重要因素。董小英认为，叙事结构是文本内部的叙述方式安排，也是文章的结构，叙事结构是一种框架性的事物[32]。故事的结构和顺序需要有条理地展示事件的发展，将读者或听众从一个情节引导到另一个情节。角色是故事的核心，也是推动故事发展的关键。一个好的角色需要具备丰富的人格特征、动机和目标。故事的情节需要紧密围绕角色的经历和冒险展开，以引发读者或听众的情感共鸣和投入感。最后，冲突是推动故事发展的关键要素，它创造了紧

31　习近平.高举中国特色社会主义伟大旗帜为全面建设社会主义现代化国家而团结奋斗——　　在中国共产党第二十次全国代表大会上的报告 [J]. 当代江西，2022, (11): 4-26.

32　董小英.叙事学 [M]. 北京：中国社会科学出版社，2001.

张和悬念，使听众或读者渴望了解故事的结局。在撰写中国故事时，可以融入各种形式的冲突，如人与自然的冲突、个人与社会的冲突、正义与邪恶的冲突等。通过展示人物如何克服困难和解决问题，传达中国文化中包容、智慧和勇气的价值观。

3. 非虚构写作与叙事逻辑的融合

在国际传播过程中，对于传播内容的创作来说，非虚构写作与叙事逻辑都是不可或缺的前提条件。非虚构写作使得国际传播更加真实和可信。真实性和可信度对于建立国际间的互信关系至关重要。其次，叙事逻辑在国际传播中起着重要的桥梁作用。每个文化背景都有其独特的叙事方式和逻辑结构。合理运用叙事逻辑可以使得传播的信息更具故事性和吸引力，更易于被国际接受和理解。

有效地将非虚构写作与叙事逻辑结合起来可以从以下几点入手。首先，选择具体的事件或故事。以写好中国故事为例，可以从中国丰富的历史、文化和传统中选择一个具体的事件或故事作为非虚构写作的素材。该事件或故事应该具有代表性，有助于展示中国文化、价值观或经验。其次，研究和整理事实和背景。在展开非虚构写作之前，对选择的事件或故事进行深入的研究，了解相关的历史背景和文化背景，不断收集事实和细节，理解不同的观点并加以解释。

（二）中国故事国际传播的非虚构写作与叙事逻辑

1. 中国故事国际传播在非虚构写作与叙事逻辑方面的背景与价值体现

随着中国的崛起和发展，越来越多的人对了解中国文化、历史、社会和价值观产生了兴趣。通过非虚构写作与叙事逻辑，中国故事得以在国际舞台上传播，并展示其独特性与价值。了解中国故事国际传播在非虚构写作与叙事逻辑方面的背景对于理解其价值体现至关重要。首先，中国有着悠久的文化传统、丰富多样的历史和深厚的哲学思想，这些元素为非虚构写作和叙事提供了宝贵的素材。将这些故事传播给世界各地的读者，可以让他们更好地了解中国，并与中国人民建立连接。另一个重要背景是中国在世界范围内产生了巨大的影响力。中国在政治、经济、科技和文化等领域的成就引起了世界瞩目，对国际社会产生了深远的影响。国际社会对中国的经验和故事非常感兴趣，希望通过非虚构写作和叙事更好地了解中国的发展道路、成功经验和挑战。近年来，我国多次举行艺术展览、文化学术交流活动、电影节，出版相关书籍。这些活动不仅向世界展示了中国的独特魅力，也为非虚构写作与叙事提供了丰富的素材和话题。

写好中国故事，向世界传播中国故事关乎民族精神的培养和国际形象的塑造。用英语写好中国故事，将非虚构写作与叙事逻辑运用其中，"使中国故事，中国声音让中外受众愿意听，听得懂，并能与我们形成良性互动，产生更多共鸣以扎实回应世界对中国的各种关切"[33]，对于增强我国传播能力，提升国际话语权具有深远意义。通过深入挖掘中国的文化、历史和思想，并将其转化为引人入胜的故事，可以促进国际间的跨文化交流和了解。同时，有效的非虚构写作和叙事逻辑可以帮助我们打破刻板印象，推动社会进步。因此，通过在国际舞台上传播中国故事，我们可以展示中国的独特价值和魅力。

2. 在中国故事国际传播中使用非虚构写作与叙事逻辑的对策及挑战

在复杂的国际环境中，用英语写好中国故事，并进行有效的国际传播并非易事。刑军纪曾经提到："当下欧洲文学界或者说社会上最受欢迎的文体是非虚构文学作品，如果要给这些文体排序的话，第一是非虚构文学，第二是诗歌，第三才是小说，这种文体在建构中国国际形象方面的力量不容小觑。"[34] 无论是非虚构写作，还是叙事逻辑，都要能确保我们用英语准确且生动地叙述中国故事，以便吸引更多的国际读者了解真实的中国。

很多主流媒体在中国文化的国际传播过程中，主要关注以国家大事、政治活动为载体的政治性叙事，目的明确，但是由于受众信息接受的文化差异，国际读者的确很难产生联动，甚至可能产生逆反效果。针对这个情况，从非虚构写作及叙事逻辑的角度出发，在"写"中国故事之前，进行充分的研究和调查是至关重要的。收集有关中国文化、历史、地理、社会和人物的可靠信息，参考权威的书籍、学术论文、专家的观点和亲历者的经验，以确保故事的准确性和真实性。

其次，从"写"的题材看，需要从丰富的中国文化和历史中选择一个具有代表性、有趣且引人入胜的故事。它可以是历史事件、文化传统、人物故事或社会现象等。确保故事有一定的叙事张力和情节发展，以吸引读者的注意力。讲好中国故事对作品传递出真实全面的中国提出了更高的要求，以非虚构写作为基础的中国故事创作取材中，"角度多集中在底层社会边缘人民中，用诸多高超的文学激发的文学技法来还原真实的小众边缘生活"[35] 是个不错的选择。普通的国际读者更倾向于了解"鸡毛蒜皮的小事"。

第三，从叙事逻辑的角度看，构建清晰的故事结构，使用生动的描写和细节对于写好中国故事非常重要。在选定了非虚构题材之后，作者应该为故事设计一个清晰的结构，使读者能够理解故事的起因、发展、转折和结局。确保故事的逻辑流畅，

33 阮静. 文化传播背景下讲好中国故事的原则和策略 [J]. 西南民族大学学报 (人文社会科学版), 2017 (05): 178-184.

34 邢军纪. 试论当代中国"非虚构文学"的可能性 [J]. 解放军艺术学院学报, 2011 (01): 60-62.

35 朱荣杞. 论非虚构新闻的叙事逻辑及其表达困境 [J]. 视听, 2021 (07): 181-182.

有一个明确的主题和线索。不论选择哪种方式，都要确保故事的连贯性和可读性。形象生动的描写和细节处理使故事更加生动有趣。国际读者可以更好地想象故事中的人物、场景和情节，增强阅读体验。

以上都是从非虚构写作和叙事逻辑的基本特点出发，将写作策略和中国故事的国际传播结合起来。然而，多元开放的国际传播格局和新媒体语境下中国国际传播的新特征，给写好中国故事提出了新的挑战，需要从新的叙事视角把握国际传播的方向。法国叙事学家热拉尔·热奈特 1969 年提出了著名的叙事聚焦概念，他将叙事聚焦细分为内聚焦、外聚焦、零聚焦三类。概括地说，内聚焦是事件当事人视角，外聚集是事件旁观者视角，而零聚焦则是无所不知的全能型视角[36]。大多数中国故事和新闻报道都是从内聚焦的角度组织叙事逻辑。内聚焦意味着将关注点集中在中国故事的核心要素上。通过将注意力集中在特定的主题、人物或事件上，可以避免故事过于散乱或模糊不清，也可以更深入地理解和刻画描述对象，使故事更具深度和意义。所以，在新媒体时代，采用内聚焦写中国故事是非常明智的。内聚焦是叙述者从当事人的视角探究人物的心灵，尝试体会其内心感受与内在思考，这样能够提高读者的参与度和共鸣度，增加中国故事的影响力。

二、非虚构写作中的中国故事传播

非虚构写作是一种开放而富有活力的写作形态，其意义在于可以捕捉大量的生活经验和实践，对于理解我们所处的时代和社会有着重要的文化价值。具有现实情怀的非虚构写作与"中国故事"的传播有着深刻的关联，其问题意识导向促进了"中国故事"传播的有效性，为新的时代讲好中国故事、展示中国形象提供了新的视野与方式[37]。在非虚构写作的背景下，要写好中国故事，作者要重视内容选取。

（一）日常叙事

非虚构写作的日常叙事是通过真实事件和真实人物记录和描绘生活中的故事，主要通过客观的描述和真实的细节传达事件发生的经过和相关人物的感受及思考。在非虚构写作的日常叙事中，作者有时以第一人称的身份介入其中，将自己作为故事的参与者或目击者，以真实的视角展现自己的体验和感受。这样的叙事方式使读者能够更加真实地感受故事中的情感和情景，从而更好地与故事产生共鸣。日常叙

36 孙珉，谢勇，韦李珍. 浸入式体验：用非虚构叙事讲好中国故事 [J]. 当代传播，2018 (06)：100-103.
37 盛芳. 非虚构写作与"中国梦"的有效传播 [J]. 东南传播，2022 (02)：49-51.

事可以涵盖各个领域和主题，如旅行故事、人物传记、历史事件、科学探索等。通过真实的描述和细腻的描绘，作者可以带领读者进入一个全新的世界，与人物情感共鸣，了解事件的来龙去脉，感受故事背后的真相。

在非虚构写作中，真实性和客观性是至关重要的。作者需要确保所叙述的事件和人物真实可信，从而为读者提供准确的信息和体验。同时，作者也可以通过自己的观察和思考，对事件进行解读和概括，呈现出自己对事件的理解和观点。

非虚构写作的日常叙事让读者有机会通过文字了解他人的真实经历和感受，同时也可以启发人们思考和反思生活中的各种问题。这样的叙事方式不仅可以提供新的知识和视角，还能够激发读者的思考和探索，从而推动个人和社会的进步和发展。非虚构写作重视个体价值。在写好中国故事的过程中，作者应该关注个体，通过深度描写真实人物的情感、价值观和奋斗，让读者产生共鸣，感受中国人民的智慧、勇气和情感，增强故事的感染力。例1和例2分别选取了乡村女教师张桂梅和铁人王进喜的个人事迹，以小人物凸显大精神。

例① [38]

Zhang Guimei

On June 29, 2021, Zhang Guimei was awarded the highest honor of CPC—the July 1st Medal in the Great Hall of the People. This tough, stubborn and even a little paranoid woman once again came into the public's view. She was put into an embarrassing situation in October last year, when she made remarks against her student becoming a full-time mother. Therefore, she has also been labeled "feminism" by many netizens. But I believe that if you read the following story and learn about her original intention and persistence, you will definitely understand and admire her a bit more.

From childhood to youth, Zhang Guimei lived a life of worry-free clothing and food. She was also an outgoing girl who advocated freedom, and loved art. She ever had a pretty happy marriage, and her husband loved her very much. However, the good times did not last long before her husband was diagnosed with stomach cancer. Although she exhausted all her savings to give her husband the best treatment, her husband left her forever in February 1995. This was a very fatal blow to her, which made her unable to pull herself from grief for some time. Perhaps intending to escape from reality, she applied for a job transfer and moved from Xizhou, Dali to Huaping County, where she started her legendary life.

38 【中英双语】时代楷模——张桂梅 [R/OL]. 百鸣英语, (2021-07-05) [2023-09-14]. https://mp.weixin.qq.com/s/ 28P_GoPL7HdqLk-e4vAr0g.

If she hadn't seen with her own eyes the unimaginable poverty and ignorance in the mountains and the tragedies that happened to women, Zhang Guimei might not have had the idea of building a free girls-only high school. At first, she just wanted all the girls in her class not to drop out of school, but when she went to the mountains to visit her students' homes, she found that there were so many girls of school age who could not go to school. She was very confused and couldn't think out a method that can completely solve this problem. In the end, she made a conclusion that only by providing them with free education can all this be changed. When she first proposed to build the high school for girls, people around her either thought she had a mental problem or laughed at her for being too naive. However, Zhang Guimei really started to take action. In order to prepare the school's money, she even went to the streets of Kunming to beg and collect donations, but it was far from enough. The turning point came in 2007, when Zhang Guimei became a representative of the Seventeenth National Congress of the CPC. Her dream was known by the people of the whole country and recognized by the central leadership so that the construction of the girls-only high school entered a substantive stage.

For most girls in this school, if it hadn't been for such a free high school and the persuasion of Zhang Guimei, maybe they would have been married and have had children early in their teens but without knowing how to educate and love their kids. It is precisely because of the particularity of this group that Zhang Guimei's management of the high school couldn't be harsher. There is no so-called quality education, only repeatedly learning. She knows that these girls have no way back, and studying is their only chance to change their destiny. Carrying so many children's hopes by herself, she is always under a lot of pressure. So it's reasonable that her words are a bit aggressive sometimes.

Although Zhang Guimei is now a hero praised by people, in fact she is also an ordinary person. In the very beginning, she did these things perhaps just to find a kind of spiritual sustenance. But year after year, seeing her students enter universities, go out of the mountains, and sail away, she feels that all her efforts are worthwhile. She often says that people always have to do something while they are alive. The high school develops better and better, having sent more than 1,800 poor girls to universities in total, yet years of heavy work and stress have taken their toll on Zhang Guimei. She suffers from more than 20 diseases, relying on a lot of medicine every day, and sometimes she feels so painful that she could only complain to her friends. However, she still has one wish that has not been fulfilled—her students can be admitted to Tsinghua University or Peking University. Perhaps this is also a motivation to support her in fighting so many illnesses.

A person devotes all of her energy to doing one thing—the thing that benefits others. This is already commendable! Let's pay our respects to Teacher Zhang Guimei, and hope that she can take care of her health and fulfill her unfinished wish!

例②[39]

The spirit of the "Iron Man"

Wang Jinxi (1927—1970) was a model worker in China's Daqing Oilfield. He was known as an "Iron Man" for his patriotic determination to share the nation's burdens and win honor for the people. He said, "I would rather give up 20 years of life to win China the production of oil on its land." To this end, Wang honed his skills in pursuit of excellence and did everything possible to achieve the impossible, believing that such achievements would stand the test of future generations. With the strength of an ox, he served the Party and the people wholeheartedly all his life. The spirit of the "Iron Man" epitomizes the spirit of the Daqing Oilfield, the mindset of China's working class, and the virtues of the Chinese people.

（二）宏大叙事

非虚构写作的宏大叙事指通过对广泛的主题和事件进行深入研究和叙述，揭示人类历史、社会发展、文化变迁等宏大议题的叙事形式。它超越了个人经历和日常事件，涉及更广阔的范围和更深层次的思考。宏大叙事可以包括对历史事件和时代变革的探索，以及对社会问题和全球议题的分析。例如，一部关于第二次世界大战的非虚构作品可以深入挖掘战争的原因、过程和影响，从多个角度展现当时的历史背景和人物故事。一本关于气候变化的非虚构作品则可以揭示全球变暖的原因、影响和解决方案，以及人类对自然环境的依赖和冲突。在宏大叙事中，作者通常会进行广泛的研究和调查，以确保所陈述的信息准确可靠。他们可能会采访相关的专家和目击者，收集和分析各种资料和数据，以构建一个全面而丰富的叙事框架。作者会运用故事化的手法，通过生动的描绘和细致的叙述，让读者能够更加深入地理解宏大议题的复杂性和多样性。

宏大叙事的目的在于通过对真实事件和现象的深入探索，让读者更好地认识和理解人类历史、社会现象和文化变迁。它可以激发读者的思考和反思，促使他们重新审视自己的价值观和生活方式。宏大叙事不仅有助于提高读者的知识水平，还能够帮助他们更好地理解和应对当代社会和全球面临的挑战。

---

39 China Keywords. The Spirit of the "Iron Man" [R/OL]. CICG, ACCWS, CATL, (2020-12-02) [2023-09-14]. http://www.china.org.cn/english/china_key_words/2020-09/30/content_76767482.htm.

在写好中国故事的过程中，非虚构写作的宏大叙事通过对主题和事件的深入研究和叙述，揭示人类历史、社会发展、文化变迁等宏大议题。它通过准确的信息和引人入胜的叙事方式，帮助读者认识和思考更广阔的世界，推动社会和个人的理解和进步。例3和例4分别描述了新冠疫情下的中国及其伟大的抗疫精神。

例3[40]

This is China, looking forward to a new decade.

This is also China, suffering from a sudden epidemic.

This is China, temporarily locking down one city for the safety of the whole country.

This is also China, determinedly using the strength of the whole country to save one city.

This is China, grieving all the deceased.

This is also China, saving lives at all costs.

This is China, we'd rather stay indoors for the safety of more people.

This is also China, they travel around for more people.

This is China, which has been questioned, vilified and smeared.

This is also China, which conveys goodwill, responsibility and confidence.

This is China, which had been hit hard by the cold winter.

This is also China, which has ushered in the rebirth of a warm spring.

No matter where, the 1.4 billion Chinese people are united for the safety of 9.6 million square kilometers of mountains and rivers.

No matter when, the 1.4 billion Chinese will walk through the rain together for the great rejuvenation of the whole Chinese nation.

例4

China's Great Spirit of Combating the COVID-19 Epidemic

President Xi Jinping summarized China's great spirit of combating the COVID-19 epidemic, which features putting people's lives first, nationwide solidarity, sacrifice, respecting science, and a sense of mission for humanity.

Putting people's lives above everything else is an enduring Chinese tradition. It also reflects the CPC's commitment to people-centered development.

Nationwide solidarity meant that all of China's 1.4 billion people, irrespective of their ethnicity, gender, age and occupation, plunged into the battle and became a formidable force against the epidemic.

40　用英文讲述中国抗疫的故事 [R/OL]. Leo 英式英语, (2020-12-02) [2023-09-14]. https://mp.weixin. qq.com/s/cxKtglLojGw-rmvwaad9Mw.

Showing great courage and risking their own lives to save others in the face of this dangerous virus embodies the Chinese people's indomitable will to overcome all difficulties.

Respecting science is the responsible attitude shown by the Chinese people toward disease control.

A sense of mission for humanity is embodied by the Chinese people's willing acceptance of responsibility for themselves and for all others around the world.

The spirit of combating COVID-19 is a manifestation of the longstanding culture of the Chinese nation. It is a continuation of patriotism and collectivism. At the meeting to commend the role models, Xi Jinping issued a call to promote this spirit throughout society, and transform it into tremendous strength to build a modern socialist country and achieve national rejuvenation.

A man without spirit cannot stand, and a country without spirit is not strong. Only when a nation can stand firm and steady in spirit can it stand firm in the tide of history. The struggle against difficulties is a struggle between material and spiritual. The great anti-epidemic spirit comes down in one continuous line with the idiosyncratic endowment and cultural gene formed by the Chinese nation for a long time. It is the inheritance and development of patriotism, collectivism and socialist spirit. It is a vivid interpretation of the Chinese spirit and enriches the connotation of the national spirit and the spirit of the times.

（三）文化历史叙事

非虚构写作的文化历史叙事是通过对文化和历史事件的深入研究和叙述，揭示人类文化的演变和历史进程的叙事形式。它关注人类社会的文化传承、价值观念、艺术创作等，以及相关事件对当时社会和后世产生的影响。在文化历史叙事中，作者通过研究文献资料、考古发现、艺术作品等多种来源，还原历史事件和文化现象的真实情况。他们可能会针对特定的时期、地域或主题，进行详尽的调查和分析，以展现人类文化的多样性和变迁。作者通过详实的描述、深入的分析和合理的论证，让读者能够更好地理解文化的背景、产生的原因，以及对社会和个人的影响。

文化历史叙事可以涵盖多个领域和主题，如艺术史、音乐史、文学史、哲学思想史等。通过对特定领域的深入研究，作者可以探索并展示该领域的重要事件、人物和作品，及其背后的文化和影响力。这样的叙事形式不仅可以加深读者对特定领域的了解，还能够启发他们思考文化的演变、历史的联系和人类的智慧。

文化历史叙事可以帮助人们更好地理解和珍视人类的文化遗产，传承和发展人类的智慧和创造力。它通过对过去的研究和反思，为当代社会提供了重要的参考和借鉴。同时，文化历史叙事也能够促进对文化多元性的尊重和理解，消除文化误解和偏见，构建一个更加和谐包容的社会。

在写好中国故事的过程中，非虚构写作的文化历史叙事通过对文化和历史事件的深入研究和叙述，揭示人类文化的演变和历史进程。它通过详实的描述和深入的分析，帮助读者更好地理解文化的背景、产生的原因和对人类的影响，同时也促进文化多元性和社会进步。例 5 和例 6 分别介绍了中国历史文化古迹兵马俑和瓷器。

例⑤[41]

Bing Ma Yong

There is a saying that you have not been to China if you have not visited the terracotta warriors (Bing Ma Yong). Located to the west of Xi'an, Bing Ma Yong is a collection of the tomb treasures of Qin Shihuang, the first Emperor of China. They were built by hundreds of thousands of men more than 2,000 years ago. Bing Ma Yong were a copy of Qin Shihuang's powerful army which conquered and unified the Six States. Each warrior was as big and vivid as a real soldier. The facial features, expressions and hairlines of the clay warriors were exact duplicates of real ones. Life-sized war chariots and horses were also made. This army of clay statues is as effective and strong as any real-life military force. When you visit Bing Ma Yong it will remind you of the glorious times of the Qin Dynasty.

例⑥[42]

Porcelain Ware

When processed correctly, a pile of soil can be turned into an exquisite artwork. Chinaware, Cí Qì, is a part of daily life in China. The surfaces are decorated with various exquisite patterns. Some are as thin as paper; some are as white as jade; some are as course as pottery; and some are as black as lacquer. This is an extraordinary piece of blue and white porcelain made in the 14th century. It was auctioned at more than 20 million pounds. It is the pride of Cí Qì. Cí Qì is still called "China" in English.

中国拥有悠久的历史和丰富的文化遗产，讲好中国故事有助于传承和弘扬中华民族的优秀传统文化，让更多的人了解中国的历史、人文和价值观。讲好中国故事是非虚构写作的历史使命[43]。通过非虚构写作，可以还原历史事件的真实面貌，呈现人物的真实形象，展示中国社会的发展变化和丰富多样的民俗风情。讲好中国故

41, 42　Hello China 100 集全（中英字幕）　你好！中国 [G/OL]. (2021-03-09) [2023-09-14]. https://www.bilibili.com/video/BV1iv411h7WT?p=50&vd_source=ff5c37956ec52efa3a273538d5b4d7ff.

43　孙珉，谢勇，韦李珍 . 浸入式体验：用非虚构叙事讲好中国故事 [J]. 当代传播，2018 (06): 100-103.

事的非虚构写作要求既注重事实的真实性和准确性，又要注重文化的传承和创新，注重叙述方式的生动和吸引力。借助非虚构写作，通过日常叙事、宏大叙事和文化历史叙事，进行生动的叙述、精准的事实描述和深入的文化分析，从而使读者更好地理解和感知中国的历史和文化，增进中外文化交流和理解，从而在国际传播中弘扬中国精神、凝聚中国力量、构建中国形象。

简 答 题

1. 不同主体进行国际传播的传播内容类别有何不同？

2. 如何结合传播内容在国际传播中进行跨文化交流？

3. 非虚构写作在写好中国故事中的作用是什么？

讨 论 题

在写好中国故事的过程中，为什么要使用生动的描写细节？

写 作 题

根据你对非虚构写作的理解，请试着用英语写出一个你熟知的中国故事，不少于 300 词。

第六章

国际传播的效果

学习目标

◇ 理解影响国际传播效果的因素

◇ 了解中国故事中的国际传播效果

◇ 了解接受美学与讲好中国故事

思考题 如何全面提升"中国话语"的国际传播效能？

单元导读

波洛曾指出，所有的传播行为都旨在引起特定的反应。国际传播是一种目的性较强的传播行为，既要在国际传播活动前做好预期管理和风险预判，也要在国际传播行为结束后进行效果评估与策略优化。因此，国际传播的效力提升需要从国际传播的效果入手。本章从影响国际传播效果的因素及测评方法两方面分析介绍，并提出从价值论角度而言，效果评估不是目的，而是工具。借助效果评估，服务国际传播大局、加强国际传播能力建设才是最终目的。

第一节　国际传播效果分析

在传播学中，传播效果指在对受众进行传播后能够对其认知、态度、行为产生的有效结果。国际传播是各国政府、社会组织、跨国公司等实现其目标的重要手段。国际传播的效果一般体现于国际传播主体的跨国信息传播行为所产生在国际受众身上的有效结果[1]。因此，了解国际传播的辐射范围、目标用户与受传方的文化背景、接受偏好等至关重要。

有学者把传播活动和行为对受众产生的效果表现分为三个层面：外部信息引起人们知识增量和认知结构的改变，是认知层面的效果；作用于人们的观念或价值体系而引起的情绪或感情的变化，是心理和态度层面的效果；通过人们言行表现出来的，是行动层面的效果[2]。目前，国内学者从不同维度提出对国际传播效果的评估，包括但不限于对主流媒体内容和网络传播进行分析以及对受众进行问卷调查分析。

1　李智．国际传播 [M]．北京：中国人民大学出版社，2016.

2　郭庆光．传播学教程 [M]．2 版．北京：中国人民大学出版社，2011.

但从方法论角度看，在大众媒介时代效果评估依托于传统的统计学，而在网络化时代，对"阅、播、转、评、赞"等数据的获取，则更多依靠大数据抓取技术和一些分析软件程序[3]。这样的统计学方法及其数据应用优缺点并存。尽管和其他统计学方法一样，其拥有可测量且能反复检验的优点，但数据造假也是容易发生的，而且也存在"奉数据理性主义和工具主义为圭臬"之方法论判断力危机[4]。因此国际传播力不应该被简单理解为绝对数量的优势，而应该是一个"质量综合"的结果产出。

一、国际传播效果的影响因素

一个具体的传播过程都是由传播者、媒介渠道、讯息载体、传播内容、传播技巧、传播对象等要素和环节构成的，每一要素或环节都会对传播效果产生重要的影响[5]，传播效果实际上是体现于不同的传播主体通过不同的传播媒介将特定的信息传播于受众，并引起受众认知、态度和行动的变化[6]。国际传播能力评估是国际传播能力建设中的重要一环。从理论层面讲，国际传播理论应当构建从战略构想到实地评估的完整理论框架，使整个理论体系更加科学完善、易于操作；从实践层面讲，科学合理的评估体系能够起到类似"目标考核"的作用，使国际传播建设"有据可依"[7]。本章将从传播主体、传播内容、传播媒介和传播对象等四个方面分析影响国际传播效果的主要因素。

（一）传播主体

国际传播的主体属性决定了其参与国际传播的程度，整合多元化的国际传播主体才能切实推进中国故事和中国声音的全球化表达、区域化表达、分众化表达，增强国际传播的亲和力和实效性。由于国际传播主体的多元化特质，政府、媒体、企业、非政府组织、公民等其国际传播内容的侧重点各不相同。即便属于同一类主体，也由于其内部的复杂性与构成的多样性而选择制定不同的国际传播方案。通常而言，更具"权威性"的国际传播主体能够取得覆盖面更广的预期效果，如中央广播电视总台在新冠疫情期间推出的《央视快评》《国际锐评》等评论栏目及时"追评"全球抗"疫"进展及涉华热点议题，既对后疫情时代国际国内经济社会发展态势进行

3, 4　姬德强, 朱泓宇. 传播效果研究：从单一测量模式向复合型评估模式转型 [J]. 青年记者, 2022 (13): 19.

5　郭庆光. 传播学教程 [M]. 2 版. 北京：中国人民大学出版社, 2011.

6　王丰. 新闻摄影的形象表现力及评价标准 [J]. 新闻传播, 2009 (06): 37.

7　刘佳. 国际战略视域下的中国国际传播能力建设评估体系研究 [J]. 中共中央党校（国家行政学院）学报, 2022, 26 (04): 102-110.

客观的研判，又能够有理、有力、有节地回击少数西方政客和媒体散布的"后真相"，达到了激浊扬清、正本清源的效果[8]。但公民个人由于其本身在社交媒体中具有更强的节点互动性，因此在"劝服效果"方面比在"提供信息"方面更有优势，近年来成为"沟通中外、连接世界"重要的后备民间力量。

（二）传播内容

优质内容仍然是当前国际传播的"硬通货"。纽约大学教授约瑟夫·克拉珀（Joseph T. Klapper）曾在 1960 年对传播效果进行了系统的总结，其中提到传播效果的产生会受到媒介本身的条件（信息源和内容组织）以及舆论环境等因素的影响[9]。考查传播内容的主题、观点、价值取向等信息内在因素是考查传播效果的一种基本方法[10]。国际传播的效果在内容上的成功体现在选题、观点呈现和情感表达等三个方面。其中，寻求情感的"最大公约数"是当前国际传播的秘钥，如在中国脱贫攻坚的国际传播中，将"共享发展"作为情感基点，在脱贫攻坚的国际传播中对焦中国经验的"可借鉴性"、中国方案的"可推广性"，挖掘中国扶贫模式在国际脱贫语境中的"可操作性"，具象化呈现专项扶贫、行业扶贫、社会医疗、援建扶贫等中国经验，借由多元化影像内容深度呈现中国脱贫的世界意义，并对发展中国家的扶贫建设从"粗放扶贫"走向"精准扶贫"，从个人申请走向政府牵头提供了重要的建设性启迪[11]。然而，故事讲述能力与国际发展地位不匹配、叙事内容与国际社会关切存在断裂、叙事方式偏离海外民众接受偏好、修辞元素缺乏国际化表达等瓶颈亟待突破，仍然需要中国在国际传播中持续优化"内容池"。

（三）传播渠道

国际传播的渠道建设是强化国际传播能力建设的重要维度。改革开放以来，我国国际传播历经数次转型，当前走到下一轮传播范式变革的重大关口。我国主流媒体应当重新审视国际传播 M2M（Media to Media，媒体对媒体）模式的局限性，走出传统思维困境，以重塑传播思维为先导，遵循贯彻用户思维、拓宽传播场景、强化自主可控的运作原则，推动国际传播的路径重构，综合运用自主传播、平台传播、

8　史安斌，刘长宇.后疫情时代国际一流新型主流媒体的指标体系构建：理论探究与实践探索 [J].电视研究，2021 (02): 12-16.

9　约瑟夫·克拉珀.大众传播的效果 [M].单波，柯泽，译.北京：中国传媒大学出版社，2016.

10　郭庆光.传播学教程 [M].2 版.北京：中国人民大学出版社，2011.

11　牛慧清，丁韬文.论中国脱贫攻坚纪录片国际传播的叙事逻辑 [J].现代传播（中国传媒大学学报），2022, 44 (03): 99-107.

聚合传播、合作传播、现场传播、产业传播、嵌入传播、人际传播等形态，全向延伸、多元布局，实现传播价值最大化[12]。

需要特别指出的是，对于面向海外建设自主可控的渠道平台、巧借海外社交平台实现"借船出海"等国际传播活动而言，国际传播的"平台化"转向不容忽视。一方面，我国国际媒体转型升级的过程中，"平台化"成为搭建国际传播数字基础的必由之路，流媒体平台、超级社交网络、海外跨境电商等加速了国际传播在数字虚拟空间的弥散，"新地球村"的成员间关系因"平台化"变得更加紧密。另一方面，加速的平台化创造了后疫情时代新的国际传播格局，尤其凸显了超级数字平台在全球信息流动、关系再造、文化生成和地缘关系中的主导性作用，以"全球平台传播"的载体进行国际传播。面对这一看似融合实则分化、看似多元实则集中、看似平等实则集权的国际传播新生态，中国的对外传播或国际传播需要超越媒体思维和对新兴数字平台的增量化及工具化认知，将视野投向全球的社会信息系统[13]。

（四）传播对象

学者胡正荣曾以"一国一策""精准传播"等概念指出了特定的国际传播对象需要在"国际用户 —— 跨文化信息"之间实现一种动态匹配，才能以精准的对象勾勒制定精准的内容策略，进而获得精准分发与精准反馈的国际传播实效[14]。

以"一带一路"倡议为例。"一带一路"虽作为发展中国家与发达国家的"大合唱"，但因传播对象的差异性，在国际传播策略上需要讲求实效性与精准性。如发展中国家与中国在政治经济上有较强的相似性和接近性，对发展中国家讲述中国脱贫攻坚的故事、中国改革反腐的故事、建设现代化经济体系的故事，更易于在借鉴"中国方案"中引发共鸣。而西方发达国家同中国在政治体制、意识形态和媒介体制等方面具有显著的差异。匈牙利、奥地利、瑞士等传统意义上的西方发达国家同中国签订"一带一路"协定主要出于经济考虑，因此有别于对发展中国家讲述中国故事的策略，"文化例外"成为对这些国家讲好中国故事的核心支点。此外，从中国提供国际公共产品、积极参与全球环境治理等维度讲中国故事，更利于改善其对中国的"刻板印象"与"思维定式"，增进国际社会对"中国式现代化"的价值认同[15]。

12　王峰，黄磊．万物皆媒时代的国际传播路径研究 [J]．对外传播，2022 (01): 18-22.

13　姬德强．平台化突围：我国国际媒体提升传播效能的路径选择 [J]．中国出版，2021 (16): 8-11.

14　胡正荣．国际传播的三个关键：全媒体·一国一策·精准化 [J]．对外传播，2017, (08): 10-11.

15　史慧琴，丁韬文，崔潇．提升讲好中国故事的实践效度——以"一带一路"为视角的观察 [J]．青年记者，2019 (36): 54-56.

二、国际传播效果的评估

党的二十大报告中，"加强国际传播能力建设，全面提升国际传播效能"为国际传播的效果评估指明了方向。如何减少国际传播中的信息"逆差"、纾解中西话语格局的体系"落差"？本节将从评估主体、评估范围、评估方法三个维度介入对当前国际传播的效果评估的学习，旨在引导学生在国际传播实践平台化、用户媒介使用移动化的过程中，突破以往认为国际传播的效果评估指标主要体现在议题设置、内容生成等传播指标的学习认知局限，引导学生更加全面地认识基于全媒体产品引领力、网络平台传播力和全球用户影响力的媒体集团国际传播能力评估模型 [16]。

（一）评估主体的拓展

国际传播的评估工作与评估国的政治体制、意识形态、宗教信仰、文化习俗、国际关系等密切相关。尽管官方评估在权威性、可信性、准确度等方面存在优势，但也正因为其自带的官方属性使得其在国际传播活动效果评估的过程中，受到政治倾向和文化基因影响，海外受众的防备与警惕、抵触与逆反、选择性告知等对官方部门掌握国际传播的实际效果造成评估的难度。因此，在境外开展的国际传播评估工作，通常交由作为第三方的高校研究机构、国际传播研究所、国家创新协同中心与智库等进行。

在当前国际传播出现"平台化"转向，以大数据分析机构、新媒体用户分析机构、市场研究机构、政府绩效评估机构为代表的第三方国际传播评估主体借助大数据、智能化、云计算、区块链、移动互联网等新兴的前沿技术对国际传播活动进行评估，在发挥好评估工作专业性优势、客观性优势的同时，也逐步确立起"第三方"评估机构的权威性优势。然而，尽管"第三方"评估机构在国际传播的效果评估方面一定程度上跳脱了政治利益链条从而彰显了其独立性优势，但国际传播效果的评估重点划分、评估模式的精准度提升、评估维度的平衡性考量、评估指标的融合性探索仍然需要在不断地研析中进一步创新与完善。

（二）评估体系的优化

国际传播学者刘燕南指出，国际传播是以国家战略目标为引擎的跨国传播，宏观上注重战略布局，微观上讲求方法与效果 [17]。当前有关国际传播的效果评估体

16　侯迎忠，玉昌林.智能时代的国际传播效果评估要素：研究回顾与趋势前瞻 [J]. 对外传播，2023 (01): 20-24.

17　刘燕南，刘双.国际传播效果评估指标体系构建：框架，方法与问题 [J]. 现代传播（中国传媒大学学报），2018, 40 (08): 9-14.

系大致可分为三种框架模式："软 - 硬实力型""受众 - 效果型""能力 - 效力型"。"软 - 硬实力型"将传播效果的测评分为"软指标"与"硬指标"，其中"软指标"主要涉及传播内容的可信度、传播信道的权威性、传播者队伍自身素质和舆论引导的有效性等质性指标，而"硬指标"则主要包括受传者数量、经费投入、机构设置、项目支出等更加数据化的量化指标[18]。然而在具体的评估过程中，倾向于"硬指标"的考评体系仍然局限了该考评体系的科学性，因此需要对"软 - 硬指标"效果测评进行补充与优化。"受众 - 效果型"考评体系则弱化对传播主体在国际传播的投入，将重点聚焦在传播对象上，通过对受众认知、态度、行为等方面的变化考查国际传播的效果，本质是一种受众调查。"能力 - 效力型"则将传播主体与传播对象共同纳入国际传播的考评体系中进行考查，将国际传播的能力建设与国际传播的实效反馈结合起来，因而成为部分第三方研究机构的常用模型。

需要特别指出的是，在传统媒体时代的国际传播评估体系中，国际传播效果的评估指标多以发行量、订阅量、视听率、转载量、引用率等数据组成。而在"平台化"已经嵌入国际传播格局的过程中，技术发展衍生的新型国际传播生态也需将关注量、粉丝量、阅读率、点赞量、转发量、评论数等新媒体使用数据纳入国际传播的考评体系，由此才能实现考评体系从单一的类型聚焦向更加复合型、融合化、全方位的多维考评体系升维转化。

（三）评估方法的创新

国际传播效果的评估方法与测量方法需要在传播学传统的实证研究中汲取经验、创新路径。受众调查法与内容分析法是国际传播效果研究路径创新的主要方式。美国全球传媒署的国际传播效果评估从本质而言，仍然是实证研究中的受众调查法。但因其涉及信任度、理解度、引导力、针对所谓"极端"与"暴力"国家的传播力、针对所谓"政府系统性散布假消息"国家的传播力、受众分享度、促进受众理解美国社会的效果、促进受众理解美国外交政策的效果、提供独家新闻和信息的效果（独特性）、在目标国增进受众理解当地时事的效果、在目标国提供当地独家新闻和信息的效果等 30 余项测评指标[19]，就国际传播效果评估而言，美国全球传媒署的影响力模型（Impact Model）对于国际传播的科学决策、方案制定仍起到了重要的基础性参考作用。

---

18 柯惠新，陈旭辉，李海春，田卉. 对外传播效果评估体系的框架研究，全国第一届对外传播理论研讨会论文集 [C]. 北京：中国传媒大学出版社，2009: 375-391.

19 李宇. 国际传播效果评估的数据驱动与受众调查——以美国全球传媒署为例 [J]. 现代视听，2022 (07): 84-88.

内容分析法因其文本内容的有限性和易获性、编码的可行性、受测对象的抽样化等特征，多用于对国际传播的出版物、视听作品等的效果测评，进而实现对不同阶段内容的横纵向比较、国际传播内容与传播者创作意图及其传播倾向的分析，并对海外受众群体进行画像勾勒和接收偏好描述等。但随着越来越多的国际传播行为首先在油管、推特、脸书等海外社交媒体中掀起舆论热度，国际传播的效果测评也将大数据技术与内容分析更加紧密地结合起来，国际传播的效果评估因此也有了更为海量的样本集合、更为丰富的编码分类、更为全面的解释描述。通过不断完善效果评估的指标设置、不断探索效果评估的优化路径，国际传播的效果评估才能切实为国际传播的大局规划和业务进化发挥更加科学的反馈作用与建设作用。

第二节　中国故事中的国际传播效果

一、案例 1：中国古装电视剧《长月烬明》走出国门

（一）故事背景

传播内容是国际传播效果的关键因素之一。好的传播内容能够引起受众的兴趣，增强信息的可传递性和可接受性，从而提升传播效果。电视剧是通过影像和语言等形式，将某种信息或故事情节表现出来并传递给观众的一种艺术形式。通过电视剧，观众可以了解不同的文化、思想、生活方式等，从而促进跨文化交流和理解。同时，电视剧也可以通过对社会现象的反映和批判，引导公众关注社会问题、反思价值观，具有一定的社会意义。

由白鹿和罗云熙主演的奇幻仙侠剧《长月烬明》受到观众一致好评，IMDb 评分 9.1。根据藤萝为枝的小说《黑月光拿稳 BE 剧本》改编而来的《长月烬明》讲述了一个三生三世的故事：男女主角势不两立，一个是魔，一个是神，女主为拯救苍生，穿越回五百年前，化身为男主的夫人，改变男主宿命，他们的神魔身份，随着剧情发展不断变换。

据数据显示，《长月烬明》开播后迅速成为热度值最快破万的剧集，在播出期间站内热度连续 30 天破万，是优酷网络剧三年来播放量 TOP 1，打破优酷移动端观看人数、用户拉新、会员收入等多个首播纪录。该剧也成为 2023 年优酷大剧招商客户数 TOP 1，微博热搜榜累计超过 3 200 个，抖音剧集榜连续 32 天断层 TOP 1，热度值破 1.2 亿，创剧集历史新高 [20]。该剧的海外版 *Till the End of the Moon* 同样获得观众的

20　长月烬明全网主要成绩记录贴 [Z/OL]. 豆瓣，(2023-04-09) [2023-09-14]. https://www.douban. com/group/topic/ 286441761/?_i= 7054994GYnWgFm,7055184Gql3Tq1.

热烈追捧，热播期间登顶北美、泰国、越南、新加坡等国家和地区的海外播出平台，该剧的宣传海报更是登临美国纽约时代广场、日本新宿以及韩国梨泰院等多国的广告大屏。

从对传统文化的经典致敬到实现扬帆出海的国际传播，《长月烬明》用仙侠的"瓶"装上文化的"酒"，在文化的内生动力中促成了剧集的广泛传播。

（二）故事内容 [21]

Till the End of the Moon, starring Luo Yunxi and Bai Lu, premiered on streaming platform Youku in early April. Since its release, the show has become a trending topic on Chinese social media and sparked discussions about its artistic portrayal of Chinese mythology and cultural heritage. Based on images in the ancient murals, the drama's makeup, costume design and settings feature a distinctive and gorgeous Dunhuang style. The series has also been broadcast in many other countries, sparking an enthusiasm for Chinese culture among foreign viewers.

由罗云熙和白鹿主演的《长月烬明》于4月初在媒体平台优酷首播。自上映以来，该剧已成为中国社交媒体上的热门话题，并引发了人们对中国神话和文化遗产的艺术刻画的讨论。该剧以古代壁画中的图像为基础，在妆容、服装设计和布景上都有着独特而华丽的敦煌风格。该剧也在许多其他国家播出，激发了外国观众对中国文化的热情。

The series centers on an immortal who travels 500 years back in time to prevent the rise of the demon god's dark power. Instead, they fall in love with each other and the doomed romance lasts across three lifetimes.

该剧讲述了一个穿越到500年前阻止魔神黑暗力量崛起的仙神的故事，但他们相爱了，命中注定的缘分跨越了三生三世。

Elements such as the flying Apsaras and mural patterns from the Mogao Caves, the vibrant colors of the unique landscape of the Danxia landform, and Yingluo accessories, which originated from cultural exchanges along the ancient Silk Road, have all contributed to the show's appeal.

莫高窟的飞天和壁画图案、丹霞地貌独特景观的鲜艳色彩、源于古丝绸之路文化交流的璎珞饰品等元素，都为该剧的吸引力做出了贡献。

21　《长月烬明》火到国外，看完中国神仙谈恋爱，外国网友说…… [N/OL]. 21世纪英文报，(2023-05-09) [2023-09-14]. https://mp.weixin.qq.com/s/j7bp2CIgdGrhrvxDjHEK0Q.

These cultural elements also play an important role in advancing the show's narrative. For example, the story draws inspiration from the Shibi Jataka grotto in Mogao Grottoes No. 254, which depicts a previous incarnation of Sakyamuni as King Shibi, who offered his flesh to save a pigeon from a falcon.

这些文化元素在推进该剧的叙事方面也发挥着重要作用。例如，这个故事的灵感来源于莫高窟第 254 号的尸毗窟，该窟描绘了释迦牟尼的前世化身尸毗王用自己的肉体从猎鹰手中救了一只鸽子。

（三）故事分析

1. 神话中的东方意蕴，卓著传播效果的文化载体

在富有东方美学气质的视觉效果基础上，《长月烬明》在叙事和价值层面契合中华传统文化，以国风美学树立起大众的文化自信。以仙侠为题，《长月烬明》的玄幻世界构建基于中国古典神话元素和价值体系。脱胎于《山海经》《庄子》等 "昆仑" "大荒" 的世界观基底，剧集构建了一个充满东方神韵的仙侠世界。开篇的魔神以龙驭车、御风破云的登场场景源于《楚辞》 "龙驾兮帝服，聊翱游兮周章" 的灵感。屈原在《九歌》中的这段极尽华丽辞藻的描写呈现出雍容华贵的景象。无论是以三足金乌、玄鸟等典型意象建立起的东方神秘感，还是借鉴商周青铜器、古典乐器等造型而设计的各类兵器，《长月烬明》在古典文化的滋养下构建出一个极具中国意象的仙侠世界。

中国古典名著和渊远流长的历史文化本就是一座取之不尽的文化宝库，剧集在创作中有意识地在这些颇有奇幻色彩的文学名著中择取关键意象，其本意是对中华传统文化的景仰与尊重，试图以一种新视听的正统国风剧彰显中华文化的深厚魅力。该剧之所以能得到国内外观众的广泛关注，离不开其承载的古典文化元素。由此可见传播内容对传播效果的重大影响，通过有效的传播，可以让更多海外观众了解中国文化内涵，进而推动文化传承。

2. 敦煌元素的东方美学赋能国际传播效果

中国传媒大学戏剧影视学院副教授陆嘉宁在《中国艺术报》发表评论称，问及《长月烬明》给观众留下的第一印象，最普遍的回答是色彩[22]。主创者们亲赴敦煌寻找灵感，将仙侠人物打造成造型别致、衣带翩跹的飞天造型，美轮美奂。

同以往仙侠剧中主角的白衣出尘不同，该剧主打服化道创新，全员敦煌造型扮相，从服化道到特效呈现均采用古典神话风和敦煌文化审美，并配以质感不俗的特

---

22 仙侠剧《长月烬明》：敦煌异彩 东方神话 [N/OL]. 中国艺术报，(2023-04-19) [2023-09-14] https://baijiahao.baidu.com/s?id=1763575939530919645&wfr=spider&for=pc.

效，让人眼前一亮，其中的古典配色和东方韵味令这部剧在海外圈粉大量观众。该剧空间场景借鉴古丝绸之路人文地理景观、莫高窟壁画、张掖雅丹地貌等，浓郁的中华古西域风情被糅入奔放的架空幻想之中，与唐宋建筑、江南风光并置，神、人、魔、妖四界视觉设计对比鲜明。该剧在视觉和道具设计上也尝试走"仙侠史诗"路线，日月水土等元素图腾崇拜、十二地支等理念悉数被运用于剧中十二古神角色及招数设计，剧本还直接引用了尸毗王割肉救鸽的神话故事，这也是在敦煌壁画中出现过的画面。

该剧在制作层面对中华文化的尊重与爱惜，是其能够展现出绚丽效果的关键因素。而这种对文化的尊重，令剧集不只在国内引发了观众的热切期待，还走出国门，以软着陆的方式实现了文化的国际传播。在"观看"之外，不少海外观众还主动以Cosplay的方式扮演《长月烬明》中的角色，感受中华传统服饰和文化带来的深厚文化内涵，在"体验"中实现真正意义上的文化国际传播，让"讲好中国故事"的顶层设计通过一部有现代视听美学意义的仙侠剧集深入海外观众之心。《长月烬明》目前已发行至海外20多家主流电视台及新媒体平台，播出期间在北美、泰国、越南、新加坡等国家和地区的海外播出平台播放量均位居榜首，如此骄人的成绩正是优质传播内容取得显著传播效果的体现。

二、案例2：中国在联合国大会上做出"双碳目标"承诺

（一）故事背景

第七十五届联合国大会于2020年9月15日在联合国总部开幕。往年各国元首和高层领导都会在联大期间齐聚纽约，参加各个级别和专题的会议和研讨。受新冠疫情的影响，此次联大无法像往常一样正常召开。联合国秘书长古特雷斯曾建议，全球领导人可以以视频形式"云"出席大会。

传播媒介是传播内容得以传播的重要工具，对于传播效果有着至关重要的影响。不同的传播媒介拥有不同的传播范围，电视、广播等传统媒介在信息传递方面具有广泛覆盖面，可以将信息传递给更多的受众；而互联网等新媒体则更具有时效性和针对性，可以更好地满足受众个性化、即时化的需求。联合国大会采用多种语言和方式进行国际传播。

2020年9月22日，在第七十五届联合国大会一般性辩论上，国家主席习近平向全世界郑重宣布——中国"二氧化碳排放力争于2030年前达到峰值，努力争取2060年前实现碳中和"[23]，这一郑重承诺迅速传遍世界。海外舆论认为这是中国

---

23 习近平在第七十五届联合国大会一般性辩论上的讲话（全文）[EB/OL]. 中国人民政治协商会议全国委员会, (2020-09-23) [2023-09-14]. http://www.cppcc.gov.cn/zxww/2020/09/23/ARTI1600819264410115.shtml?eqid=b7c916160005c0f600000006646143c7.

应对气候变化的重要一步，必将对全球气候治理产生变革性影响。"实现这个目标，中国需要付出极其艰巨的努力。"考量今日中国的世界角色，习近平主席坚定表示："我们认为，只要是对全人类有益的事情，中国就应该义不容辞地做，并且做好。"[24]实现碳达峰、碳中和是一场硬仗，也是对我党治国理政能力的一场大考。锚定目标，一步一个脚印往前走。这是中国共产党人的鲜明风格，也是中国留给世界的深刻印象[25]。中国做出"双碳目标"承诺的举动展现了负责任大国的担当，这为提升中国国家形象提供了契机，基于互联网的传播增强了中国环保形象的传播效果。

（二）故事内容[26]

Bringing China's carbon dioxide emissions to a peak before 2030 will undoubtedly be difficult. China will achieve the largest reduction in carbon emissions of any country in the world and reach its carbon peak and carbon neutrality in the shortest time in global history. Curb excessive development involving high-energy-consuming and high-carbon-emitting projects through policy measures. Maintain stable and healthy economic and social development during this process and constitute a "1+N" policy framework, timetable, roadmap, and blueprint for achieving China's dual carbon goals.

中国提出 2030 年前实现碳达峰是场硬仗。中国将完成全球最高碳排放强度降幅，用全球历史上最短的时间实现从碳达峰到碳中和。通过政策手段遏制高耗能高排放项目盲目发展，在这一过程中保持经济社会平稳健康发展，形成中国碳达峰碳中和的"1+N"政策体系和时间表、路线图、施工图。

Issuing the *Working Guidance for Carbon Dioxide Peaking and Carbon Neutrality in Full and Faithful Implementation of the New Development Philosophy*, promulgate implementation plans for key fields, such as energy, production, construction, and transportation, as well as key industries, such as electricity, steel, cement, petrochemicals, and chemicals, along with technological, taxation, and financial safeguard measures.

发布《关于完整准确全面贯彻新发展理念做好碳达峰碳中和工作的意见》，出台能源、工业、建筑、交通等重点领域和电力、钢铁、水泥、石化、化工等重点行业的实施方案以及科技、财税、金融等保障措施[27]。

24 刘世昕，张国，胡春艳，等.现代化新征程的美丽之变 [N]. 中国青年报，2022-10-22 (004).

25 碳中和愿景下我国能源转型五大路径 [J]. 中国石油企业，2022 (07): 32-33.

26 双语｜实现"双碳"目标是一场广泛而深刻的变革 [J/OL]. 理论 ABC，(2022-07-14) [2023-09-14]. https://mp.weixin. qq.com/s/eHfa_mfBMAY9VjCmsZ_eaw.

27 王金南，蔡博峰.打好碳达峰碳中和这场硬仗 [J]. 中国信息化，2022 (06): 5-8.

Take measures to achieve the dual carbon goals. Supply clean and low-carbon energy. Increase the proportion of electricity in end-use energy. Strictly control and gradually reduce coal consumption. Endeavor to reduce the carbon emissions, increase the flexibility, and transform the heating methods of coal-based power generation. Develop solar, silicon, hydrogen, and renewable energies. Build a new electric power system dominated by new energy sources as well as clean, low-carbon, safe, and efficient energy. Continue to promote energy conservation in key areas, such as industry, construction, and transportation. Promote the in-depth integration of emerging technologies, such as the Internet, big data, artificial intelligence and 5G, with green and low-carbon industry. Establish systems for reducing total energy consumption and energy intensity. Improve the national carbon market. Take part and lead in global climate governance and adopt a positive attitude toward participating in global climate negotiations and the formulation of international rules. Increase supplies of green and low-carbon products. Advocate simple, moderate, green, low-carbon, socially conscious, and healthy lifestyles.

多措并举完成"双碳"目标，能源供给清洁低碳化，终端用能电气化，严格控制并逐步减少煤炭消费，推动煤电"三改联动"（节能降碳改造、灵活性改造、供热改造），发展光能源、硅能源、氢能源、可再生能源，构建以新能源为主体的新型电力系统和清洁低碳安全高效的能源体系，持续推进工业、建筑、交通等重点领域节能，推动互联网、大数据、人工智能、第五代移动通信（5G）等新兴技术与绿色低碳产业深度融合，建立碳排放总量和强度"双控"制度，完善全国碳市场建设，积极参与和引领全球气候治理，以更积极的姿态参与全球气候谈判和国际规则制定，扩大绿色低碳产品供给，倡导简约适度、绿色低碳、文明健康的生活方式。

（三）故事分析

1. 传播媒介影响传播效果

联合国大会具有强大的传播平台和渠道。联合国大会举办各种高层会议、峰会和论坛，是全球各国政府、社会组织、企业等机构进行对话、交流和合作的重要平台。除此之外，联合国大会还设立了新闻中心、官方网站等多种官方渠道，为全球公众提供了灵活多样、渠道广泛的信息获取方式。

中国作为世界上人口最多、排放量最大的国家之一，其在环保方面的进展对于全球环保事业都有至关重要的意义。通过实现双碳目标，中国将成为全球减排和环保事业的重要推动者，得到国际社会的认可和赞许。全球公众对中国环保形象的认知将会大幅度提升，中国也将会成为一个更加具有责任感和国际影响力的环保大国。联合国大会作为传播媒介的形式之一，可为构筑积极的国家形象赋能，从而优化中国故事内容的传播效果。

2. 联合国大会赋能中国国家形象的传播

实现双碳目标需要科技的大量创新和突破，中国拥有庞大而优秀的科技队伍，拥有世界上领先的新能源科技水平，在实现双碳目标的过程中一定能够发挥自己的优势。通过传播媒介的支持，中国的科技形象将会得到提升，国际社会将会认识到中国在环保和科技方面的重大贡献和成就，从而增强中国在国际上的影响力和地位。此外，中国拥有悠久的历史和灿烂的文化，是一个充满魅力和吸引力的国家。其中，中国的儒家思想等优秀传统文化，将会为双碳目标的实现提供重要的思想支持和精神动力。同时，在实现双碳目标的过程中，中国文化将会在国际上得到更加广泛和深入的传播，增加中国在国际社会中的软实力影响。联合国大会由全球 193 个会员国组成，是最具代表性和权威性的国际组织之一。作为如此重要的国际平台，通过其发表的官方声明和文件，对国际社会和各国政府具有重大影响力，能够引领全球关注的议题和热点问题。

三、案例3：第六届中国国际进口博览会

（一）故事背景[28]

2024 年 1 月 9 日，《第六届中国国际进口博览会传播影响力报告》正式发布。作为世界上第一个以进口为主题的国家级展会，进博会自举办以来积极联通中国和世界，国际采购、投资促进、人文交流、开放合作四大平台作用不断增强。该报告系统评估了本届进博会的关注度，全方位展现了第六届进博会的传播力，亦可作为了解中国故事国际传播效果的窗口。

第六届中国国际进口博览会于 2023 年 11 月 5 日至 10 日在国家会展中心（上海）举行，主题为"新时代共享未来"。本届进博会吸引了 154 个国家、地区和国际组织的来宾。超过 3 400 家参展商和近 41 万名专业观众注册报名。与往届相比，今年进博会参展的世界 500 强、行业龙头企业以及创新型中小企业数量均为历届之最，彰显这一中国对外开放的大平台为全球经贸发展带来的可贵确定性。在世界经济面临诸多挑战的背景下，这一在新冠疫情后首次全面恢复线下举办的全球经贸盛会，再次向世界释放出中国持续推进高水平对外开放、与各国共享发展机遇的强烈讯息。

28　CBN|6th CIIE kicks off in Shanghai [EB/OL]. 21 经济网，(2023-11-06) [2024-01-27]. https://www.21jingji.com/article/20231106/herald/e3c6ff13afffc5b4ec27605a8bda1ac6.html.

（二）故事内容 [29]

At the opening ceremony of the 6th China International Import Expo, Chinese Premier Li Qiang shared three "CIIE stories" with Chinese and foreign guests. These three stories mean that the CIIE is not only a concentrated exhibition of global good products, but also a platform for dialogue and cooperation as well as a catalyst for the transformation and landing of achievements.

在第六届中国国际进口博览会的开幕式上，李强总理同中外嘉宾分享了三个"进博故事"。这三个故事意味着进博会不仅仅是全球好物集中展示的博览会，更是对话与合作的平台和成果转化落地的催化剂。

The 6th China International Import Expo received nearly 40,000 reports from overseas media, reaching nearly 1.2 billion overseas audiences in nearly 100 countries and regions. In the media of Hong Kong SAR, Macao SAR, and Taiwan region, Hong Kong *Ta Kung Pao*, *Macao Daily News*, Taiwan United News Network and other media actively reported.

本届进博会相关境外媒体报道信息近4万条，触达近100个国家和地区的近12亿海外受众。港澳台地区媒体中，香港《大公报》、《澳门日报》、台湾联合新闻网等媒体积极报道。

Among foreign media, the Associated Press, Bloomberg, Reuters, Agence France Presse, Deutsche Presse-Agentur News Agency, Russia News Agency, Russia Satellite News Agency, Japan Kyodo News Agency, Yonhap News Agency, Ansa News Agency of Italy, Antara News Agency of Indonesia, the British Financial Times, Japan's *Industrial Economy News*, *Lianhe Zaobao* of Singapore and other media pay high attention.

国外媒体中，美联社、彭博社、路透社、法新社、德新社、俄新社、俄罗斯卫星通讯社、日本共同通信社、韩联社、意大利安莎社、印尼安塔拉通讯社、英国金融时报、日本《产经新闻》、新加坡《联合早报》等媒体高频关注。

From a national perspective, the United States and Japan have a high level of attention to the 6th China International Import Expo, ranking first and second in the total amount of information disseminated overseas; The Philippines, Brazil, and France also have a relatively high amount of information, ranking third to fifth in the total amount of information disseminated overseas.

29　一图尽览|《第六届进博会传播影响力报告》[EB/OL]. 中国国际进口博览会, (2024-01-09) [2024-01-27]. https://mp.weixin.qq.com/s/UTSs19AA4Ddpp6PN-mYFGw.

从国别看，美国、日本对第六届进博会的关注度较高，在境外传播信息总量中占比分列一、二位；菲律宾、巴西、法国的信息量亦较高，在境外传播信息总量中位居三至五名。

The global promotion activities of the 6th CIIE have been carried out in multiple countries, covering more than 30 countries and regions across five continents, promoting an increase in overseas dissemination. During the exhibition, the overseas broadcast volume reached its peak.

第六届进博会全球推介活动在多国相继开展，足迹遍布五大洲 30 多个国家和地区，推动海外传播热度升高。展会期间，境外传播量达到峰值。

Newspapers, television, outdoor advertising and other channels further expanded the international promotion coverage of the CIIE. During the global promotion event of the CIIE, outdoor large screens and electronic screens of rail transit systems in multiple places such as the United States, France, the United Kingdom, and New Zealand published CIIE promotional posters and videos, covering over 46 million people, effectively expanding the overseas exposure of the CIIE.

报纸、电视、户外广告等渠道进一步扩大进博会国际宣传覆盖面。进博会全球推介活动期间，美国、法国、英国、新西兰等多地户外大屏以及轨交系统电子屏刊发进博会宣介海报和视频，覆盖超 4 600 万人次，有效扩大进博会海外曝光量。

Six major overseas social media platforms, including Facebook, X, LinkedIn, Instagram, YouTube, and TikTok, have published over 5,400 official overseas promotional pages, with a dissemination volume of over 103 million times, with a total interaction volume exceeding 3.57 million times.

六大海外社交媒体平台，包括 Facebook、X、LinkedIn、Instagram、YouTube、TikTok 共 12 个官方海外宣传页面发布信息超过 5 400 条，传播量超 1.03 亿次，互动总量超 357 万次。

（三）故事分析

1. 媒体曝光率

在中国故事的国际传播效果中，媒体曝光率是一个重要的指标，它可以反映出中国故事在公众视野中的曝光度和影响力。通过对各种媒介平台上中国故事的曝光率进行测量和分析，可以了解中国故事在不同媒介平台上的传播效果。

通过对媒体曝光情况的数据进行分析可以得出以下结论：其一，第六届中国国际进口博览会在国际媒体上获得了广泛的关注。截至目前，本届进博会已经触达了全球近 100 个国家和地区超 12 亿的海外受众，其中包括发达国家和发展中国家。相关报道围绕"中国市场""高水平开放""合作共赢"等关键词展开，海外众多媒体表达看好中国市场的信心，这对促进中国经济和推广中国文化起到了积极作用。其二，中国进博会相关信息的传播渠道愈发多元化。除了传统的新闻报刊，户外广告如户外大屏和轨交系统电子屏发布的宣传海报和视频触达了超 4 000 万受众；此外，本届进博会在社交平台如 Facebook、Instagram 和 TikTok 的官方账号发布的海外宣传信息超五千条，传播量过亿，极大地提高了本届进博会的影响力。

2. 叙事方式

在此次进博会的开幕式上，李强总理同中外嘉宾分享了 3 个具体的"进博故事"[30]。2018 年，一家美国精油企业带着试水的想法参加了进博会，却意外地获得了总计 3.8 亿元的订单。随后，该企业的采购金额不断攀升，最终达到了 10 亿元。2020 年，一个来自阿富汗的小伙子首次参加进博会，他展示了自己纯手工制作的羊毛地毯，吸引了众多买家的关注，最终收到了 2 000 张订单，这使得成千上万个阿富汗家庭的生计得以改善。2022 年，一家日本制药公司带着治疗消化系统罕见病的新药参加了进博会。仅仅几个月时间，这种药物就成功进入了博鳌的医疗机构，为患者提供了更好的治疗选择。由此可见，在中国故事的叙事方式上，我们更加注重"以小见大"来增强故事的可信度和说服力，以更具温度的内容增强故事的感染力，从而提升故事的传播效果。

第三节　接受美学与讲好中国故事

一、接受美学与读者意识

在国际传播中，特别是翻译传播，接受美学是一个重要而有意义的概念。它涉及如何以观众为中心，使翻译传播内容更易于被接受、欣赏和理解。而对于讲好中国故事来说，这是一项关键任务，因为它不仅能够促进对中国文化的理解，还可以加强中国作为一个国家的国际形象。因此，本节将探讨接受美学和读者意识在讲好中国故事中的应用和意义。

30　李强出席进博会开幕式并演讲，说了 3 个故事 [EB/OL]. 凤凰网，(2023-11-05) [2024-01-27]. https://ent.ifeng.com/c/8USfpaIKuV1.

（一）接受美学和国际传播效果

1.接受美学基本概念与重要原理

接受美学是一门研究观众如何接受和理解传播内容的学科，它关注的是观察和分析观众对传播媒体的感知、理解和评价过程。这一学科致力于深入了解观众的主观体验，以便调整传播形式和表达方式，更好地迎合观众的口味和认知特点。早在 1967 年，德国康茨坦斯大学教授汉斯·罗伯特·姚斯在《文学史作为向文学理论的挑战》一文中提出了接受美学理论。姚斯认为，一部作品，即使印成书，在读者没有阅读之前，也只是半成品 [31]。这是因为"读者在阅读时常常通过发挥自身的想象力'填补空白、连接空缺，并否定，以确定新视界'，实现文本的意义传达和审美价值"。[32] 在作者、文本、读者三者的关系中，读者是文本阐释中心，文本只有通过读者才能进入连续的变化的经验视野之内，实现审美价值和历史意义；没有读者的接受，文本的价值只是"可能的存在"，只有通过读者的阅读，文本才能被赋予生命，成为"现实的存在"。[33]

在接受美学的理论体系中，有两个概念是非常重要的，并对以国际传播为目标的中国故事的创作有重要的指导意义。一个是"期待视界"，另一个是"第一和第二文本"。接受美学认为，受众在接触文本时会从自身原有的审美"期待视界"出发，在与文本的直接接触、碰撞中对文本进行重构，如果欣赏感受与其"期待视界"完全吻合，受众便会感到文本缺乏新鲜感而导致探究动力不足。相反，文本如果适度超出受众的"期待视界"，便会激发起受众的欣赏"期待"[34]。从国际传播的角度看，传播受众在阅读传播内容之前已经有了"原认知"，并在此基础上对阅读内容产生一定的期待。如果阅读效果超出"期待"太多，或是达不到"期待"，传播效果则可以被认定不理想。反之，如果阅读效果适当超出"期待"，读者的兴趣将大大提高，传播效果可以被认定有效。由此可见，"期待视界"是指导写好国际传播内容的重要标准。对现实受众的接受期待在契合的基础上实现适度超越，进一步修正并拓宽其原有的"期待视界"，才更有利于我国跨文化国际传播。

接受美学将文本区别为"第一文本"和"第二文本"。"第一文本"是作家和艺术家创作完成的，未与受众接触的文本。"第二文本"则是与读者发生直接联系，作为审美对象的文本。二者之间的区别在于是否与读者产生相互作用关系，"第一

---

31 Jauss H R. Toward an Aesthetic of Reception [M]. Minneapolis: University of Minnesote Press, 1982.

32 胡经之，王岳川.文艺美学方法论 [M].北京：北京大学出版社，1994.

33 张琳.接受美学视域下短视频如何"讲好中国故事"[J].青年记者，2020 (29): 73-74.

34 朱立元.接受美学导论 [M].合肥：安徽教育出版社，2004.

文本"只有转换为"第二文本"才能实现丰富多元的意义，这一转换的关键则是真正意义上的受众[35]。在文化的对外传播中，如果没有真正意义上的受众，不考虑受众的接受心理和审美倾向，蕴含了丰沛的文本意义和符号价值的文化传播只能获得中国受众的接受，无法被国外受众理解，那么国际传播的效果将无从谈起。

2. 接受美学在国际传播中的作用

国际传播效果是衡量国际传播活动影响力和效果的指标，是评估国际传播活动成功与否、达到目标与否的重要标准。作为一种文学理论，接受美学不仅仅适用于文学创作领域，也适用于其他领域，其中就包括国际传播领域。国际传播效果和接受美学存在密切的关系。国际传播效果是衡量国际传播活动影响力和效果的指标，而接受美学则通过美学的手段影响和吸引受众。

首先，接受美学是国际传播中一种重要的传播策略。通过运用吸引人的美学元素，如优美的视觉呈现、感人的故事情节、动人的音乐等，国际传播可以更好地引起受众的注意和兴趣。接受美学可以帮助打破语言和文化的障碍，让信息更容易被理解和接受，从而增强国际传播的效果。

其次，接受美学对讲好中国故事尤为重要。中国故事是中国文化的重要组成部分，通过讲好中国故事，可以向世界传递中国的价值观、历史、传统和当代文化特色。接受美学的运用可以使中国故事更具吸引力和说服力，帮助国际受众更好地理解和接受中国文化，加深彼此的跨文化交流和理解。

最后，国际传播效果和接受美学相互促进。接受美学可以提高国际传播的吸引力和影响力，进而带来更好的传播效果。同时，国际传播效果的评估和分析也可以为接受美学的应用提供反馈和指导，使其更符合受众的需求和期望。

（二）读者意识与国际传播效果的影响

1. 读者意识的概念和意义

在国际传播背景下，读者意识是指传播者在传播过程中对受众的需求、兴趣、背景和文化差异的敏感性和认知。它强调了传播者要充分了解和理解受众群体，以便根据其特定的文化和社会背景，提供符合他们兴趣和需要的信息和故事。以《红星照耀中国》为例，埃德加·斯诺向当时的西方读者报道了在中国西北革命根据地进行实地采访的所见所闻，从多个方面展示中国共产党为民族解放而艰苦奋斗和牺牲奉献的精神，瓦解了种种歪曲、丑化共产党的谣言。斯诺充分考虑了西方读者的背景、价值观、期望和需求。调整写作的内容和形式，以确保这部作品的传播效果。读者不是斯诺，在很多问题上不如他清楚，因此作者会稍作说明。比如斯诺在

35　张琳. 接受美学视域下短视频如何"讲好中国故事"[J]. 青年记者，2020 (29): 73-74.

说明渭河流域的一些时间时，不会直接采用中国的纪年方式，而是使用 "Confucius' ancestors"（孔子的祖先）这一说法，并在脚注中说明 "During 3000 B.C.E.—551 B.C.E."（公元前 3000 年至公元前 551 年）[36]。

当有需要分析接受美学与国际传播效果的关系时，从读者意识的角度出发非常重要。首先，了解读者意识对于国际传播效果至关重要。不同国家和文化背景的人对于信息的接受和解读方式可能存在差异。知道读者的文化特点、教育背景、经验和价值观等，能帮助我们明确传播的目的和内容需求。例如，如果目标读者对中国文化有一定了解，可以选择更深入的话题满足他们的兴趣。而对于不熟悉中国文化的读者，可以通过简明扼要、易于理解的方式引导他们对中国故事的理解。

其次，读者意识对于讲好中国故事尤为重要。中国故事的多样性和复杂性使得了解读者意识成为必要的前提。了解目标读者的文化背景和审美价值观，可以帮助以国际传播为目的的作者在故事创作中更好地融入各种文化元素、情感共鸣和视觉效果。通过调整故事的表达方式、情节设置以及角色刻画，使作品更符合目标读者的预期和需求，这样才能够提升故事的吸引力和影响力。

2. 读者意识对国际传播效果的影响

从读者意识的角度进行创作可以帮助作者更深入了解受众的需求和期望。通过研究和调查，能够了解受众的兴趣爱好、价值观念、知识水平等，以便提供他们感兴趣和关注的内容。在以国际传播为目的的作品中，作者应该具备的读者意识要求他们尊重受众的文化差异，理解他们独特的观点和立场。通过适应受众的文化价值观念，传播者能更好地与受众建立联系，提高传播效果。

为了确保国际传播效果，需要有针对性地从读者意识出发，创作更多更优质的作品。首先可以选择个性化传播策略。具备读者意识的作者能够为受众提供个性化的传播信息和策略。根据不同的受众群体和文化背景，作者可以调整传播方式、选择适当的语言和形式，并提供相关的文化背景信息，以满足受众的需求和利益。其次可以增强作者和读者之间的共鸣和理解。读者意识有助于传播者建立与受众的共鸣和情感联系。通过对受众的认知和理解，传播者能够选择与受众相关的主题和故事，运用适合受众的情感和视角，以促进受众对传播内容的理解和接受。总而言之，读者意识对于在国际传播中讲好中国故事具有重要意义。它要求传播者从受众的角度出发，了解他们的需求和兴趣，并通过个性化的传播策略和信息呈现，增强与受众的连接和共鸣。

---

36 张亚丽.《红星照耀中国》的读者意识——从外国人写作中国故事的角度 [J]. 青年记者，2020 (30): 100-101.

（三）成功的国际传播是接受美学和读者意识

1. 接受美学与读者意识的关系

在国际传播中，接受美学和读者意识存在密切的关系。接受美学关注的是对传播内容的接受和理解，而读者意识则涉及受众的背景、价值观、期望和需求等。两者相互影响，共同决定了传播的效果。

接受美学可以更好地了解读者的意识。通过学习接受美学的概念和原则，作者可以了解受众的审美偏好、文化特点和认知方式。这些信息对于理解受众的意识形态和传播偏好非常重要。例如，通过调查和研究，作者可以了解不同文化背景的受众对于传播形式、语言风格和故事情节的偏好有所不同。这些了解可以更好地调整传播策略，以适应受众的需求。举例来说，假设中国故事的目标读者是年轻一代的西方受众，他们对中国文化和历史有一定的兴趣。在写中国故事时，可以运用接受美学的原则，如多媒体运用、情感共鸣和文化融合等，以吸引他们的注意力并提高故事的接受度，这样才能"使中国故事、中国声音让中外受众愿意听、听得懂，并能与我们形成良性互动，产生更多共鸣，以扎实回应世界对中国的各种关切"[37]。

2. 国际传播效果的前提：接受美学结合读者意识

结合接受美学和读者意识是提高国际传播效果的关键。以中国故事国际传播为例，为了保证传播效果，"最应该注意的是要潜心研究外国文化和外国人的心理思维模式，善于发现和分析中外文化的细微差异和特点"[38]。接受美学认为受众对文本的接受过程在本质上是对文本的"再创造"，文本的价值正是通过这一过程才得以真正实现。换言之，文本的接受是中国故事国际传播创作过程不可分割乃至最为重要的环节，只有达到预期的接受效果，传播过程才得以完成，传播价值才得以实现，文化输出才有意义。如果故事本身不被受众接受，价值就无法实现。

接受美学和读者意识结合的前提是对目标受众有深入细致的调研。首先，通过调查、访谈和观察等方法，深入了解目标受众的背景、文化特点和传播偏好。了解他们的意识形态、价值观和需求，可以帮助作者更好地调整写作策略，挑选合适的写作内容。其次是运用接受美学原则，根据目标受众的意识和偏好，运用接受美学的原则和技巧设计传播内容和形式。例如，选择适合目标受众口味的语言风格、故事情节和视觉元素，确保传播内容能够引起受众的兴趣和共鸣。还可以通过情节设

---

37 喻季欣, 郭攀. "讲好中国故事"的文本思考（一）精粹中蕴张力 张力中显传播力 [J]. 新闻与写作, 2015 (01): 90-92.

38 黄友义. 坚持"外宣三贴近"原则, 处理好外宣翻译中的难点问题 [J]. 中国翻译, 2004 (06): 29-30.

置、人物刻画和故事表达等手段，创造情感共鸣。此外，了解目标受众的情感需求，将情感元素融入故事中，使观众能够产生共鸣和情感投入。在新媒体快速发展的时代，多媒体在国际传播中的运用势在必行。作者利用多媒体技术将视觉元素和创作的内容相结合，以增强传播效果。根据目标受众的喜好和接受能力，选择适当的图像、音频和视频等多媒体元素，以提升故事的吸引力和可理解性。最后，在传播过程中，还应该及时收集受众的反馈和意见。通过观察受众的反应和评价，了解传播效果，并根据需要进行调整和改进。传播效果反馈还可以帮助作者更好地了解受众的需求和偏好，以进一步提高传播效果。

二、接受美学下的中国故事传播

习近平总书记提出"用海外读者乐于接受的方式、易于理解的语言，讲述好中国故事，传播好中国声音"，这其中就涵盖了"读者意识"的思想。同时，接受美学提出的"期待视界"和"第一、第二文本"两个重要的理论与传播学的"效果理论"达到了某种程度的契合，对促进我国的对外传播具有重要意义。因此，接受美学对于"讲好中国故事"具有方法论的指导作用。

2021 年 1 月出版的《太阳升起——"美国小哥"见证中国扶贫奇迹》（*CLOSER TO HEAVEN: A Global Nomad's Journey Through China's Poverty Alleviation*）是一部关于中国扶贫成就的纪实作品，其作者是"中国政府友谊奖"获得者、《中国日报》美籍记者聂子瑞（Erik Nilsson）先生。这是一本关于中国的英文原版书，该书通过异邦客的视角、国际化的表达方式，记录了聂子瑞眼中的政府扶贫方案、灾后重建以及整体发展。整本书从他在汶川的经历开始，依次写到了他在四川、青藏高原、贵州、内蒙古以及其他省份的见闻。中国在过去数十年的扶贫力度及成就在人类历史上几乎绝无仅有，但相关的媒体报道并不多，英文报道更是屈指可数，而这本书展现了一个外国人眼中的中国发展图景，以西方人能够理解的方式讲述中国的扶贫成果，让世界了解中国和中国人民，对中国故事传播意义深远。以下将以该书的部分片段为文本，从"读者意识""期待视界""召唤结构"几个层面探讨接受美学下的中国故事传播。

（一）读者意识与中国故事传播

接受美学提出读者中心论，认为作品只有在读者积极参与后才有生命，读者不是被动、消极进行阅读，而是主观能动地参与其中，对作品进行诠释，这样才能最终产生文学作品。讲好中国故事不仅要重视故事内容，还要重视听故事的人。读者意识告诉我们，要想提升中国故事的传播效果，就要把传播受众的感受放在第一位。只有他们接受了传播的信息，传播才有价值，才能达到传播的目的。[39] 从接受美学的角度看，要"写"好中国故事，作者在写作时首先要树立读者意识，明确目标受众，深入了解受众的需求和期望，提高传播效果。

例①（选自 *POSTSCRIPT*）

The best of times looks even better.

War. Famine. Poverty.

Infant mortality. Illiteracy. Crime.

Imagine every category of human tragedy and vulnerability.

Then, realize there has never been a better time to be alive.

…

And China has contributed much to this progress, especially since it initiated the reform and opening-up.

The country was integral to the realization of the Millennium Development Goals.

The MDGs, agreed upon by all UN member states in September 2000, outlined targets across eight areas, including education, gender equality and maternal health, between 1990 and 2015.

The World Bank credits China and India as the primary drivers that enabled the realization of the MDG target of halving global poverty before the deadline.

And China is poised to help the world realize the UN's successive 17 Sustainable Development Goals by 2030.

…

Things aren't only better than they've ever been, but also are continuing to get better as we spin around the sun.

We are, as a planet, as a species, moving closer to heaven on Earth every moment—including this very instant.

What a time to be alive!

The best of times, in fact.

39　孟婧勔. 接受美学理论在文化传播活动中的应用 [J]. 文化产业, 2022 (28): 75-77.

该片段选自《太阳升起——"美国小哥"见证中国扶贫奇迹》后记部分，作者站在读者的角度，呼吁全世界人民珍惜当下，并对中国为全球发展事业做出了极大肯定。该书的作者虽是外国人，但能够加深我们对外国人视角的了解，对于我们如何更好地用外语讲好中国故事具有重大意义。

（二）期待视界与中国故事传播

"期待视界"是接受美学的一个重要概念，德国文艺理论家姚斯称其为接受美学的"方法论顶梁柱"，指的是"阅读一部作品时读者的文学阅读经验构成的思维定向或先在结构"[40]，即接受者事先拥有并作为标准或框架而代入接受活动的全部经验和知识积累。经验和知识积累不同，人们接受事物的前提条件也就不同。任何一部作品的产生必须得到"客观化"，即与一个客观的标准相符才能获得接受，而这种超主体的客观标准，恰恰就是期待视界。[41] 期待视界是由先前经验、知识、文化等因素决定的，具有个体性、地域性、民族性等特点。个体受众的"期待视界"或许难以把握和满足，但可以也必须把握和适应群体受众的"期待视界"。在国际传播过程中，传播的主要障碍之一在于传播者与受众属于不同的国家或民族，有不同的期待视野。向世界讲好中国故事的过程其实也是一场高难度的跨文化传播活动，我国与西方各国在历史、文化、意识形态等方面的巨大差异也导致了期待视界的巨大差异。[42] 当然，我们在一些国际传播的成功案例中可以发现，如果开展大多数传播受众乐于接受的某些观念、某些内容、某些种类、某些形式的传播活动，使这些传播内容具有公共性和沟通性，往往能取得较好的传播效果，也更容易引发传播受众的共鸣，这些传播活动就叫作"母题（motif）"。母题指的是文学历史进程中，不断被反复书写、表现的共同主题。[43] 母题虽也具有民族性、文化差异性，但有些母题超越国家、民族和文化，是人类共有的主题，如母爱、亲情、友情、爱情、乡情、爱国情、生与死、正义与邪恶等，借助"母题"可以更加轻松地掌握和满足不同国家的期待视界。

40　程曼丽. 讲好中国故事的传播战略 [J]. 对外传播，2017 (8): 12-13.

41　姚洪磊. 家乡的记忆·生存的真理·生活的诗意——纪录片《舌尖上的中国》的观照与呈现 [J]. 传媒观察，2015 (2).

42　曹茹，郭小旭. 从接受美学看媒体如何讲好中国故事——隐喻、母题与适度陌生化 [J]. 出版发行研究，2018 (10): 27-31.

43　王嘉婧. 国家形象塑造中的"中国故事"内容选择 [J]. 新闻界，2016 (18).

That was because there was no electricity—hence, no light—in the seven tents that 78 of the primary school's 137 children called their "dorms" in 2011.

…

The government had provided a panel to the school three years earlier. But it could only power the class bell and announcement system. Over 70 percent of the school buildings were still without electricity.

The neighboring government office had a solar farm and shared two panels with the school, bringing occasional power to a few of the buildings. But the campus only got an hour of electricity from the system and less if the government had an event.

"Students have no electricity after 8 pm or, at the latest, 8:40 pm throughout the year," Yongding Quepab told me.

"If the government uses more, we get less. If it uses a lot, we have to wait days for the batteries to recharge."

And the school had to pay for power before it got its own panels. "We're running a debt," Yongding Quepab told me. "We haven't paid a dime on it."

…

In 2013, Tseringben and I also installed solar panels in one of the county's least-developed and most isolated schools, Duoxiu, where 102 students studied.

High-voltage panels' prices had dropped from 5,000 *yuan* ($720) to 2,500 *yuan* ($360). And the quality had improved. This was because of government subsidies and improved roads that lowered shipping costs.

We knew the government was racing to bring power to Qumarleb. We just never imagined how quickly it would succeed in this daunting task.

My realization in Qumarleb in 2011 was that: "Sometimes the light at the end of the dark tunnel of poverty may be one that children can read by after sundown."

My realization after viewing the progress of the past several years is that China is creating a brighter future in places like Qumarleb.

《太阳升起——"美国小哥"见证中国扶贫奇迹》的作者聂子瑞在过去十几年一直在中国报道采访，走遍了全国各个省份，并且目睹了政府扶贫项目带来的巨大变化。本片段讲述了青海省极度贫困的曲麻莱县，该县公共建设基础薄弱，发展空间不足，牧民受教育程度普遍较低。在政府和作者一行人的帮扶下，教育得到了改革，为曲麻莱带去了无限光明，而中国正在为像曲麻莱这样的地方创造光明。消除贫困是人类共同的理想；减贫事业是世界共同的母题。中国如期完成新时代脱贫攻坚目标任务，提前 10 年实现《联合国 2030 年可持续发展议程》的减贫目标，取得了令全世界刮目相看的重大胜利。摩洛哥非洲中国合作与发展协会主席纳赛尔·布希巴（Nasser Bouchiba）说："中国的扶贫成就和经验是难能可贵的。这是中国人民的福祉，也是世界人民的希望，特别是对很多欠发达国家来说，中国经验具有重要借鉴价值。"[44] 2021 年，在"从脱贫走向振兴：中国经验 世界共享"的线上主题会上，他又讲述了中国积极贡献国际减贫事业的生动故事。这是中国故事的传播，更是中国智慧的传播。同时需要指出的是，在对外传播中，"回应国际观众期待"并不意味着以中国故事迎合、取悦、满足西方社会，也不可能全盘模仿国外媒体的叙事手法与价值判断。我们可以充分考虑受众的差异性，在融合受众的期待视界和尊重叙事规律的基础之上赢得国际受众的接受和认同，构建融通中外的话语体系，成就国际传播的新图景。[45]

（三）召唤结构与中国故事传播

接受美学认为，任何文学文本都具有未定性。其代表人物德国接受美学家沃尔夫冈·伊瑟尔认为，文本本身具有诸多不确定因素，其语言、语句、段落、结构间都存在着意义的空白和不确定性，这些空白和不确定需要读者去填补，且丰富的事物无法毫无遗漏地通过描述性的文本表现出来，正是这种不确定性形成了文学文本特有的结构特征——"召唤结构"。于是，创作者往往会运用一些适当的写作方法进行文本的构造活动 [46]，以期能随时召唤接受者能动地参与进来。隐喻，作为一种修辞，是文化在语言中的集中体现。亚里士多德作为隐喻研究的开创者，认为隐喻强化了意义传达的力度，它可以使人产生联想。隐喻所指的意义可以通过意象所出现的上下文被人直接明确地认识出，尽管它并没有明确地被表达出来。[47]

44　为发展中国家提供宝贵减贫经验（国际人士见证中国决胜全面建成小康社会）[R/OL]. 人民网，(2020-12-15) [2023-09-14]. http://hi.people.com.cn/n2/2020/1215/c231187-34474442.html.

45　赵艳明，魏铭辰. 合拍纪录片对外传播叙事的积极实践——以《中国：变革故事》为例 [J]. 中国电视，2020 (06): 62-67.

46　刘涛. 解读伊瑟尔的"召唤结构" [J]. 文艺评论，2016 (03): 56-60.

47　刘小燕，司显柱. 接受美学视阈下新华社"两会"对外报道模式的嬗变——兼论媒体如何讲述好中国故事 [J]. 传媒，2017 (13).

In the national capital, I met Lhuosong Gyatso, who told me about how the lack of electricity had dimmed prospects for nomadic children in his primary school on the Qinghai-Tibet Plateau.

I didn't yet understand what that truly meant.

"Thing is," he told me, "a solar panel would only cost 4,000 *yuan* ($580)."

I thought: 4,000 *yuan* is a lot of money. But it isn't… if you consider the payoff—so many kids getting electricity and enhanced educations.

So, I said: "OK. I'll buy you a solar panel."

…

I discovered a place often dark in more ways than simply lacking light generated by filaments inside glass bulbs after sundown.

…

For me, providing solar power in Yege township's school offered an opportunity to both literally and metaphorically create light in the darkness.

But after the first bulb turned on, I realized there were new and tremendous challenges.

The nomads lacked many essentials. Food, clothes, medicine—even sometimes shoes. The poorest kids had to stomp through snow in layers of socks wrapped in plastic bags. And these conditions extended beyond Yege to all of Qumarleb and the region beyond.

Qumarleb is perhaps the only place I've been to on all of the Chinese mainland and during my travels through roughly 30 countries where I'd use the word "shocking" to describe the poverty I saw.

Years later, I'd use the same word to describe the area's advancement. And I, too, again transformed along the way. I learned how to create light when there seems to be none to be found.

That epiphany was best illuminated by the light flashing from a blade pointed at my face.

It has lasted until today. And I believe it will beyond.

该书多次提到"光明"与"黑暗"，光明象征着希望和信仰的力量。在黑暗面前，光明可以给予人们战胜困难和挑战的勇气和动力，带来积极的变化和转机。作者带来的太阳能电池板让孩子们第一次看到灯亮，更是为孩子们带去了希望，在这一瞬间，光明在好几个层面上战胜了黑暗。

在接受美学的指引下向世界讲好中国故事，首先要坚持读者意识，重视传播受众。一方面，母题具有普适性，借助母题讲好中国故事能够提升受众特别是外国受众的接受喜悦度。另一方面，要达到良好的传播效果，隐喻显得尤为重要，因为隐喻可以在一定程度上降低受众的认知难度，减弱受众的戒备心理，推动中国故事在世界范围内不断激起新的回响。[48]

课后练习

简答题

1. 影响"中国故事"国际传播效果的因素有哪些？

2. 如何评估中国故事的传播效果？

3. 接受美学和读者意识之间的关系是什么？

讨论题

如何通过接受美学和读者意识的结合来增加国际传播的效果？

写作题

请选取《太阳升起——"美国小哥"见证中国扶贫奇迹》中你感兴趣的部分进行阅读，用英语谈谈你的感悟，不少于300词。

48　曹茹，郭小旭. 从接受美学看媒体如何讲好中国故事——隐喻、母题与适度陌生化 [J]. 出版发行研究，2018 (10): 27-31.

第七章

数字时代的国际传播

学习目标

◇ 掌握数字时代国际传播基本内涵的变迁

◇ 了解数字时代下中国故事的国际传播

◇ 了解模因效应中的数字化口语传播

思考题 为什么说数字时代下的国际传播改变了原有的国际传播场景？

单元导读

在数字时代，算法依托数据的采集、分析、加工技术，与移动终端、大数据、云计算、人工智能、物联网等技术共同发展，促进国际传播格局演变。当前技术生态重塑的国际传播媒介具有以下四个主要特性：生产主体、内容和媒介形态多元化，人工智能、大数据和算法等科技带来的智能化，传播机制、控制权力和全球媒介环境的复杂化，以及在国际政治、资本、文化等多要素影响之下的动态化。[1] 在迅猛而激烈的剧变之下，"东升西降"的国际传播态势逐渐形成，中国国际传播在理论与实践层面均面临挑战。这对中国而言，同时也是不可多得的重塑国际传播新生态的机遇，使中国文化、中国故事、中国声音走向更广阔的国际舞台成为可能。

第一节 数字时代的国际传播概述

在传播的历史上，电台花了近 40 年时间获得了 5 000 万观众，同样的数量，电视用了 15 年的时间。然而，在短短的 3 年内，互联网就获得了 5 000 万用户。信息技术的出现带领人类社会进入全新的数字时代，并使社会生活、经济模式等领域发生了翻天覆地的变化，各行各业迎来了调整、变革和转折的重要机遇期。值得注意的是，新技术与媒介的深度融合改变了人与人之间交流互动的方式，国际传播主体由单一向多元化转变，时空界限逐渐消失……国际传播正在发生多维度、深层次的变革，例如，社交机器人、AI 智能等成为新的国际传播主体，机器人写作和人工智能参与国际传播内容生产，大数据库拓宽国际传播渠道等。因此，从传播者到内容生产，再到信息渠道和接收者，这一系列国际传播链条的变化正逐渐影响到国际传播的效果以及格局。[2] 在此意义上，数字时代的国际传播不仅改变了传统媒体时代

---

1 朱鸿军，郑雨珂．数字时代算法对国际传播的格局重构 [J]．对外传播，2022 (11): 9-12.

2 张洪忠，任吴炯，斗维红．人工智能技术视角下的国际传播新特征分析 [J]．江西师范大学学报（哲学社会科学版），2022, 55 (02): 111-118.

的国际传播场景，还创造出多元的传播渠道和多模态的信息内容，进而影响到传播效果。

一、数字时代国际传播基本内涵的变迁

（一）国际传播参与者的转变

在传统媒体时代的国际传播体系中，传播主体主要以政府为主，且传播渠道较为单一，受众反馈渠道也比较匮乏。媒介的数字化发展和媒体的深度融合，深刻影响着国际传播活动发生、发展的规律。在这一变化的推动下，国际传播主体趋于多元，传播平台日益丰富。如中国国际电视台（CGTN）、美国奈飞公司（Netflix）、迪士尼（Disney）等大型传媒机构以及苹果、小米、华为等大型企业，均在微博、脸书等平台注册账号和受众（用户）群体进行沟通交流。不仅如此，国际传播参与者还延伸到了"物"的层面。如以人工智能和大数据为代表的技术形成新的编辑门类和传播方式，实现了人工智能与媒体的融合，推动国际传播向智能化、个性化以及精确化的方向发展。

国际传播参与主体发生的一系列转变对社会变迁的影响不容小觑。一方面，人工智能技术使得计算机及其程序拥有类人甚至超人类能力，并基于信息处理技术和数字传播技术，创生出自动化性能更高、能够自我反馈和自我进化的机器，应用于信息生产和流通过程。[3]另一方面，数字时代的大数据算法推动着国际传播从传统的人与人之间的交流传播变成了人与机器，甚至是机器与机器之间的交互传播。以格雷厄姆·米勒（Graham Miller）等为代表的学者认为，"社交机器人已不再是单纯的工具，而应当被视作一种具有参与性的社会主体。"[4]北京师范大学新媒体传播研究中心发现，在一些涉华舆论中，社交机器人产生的信息占比接近30%，且带有一定的政治倾向性，如中美贸易争端、北京冬奥会、新冠疫情等议题，成为影响国际涉华舆论走向的重要因素。由此可见，社交机器人可以成为公共议题的重要制造者和传播者。[5]

（二）国际传播话语体系的重构

最早"话语"的研究出现于语言学领域，其理论奠基者法国哲学家米歇尔·福柯（Michel Foucault）将思想意识、社会阶级、政治、经济等作为权力的不同侧面

---

3 程明，赵静宜.论智能传播时代的信息生产：流程再造与信息连通 [J]. 编辑之友，2020 (09): 56-61.

4 张洪忠，赵蓓.人工智能时代，如何加强我国国际传播能力建设 [EB/OL]. 中国网信杂志，(2022-04-11) [2023-9-24]. https://mp.weixin.qq.com/s/ssxdUwoeupiyXdr6T7Vucg.

5 唐炜妮.人工智能时代，如何加强我国国际传播能力建设 [N/OL]. 中国新闻网，(2022-09-24) [2023-09-14]. https://m.chinanews.com/wap/detail/cht/zw/ft9859765.shtml.

提出"话语权"的概念。[6] 话语者的权力、地位和身份等与传播的内容和方式息息相关，并且影响受众对话语的理解和接受程度。在此意义上，数字技术的发展拓宽了话语体系，并为国际传播提供了新的发展空间。与传统媒体时代的传播主体不同，数字时代包括"物"在内的多元化国际传播主体具有不同的语言、文化背景、利益诉求和意识形态，其话语内容会随着不同的时空和语境而产生不同的形态。[7] 例如，路透社的国际新闻运营者创建了"机器控制化"新闻编辑室，并使用了语言生成软件，这种软件不仅可以筛分大量数据，还可以编写新闻报道。[8] 这意味着人工智能不仅代表着科技的进步，还构建了一种新型的社会关系和一套特殊的话语体系，并且给传媒行业带来生产方式、传播方式、运营方式、消费方式等方面的巨大变化。[9] 面对数字时代国际传播话语体系发生的深刻转变，以互联网思维和数字技术赋能国际传播是提升国际传播效能、创新国际传播话语体系的关键所在。

（三）国际传播场景和渠道的重塑

当今时代，新媒介技术蓬勃发展、日新月异，以互联网、大数据、云计算、5G和人工智能为代表的新技术拓宽了国际传播的传播渠道，带来了国际传播场景的迭变。基于海量信息的数据运算，数字时代的国际传播使传播者与用户之间的互动打破了原有单向传播模式的局限性，为用户带来全新的信息环境与技术体验，进而影响用户的思维模式、行动方式等。新场景下的国际传播具有不同于以往的一系列特征，美国罗格斯大学新闻与媒体研究教授约翰·V.帕夫利克（John V. Pavlik）在《虚拟现实时代的新闻业：体验式媒体如何转变新闻》一书中提到，新兴媒体主要是基于人工智能和大数据，采用自然用户界面设计，由此而塑造的国际传播场景具有沉浸式、多感官、交互性、非线性叙事等特点 [10]。

与此相对应，在数字时代，用户群体更注重"沉浸式"和"互动式"的媒介体验 [11, 12]，且大多数学者认为在交互性场景中，用户更容易参与其中并被其影响，用户越来越有机会成为新闻的主动参与者而非仅仅是接收者，这使得他们能以第一

6　杜小真. 福柯集 [M]. 上海：上海远东出版社, 2003.

7　张兵. 数字时代国际传播基本内涵的多重变迁及创新路径研究 [J]. 对外传播, 2023 (04): 71-75.

8　达雅·基山·屠苏. 国际传播：沿袭与流变 [M]. 3 版. 上海：复旦大学出版社, 2022.

9　程曼丽. 多维建构"数字中国"国际传播话语体系 [N]. 中国社会科学报, 2023-01-05 (003).

10　王悠然. 体验式媒体引发新闻业转变 [N]. 中国社会科学报, 2019-11-6 (003).

11　曾祥敏, 翁旭东, 贾盛云. 视听中国：创新文化传播的话语再造与场景重构 [J]. 电视研究, 2022 (12): 27-31.

12　赵瑜. 叙事与沉浸：Bilibili"互动短视频"的交互类型与用户体验 [J]. 西南民族大学学报（人文社会科学版）, 2021, 42 (02): 129-134.

视角接触新闻的中心任务，而且在复杂的情境中也能深入地了解新闻内容和议题。目前，已有不少新闻机构和企业都在开发沉浸式媒体社交平台，如脸书、抖音海外版、B站等，从而创造人机交互的场景，使多元主体在倾听、思考和发表观点的过程中形成对话，达成理解。[13]

因此，在国际传播领域，场景的搭建和重塑应该随着交互技术的更新而丰富，国际传播者也需要深入了解场景中的互动行为、沟通方式和话语体系等相关知识，这样才能以被用户认同的触达方式实现传播者和用户之间的良性互动。[14]

（四）国际传播信息内容的重构

传统媒体时代国际传播的内容形态主要是文字、图片、影音和视频，这一形态在数字时代得到变革与升级，国际传播的内容通过 AI、计算机视觉（VR/AR）等新技术实现多模态重构。上文提到人工智能技术不仅创造出了新的传播主体，而且持续助力多样化传播内容的产生。其不仅能够编写内容，甚至可以通过自动化和算法共享，推送和分发新闻内容。[15]人机结合的传播新模式在机器的编程逻辑和内容的独家表达之间建立有机联系，这意味着国际传播实践可以借助大数据技术整合海量碎片化信息，构造丰富立体、详实有料的国际传播媒介文本，以技术集成后的客观信息"发声"，极大地优化传播效果。[16]在此过程中，专业化数据算法为打造人机协作空间提供了助力，它在"全民外交"中建构起超越物理空间的趣缘化社交关系模式，并通过社交行为、消费模式等数据和推送影响用户观念，操控用户表达的内容文本，从而达到干预国际互联网舆论场的目的。[17]

除此之外，由社交互联网平台上的多元主体生产的非结构化信息内容已经成为数字时代下国际传播内容的重要组成部分。传统媒体时代的国际传播往往由单一的国际传播主体向国际受众传播内容和信息（文字、广告、新闻或视频等），然而在新媒体平台上，多元化主体之间的双向交互打破了以往单向传播的限制，交互信息取代了单一信息。如在脸书、抖音海外版、油管、B站等社交平台上，互动视频和短视频成为新的内容创作方向，用户发布的互动评论和弹幕成为数字时代产生的新型传播内容。

13 克劳福德 . 游戏大师 Chris Crawford 谈互动叙事 [M]. 方舟，译 . 北京：人民邮电出版社，2015.

14 程曼丽 . 多维建构"数字中国"国际传播话语体系 [N]. 中国社会科学报，2023-01-05 (003).

15 达雅·基山·屠苏 . 国际传播：沿袭与流变 [M]. 3 版 . 上海：复旦大学出版社，2022.

16 姜飞，袁玥 . 回应世界之问：新时代人类命运共同体对外传播的四个面向 [J]. 传媒观察，2022 (11): 5-12.

17 朱鸿军，郑雨珂 . 数字时代算法对国际传播的格局重构 [J]. 对外传播，2022 (11): 9-12.

二、数字时代下新媒体对中国国际传播的影响

数字时代的国际传播引发了国际传播内容、场景、主体和渠道等多方面的变革，同时也对技术终端和人才建设等提出了更高的要求。数字时代下，中国要在融入国际传播新格局的基础上，创新国际传播话语体系，通过智能场景再造、情感共鸣、文化交流等方式提升国际传播效能。

（一）冲击传统国际传播格局

中国传统的国际传播主要以国家政府主导的媒体机构（报纸、广播电台等）为主体，新闻传播信息按照自上而下的单向传播模式进行生产与流动，受众群体被动地接受由传播主体通过特定渠道传递而来的信息内容。然而，在数字技术与媒体深度融合后，中国的国际传播格局正经历着剧烈的变革。

在数字时代，各类社交媒体平台改变了用户的生活和社交习惯，中国国际传播面临的社会环境得到重塑。这其中，丰富多样的国际社交媒体平台拓展了传播的渠道，VR/AR、大数据及人工智能的出现为体验式内容的生产提供技术支持。例如，在以用户生成内容为主的短视频平台抖音海外版 TikTok 上，用户可以创建实时新闻视频，发布评论及互动信息等，这些功能实现了产品与分发逻辑、内容生态、用户互动三个层面的联动与重构，受到了国内外用户的关注和喜爱。由此可见，数字时代各类互联网平台逐渐成为国际传播的主要渠道，传播内容的多元化以及传播主体"全民化"的特点也影响着中国国际传播的格局。

（二）构建中国国际传播话语体系

在步入数字化传播的今天，国际话语权成为衡量一个国家国际传播能力的重要表现。党的二十大报告要求"加强国际传播能力建设，全面提升国际传播效能，形成同我国综合国力和国际地位相匹配的国际话语权"[18]，话语的构建不仅仅是对内容的创造，还需要以打动受众群体并最终影响该类群体为目的。实际上，话语构建的基础是在国际范围内"求同存异"的过程。因此，对世界各国不同地区受众特征的了解就显得尤为重要。数字时代信息技术的发展为中国争取国际话语权提供了新的机遇，基于数据运算在媒介平台的广泛应用，不同地区和文化背景的用户特征、使用偏好以及生活习惯等信息很容易被收集，这些信息最终可以为媒介平台有针对性地设计、制作和推送内容提供重要参考。为充分利用精准化国际信息传播的特点，

---

18 习近平. 高举中国特色社会主义伟大旗帜 为全面建设社会主义现代化国家而团结奋斗——在中国共产党第二十次全国代表大会上的报告 [R/OL]. 共产党员网，(2022-10-16) [2022-10-25]. https://www.12371.cn/2022/10/25/ARTI1666705047474465.shtml.

中国国际传播主体需要从"他者视角"重构中国故事中的话语体系。近年来，中国加大了在算法和数据领域的投入，借助在各领域数据匹配、调节和控制的能力，逐渐获得了与国际资本和政治力量博弈的新技术，这有利于中国在全球传播中掌握话语塑造的主动权。[19] 在此基础上，传播者应善于使用共情、换位思考等策略，并将中华文化的内核和精神作为价值支撑，使国内外用户对中国国际传播活动的实践产生关注与认同。[20]

（三）融合多模态信息技术

数字时代背景下媒介技术的发展使整个传播生态发生了剧烈的变化，随着媒介技术和智能数字化的融合发展，国际传播信息内容从单一形态朝着多模态转变。[21] 与单一内容形态相比，多媒体和人工智能等新技术催生的多模态信息可以使用户更好地理解与接受国际传播信息。[22] 除此之外，VR、5G、人工智能等技术与传播手段的结合，以可视、可听、可触、可感的表现形式，为用户打造多感官协同的沉浸式国际新闻接收体验。[23] 值得注意的是，当下中国的国际传播已突破传播渠道的单向性，正在向多元传播和多向互动传播的方向发展。

近十年，高速发展的互联网及新媒体技术使中国的国际传播环境变得更加复杂，中国的国际传播形式和内容越来越具备多模态的特点。如 2017 年，中国中央电视台首次对"天舟一号"在海南文昌的火箭发射进行"VR 直播"，这次传播与数字技术的融合不仅让新闻变得更立体，还让用户身临其境地感受到了火箭发射的真实过程、生动有趣的内容和形式增强了新闻的互动性，提升了用户的参与感，达到了良好的传播效果。2022 年北京冬奥会结束后，《人民日报》微信端采用多屏合一的技术将冬奥志愿者工作的画面用视频的方式进行呈现，将新媒体技术应用于中华文化的影视制作和传播过程中，这不仅给国际用户带来了鲜活的文化享受，而且有利于塑造中国科技强国的国家形象。[24]

19 朱鸿军，郑雨珂．数字时代算法对国际传播的格局重构 [J]．对外传播，2022 (11)：9-12.

20 王晨佳，陆航．数字时代中国话语国际传播的问题与对应策略 [J]．陕西师范大学学报（哲学社会科学版），2022, 51 (05)：167-176.

21 吴安萍．大数据、跨学科与多模态话语研究 [M]．杭州：浙江大学出版社，2019.

22 张洪忠，任吴炯，斗维红．人工智能技术视角下的国际传播新特征分析 [J]．江西师范大学学报（哲学社会科学版），2022, 55 (02)：111-118.

23 李梦圆．融媒时代国际新闻的在地化路径研究——以"侠客岛"为例 [J]．新媒体研究，2021, 7 (05)：75-77.

24 陈峻俊，符家宁．数字时代红色文化影像国际传播力提升的新进路 [J]．西华大学学报（哲学社会科学版），2022, 41 (04)：18-26.

在世界百年未有之大变局加速演进的时代背景下，中国国际传播应当把握创造新秩序的机会，在内容、渠道、参与主体、效果等多方面进行创新与重塑。一方面，中国应继续探索国际传播实践与数字技术的深度融合，构建智能化、多样化的内容形态，突破"西方中心主义"的全球传播观。另一方面，中国要致力于塑造国际传播话语体系，不断提升国家文化软实力和中华文化影响力，做到讲好中国故事，传播好中国声音，推动世界文明交流互鉴，构建"天下大同"的人类命运共同体。

第二节　数字时代下中国故事的国际传播

一、案例 1：科技冬奥

（一）故事背景

数字时代的国际传播引发了国际传播主体、内容、场景和渠道的变革，在向世界传递中国声音、讲述中国故事的过程中，大数据、云计算、5G 等数字技术展现出了强大优势。

2022 年北京冬奥会是一场国际性的体育赛事，自带国际的关注度，赋予了中国天然的国际话语权，是向国际社会展现中国综合实力、文化精神的重要契机，也是向世界受众讲好中国故事的绝佳契机。

"硬核"的赛事场馆和赛场内外各种"黑科技"的广泛应用，体现出北京冬奥会的科技含量，世界各国运动员、教练员、政府官员和国际体育组织人士、媒体记者对场馆设施、赛事组织赞不绝口，北京冬奥会因此被称为"科技奥运"，而中国的数字科技也在奥运会数字化转型中发挥了积极作用。

（二）故事内容 [25]

The high-profile Beijing Winter Olympics has become a window into China's scientific and technological innovations. In Olympic Villages for the Beijing 2022 Winter Olympic Games, smart facilities have created a comfortable and convenient living environment for Olympic athletes and personnel. At the opening ceremony of the Games,

---

25　中英双语 | 和音："科技冬奥"展现共创美好未来的力量 [EB/OL]. People Daily, (2022-02-17) [2023-09-14]. https://mp.weixin.qq.com/s/5Cl_Qy4IMbpsxHh2gXzNpw.

a super large 8K ultra-high-definition ground display system presented breathtaking visual effects. The National Speed Skating Oval, a venue for the Games that has been hailed as the "fastest ice", has enabled athletes to indulge their passion for speed. And the accurate weather forecast system featuring a 10-minute follow-up cycle and a 100-meter resolution has guaranteed the smooth running of competitions in the mountains of the Yanqing competition zone. The Beijing Winter Olympics has deeply impressed the international community with various sci-tech innovations and futuristic scenarios.

北京冬奥会不仅是举世瞩目的一场体育盛会，也是观察中国科技创新的一扇窗口。冬奥村中，智能设施让入住者尽享舒适、便利的生活。开幕式上，超高清地面显示系统呈现令人叹为观止的视觉效果。比赛场馆内，"最快的冰"让运动员们感受速度与激情的快乐。山地赛场，分钟级、百米级的精准气象预报为比赛顺利进行提供有力保障……科技感、未来感十足的北京冬奥会，令国际社会印象深刻。

The applications of sci-tech innovations at the Winter Olympics mirror China's remarkable achievements in innovation and development. China attaches great importance to sci-tech innovation and has considered innovation the primary driving force for development. Since 2012, China has made historic achievements and transformations in science and technology. The country has seen major innovations emerge in large numbers and is now leading or co-leading the world in some frontier areas. Its technological strength is undergoing a transition from quantity accumulation to quality leap, and from breakthroughs in certain fields to improvement of systematic capabilities. China's vision of presenting to the world a fantastic, extraordinary and excellent Olympic Winter Games couldn't have been achieved without strong technological strength. Back in 2019, when inspecting the preparations for the Beijing Winter Olympics, Chinese President Xi Jinping stressed that venue construction must meet Olympic standards and highlight the characteristics of technology, wisdom, environment and frugality, with technology in the first place.

"科技冬奥"展现中国举世瞩目的创新发展成就。中国高度重视科技创新工作，坚持把创新作为引领发展的第一动力。2012 年以来，中国科技事业取得历史性成就、发生历史性变革，重大创新成果竞相涌现，一些前沿领域开始进入并跑、领跑阶段，科技实力正在从量的积累迈向质的飞跃，从点的突破迈向系统能力提升。为世界奉献一届精彩、非凡、卓越的奥运盛会，离不开强大科技实力的支撑。早在 2019 年考察北京冬奥会筹办工作时，中国国家主席习近平就强调场馆建设要突出"科技、智慧、绿色、节俭"特色，摆在首位的正是科技。

The sci-tech innovations ingeniously integrate into the Winter Olympics also demonstrate a contemporary spirit in China based on reform and innovation. The splendid opening ceremony, a visual feast to a global audience, couldn't have been so magnificent without the super large 8K ultra-high-definition ground display system and modern technologies in such fields as artificial intelligence-based real-time motion capture and naked-eye 3D display. The high-quality ice surfaces in the National Speed Skating Oval are attributed to a carbon dioxide transcritical direct-cooling ice machine system independently developed by China. The liquid carbon dioxide flowing in stainless steel tubes that stretch over 120 kilometers under the ice surfaces of the venue ensure that the variation in the temperature of the ice surfaces does not exceed 0.5 degrees Celsius. For the first time in the Olympic history, the Beijing Winter Olympics has achieved 100 percent green electricity supply for all venues, thanks to the renewable energy flexible direct current (DC) power grid demonstration project in Zhangbei county, north China's Hebei province, which has created 12 "world firsts". The technologies that have added glamour to Beijing 2022 will also inject impetus into the sustainable development of China and the rest of the world as efforts are made to further promote their application.

"科技冬奥"彰显中国以改革创新为核心的时代精神。流光溢彩的开幕式视觉盛宴背后，是超大 8K 超高清地面显示系统、人工智能实时捕捉技术、裸眼 3D 技术等的汇聚。国家速滑馆能形成最完整、最均匀、最快速的冰，得益于中国拥有自主知识产权的二氧化碳跨临界直冷制冰机组，冰面下长达 120 多千米的不锈钢管中流动的液态二氧化碳保证冰面温差不超过 0.5 摄氏度。奥运史上首次实现全部场馆绿色电力全覆盖，离不开创造 12 项世界第一的张北柔性直流工程。科技不仅为北京冬奥会赋能，有关技术的转化和推广应用，也将为中国和世界的可持续发展赋能。

The technology-empowered Beijing 2022 Winter Olympics is the epitome of how innovations propel human progress. The suits for Chinese speed skaters have gone through over 500 hours of wind tunnel tests and can effectively reduce wind resistance; and the spiked shoes of Chinese skeleton racers feature bionic fluid mechanic design and curved carbon plate on the sole made of high-tech materials, which can help athletes better get off the mark and slide in competitions. Such examples have all proven that technological advances have raised the possibilities of "faster, higher and stronger" for athletes.

"科技冬奥"也是创新推动人类进步的缩影。中国速度滑冰运动员穿着的速滑服，经过 500 多个小时的风洞测试，能有效降低风阻；中国钢架雪车健儿穿着的高科技战靴，有采用仿生流体力学设计的导流线和科技材料打造的鞋底异形曲面碳板，能为运动员起跑、滑行提供重要支撑。在科技进步的推动下，运动员更快、更高、更强成为可能。

（三）故事分析

1. 科技赋能冬奥会，提升国际传播效果

2022 年北京冬奥会这一全球盛事是重要的国际传播窗口，是向全世界展现中国强劲科技实力、现代化大国形象的重要契机。开幕式上，"雕刻"冰立方的视觉效果使用了激光与三维数字装置，借助裸眼 3D 效果实现；舞台地面是目前全球最大的 8K 超高清地面显示系统，搭载超大规模显示模组控制与同步系统，实时捕捉演员行进轨迹，实现画面与演员的互动；鸟巢全面覆盖先进 5G 网络，完全满足运动员 5G 网络体验、全场数万名观众的用网要求和场外观众沉浸式直播体验需求，满足诸多媒体随时随地做到通讯信号接入，实现开幕式现场照片及视频的实时回传。[26]数字技术的运用与美学创作融合，为观众呈现全新的视觉盛宴，加持 5G 网络全覆盖，极大程度地提升国际传播的效果。

2. 科技赋能冬奥会，倡导共同价值理念

2022 年北京冬奥会的口号"一起向未来"，是中国向世界发出的诚挚邀约，传递出 14 亿中国人民的美好期待。[27]"一起"是中华文化的落脚点，而"未来"则由数字技术的运用诠释。本届冬奥会博得海内外观众的聚焦和盛赞，主要来源于其传播过程中展现的科技感和智能化。高科技含量的场馆为北京冬奥会赛事的精彩进行奠定了良好基础；超高速 4K 轨道摄像机系统的应用更真实、精准地记录下运动员竞技的精彩瞬间，向世界呈现无与伦比的视觉享受，展现冰雪运动的特有魅力。[28]与此同时，北京冬奥会上"硬科技"赋能"软表达"，通过科技向全球受众传达"一起面向美好未来生活"的价值理念，展现传播主体的大局意识和大国担当。

二、案例2：数字敦煌

（一）故事背景

数字时代背景下媒介技术和智能数字化的融合发展使国际传播信息内容从单一形态朝着多模态转变，国际传播可以通过计算机视觉（VR/AR）、人工智能等技术

26　一文读懂！北京冬奥会开幕式背后的"黑科技"[EB/OL]. 网信兴安, (2022-02-08) [2023-09-14]. https://mp.weixin.qq.com/s/JwRokVAkegVjqRSnjfRkvQ.

27　北京冬奥口号"一起向未来" 五个字传递怎样的愿景 [EB/OL]. 中国新闻网, (2021-09-17) [2023-09-14]. https://www.chinanews.com.cn/ty/2021/09-17/9568047.shtml.

28　科技让北京冬奥会更精彩 [EB/OL]. 广播融媒中心, 广东新闻广播, (2021-02-15) [2023-09-14]. https://mp.weixin.qq.com/s/fPgstUg_VyA_LlDZ3avSkQ.

实现多模态信息内容的重构。应用先进技术形成的多模态信息内容能够给受众带来真实的观感，从而达到深入人心的国际传播效果。

数字敦煌的提出是为了利用数字化技术永久地、高保真地存储莫高窟内的文化遗存，从而记录、研究、保护并诠释敦煌文化。截至 2022 年底，敦煌研究院已完成 289 个洞窟的数字化摄影采集，178 个洞窟的图像处理，45 身彩塑、140 个洞窟、7 处大遗址的三维重建，162 个洞窟的全景漫游节目制作，以及 5 万余张档案底片的数字化。[29] 敦煌研究院 2022 年度全媒体平台浏览量达 4 亿人次，访客覆盖 120 个国家和地区。[30] 数字敦煌实现了数字与艺术的结合，让敦煌文物"活起来""走出去"，创新传承敦煌文化，实现世界文化遗产的"永久保存、永续利用"。

（二）故事内容 [31]

Dunhuang Mogao Grottoes is located in Northwest China's Gansu Province. As a shining pearl on the ancient Silk Road, it combines the art of painting, sculpture and architecture.

位于中国西北部甘肃省的敦煌莫高窟，是一座融绘画、雕塑和修建艺术于一体的大型石窟，也是古代丝绸之路上的一颗璀璨明珠。

According to historical records, in 366 C.E., a monk named Lezun arrived in Dunhuang where he had a vision, so he chiseled out the first cave here. For more than a thousand years afterwards, Buddhist devotees would build caves here for meditation. A total of 735 caves and 45,000 square meters of murals were created.

据史书记载，公元 366 年，僧人乐尊路经敦煌在岩壁上开凿了第一个洞窟。此后的一千多年的时间里，各朝各代的佛教僧侣们不断在这里建洞修禅，他们共营建了 735 个洞窟，绘就了 4.5 万平方米的壁画。

While carrying forward Buddhism, these murals also show diverse cultures, recording ancient folk customs and historical changes. Therefore, they are also called "An Encyclopedia on the Wall".

窟中壁画在弘扬佛教的同时，融合了不同国度的艺术特征，记录了古代的民俗风貌和历史变迁，被世人称作"墙壁上的百科全书"。

29，30　中国故事｜"数字敦煌"：把过去献给未来 [EB/OL]. 新华社，(2023-07-02) [2023-09-14]. https://news.ifeng.com/c/8R5TEV0qWjQ.

31　CD 君. 数字敦煌！带你云端畅享"墙壁上的百科全书"…… [EB/OL]. China Daily，(2022-11-15) [2023-09-14]. https://mp.weixin.qq.com/s/-TfTEV-ACAPDyslb0upqhA.

In order to spread the Dunhuang culture while preserving it, the Dunhuang Academy has been exploring ways of protecting the cultural heritage through digital technology since the late 1980s.

自 20 世纪 80 年代末起，为了让更多的人欣赏敦煌的艺术瑰宝，并将这一珍贵的文化遗产永久保存永续利用，敦煌研究院开始了数字化保护莫高窟的探索。

Then the Mogao Grottoes Digital Exhibition Center was opened in 2014, presenting a virtual Dunhuang in an accessible way for the first time. In 2016, the "Digital Dunhuang" resource library was officially launched globally.

2014 年，莫高窟数字展示中心投入使用，首次实现了数字化虚拟洞窟的实景展示。2016 年，"数字敦煌"资源库面向全球正式上线。

Now, through digital interactive programs, you can visit the caves and murals online with people from all over the world, enjoying the arts in an immersive way.

现在，通过数字交互程序，你可以和全球各地的网友一起在"云端"一览洞窟与壁画的风采，360 度沉浸式地欣赏石窟艺术。

The Dunhuang Academy has also developed a digital culture ambassador named Jiayao, who can not only perform graceful Dunhuang dances, but also communicate with tourists online.

此外，敦煌研究院还开发了虚拟数字人伽瑶，她不仅可以表演优美的敦煌舞蹈，还能与游客进行线上交流。

The ancient Dunhuang culture is attracting more and more young people in the digital world.

古老的敦煌文化，正在数字世界里吸引越来越多年轻人的关注。

（三）故事分析

1. 数字技术赋能国际传播

本节故事内容选自《中国日报》的"行走中国（Journeys in China）"节目，该节目以"青春行走，看见中国"为主题，以"中国内容，国际表达"为基调，通过虚实结合的现代视听技术展现中国大地上的文化遗产、自然风光、风土人情、建设成就等。[32] 节目以"Z 世代"年轻人易于接受的视听风格和话语形态为特色，充分发掘和表现中国不同地域的文化精粹，传播可亲可感的中国元素、中国因素、中国

32　学部君. 行走中国 | 中国传媒大学携手中国日报推出国际传播融视频作品 [EB/OL]. 中国传媒大学，(2022-10-18) [2023-09-14]. https://mp.weixin.qq.com/s/N3b1yXMWZIUN6HqgREv8sw.

要素，减少文化误读，打造国际化、立体化、多元化的中国文化景观。"数字敦煌"以数字技术赋能国际传播，让文化遗产"活过来""走出去"，推动中华文化走向世界，增加中华文化的传播影响力，从而实现中外文明的交流互鉴，达到理想的国际传播效果。

2. 数字技术赋能文化传承

作为一项用于敦煌保护的虚拟工程，"数字敦煌"将敦煌瑰宝数字化，运用测绘遥感技术，将莫高窟外形、洞内雕塑等一切文化遗迹，以毫米的精度虚拟在电脑里；同时，结合空间定位、虚实融合等技术，敦煌研究院相当于在莫高窟创造了一个虚拟"孪生世界"，实现"窟内文物窟外看"。[33] 基于海量数字资源，"数字敦煌"在向世人展现出可视、可听、可感、可触的敦煌文化的同时，有效缓解敦煌莫高窟旅游开发与文物保护之间的矛盾，从而实现世界文化遗产敦煌莫高窟"永久保存、永续利用"的目标。在数字技术的"加持"下，敦煌文化通过创新内容呈现和视觉传达，广泛地传播了文化遗产及其蕴含的中华优秀传统文化，实现了文化遗产数字艺术的传承。

三、案例 3：IP SHANGHAI

（一）故事背景

数字时代下的国际传播主体已经基本实现从宏观主体转变为微观主体，除个人传播主体外，原本的宏观主体在互联网平台上也慢慢"转变"为微观主体与大众进行交流。城市形象是经自塑和他塑、政府与民众共同作用形成的主观印象。数字时代的城市形象建设具有鲜明的大众化特征，城市形象叙事的主体正从政府、媒体逐渐向社会大众转移。

2021 年 11 月上线的上海城市形象资源共享平台 IP SHANGHAI，由中共上海市委宣传部、市委外宣办公室举办，上海报业集团旗下澎湃新闻建设运营，被列为提升上海城市软实力重要工作项目之一。该平台旨在打造一个具有全球影响力、凸显中国和上海特点的城市形象资源全库，并逐步建成聚合征集、共享传播、孵化创新的城市形象内容生态系统，探索人人创作、人人展示、人人分享的国际传播新模式。[34]

33　把敦煌故事讲给世界听 [EB/OL]. 敦煌研究院，(2021-01-22) [2023-09-14]. https://www.dha.ac.cn/info/1019/1352.htm.

34　上海城市形象资源共享平台今天上线！IP SHANGHAI 发布全球征集令 [EB/OL]. 上海发布，(2021-11-08) [2023-09-14]. https://mp.weixin.qq.com/s/owncyC4IHLRCOR5pbTUXMQ.

IP SHANGHAI 以视觉表达为特色，以"看见更美的上海"为目标，面向全球征集视频、图片、设计等资源以及上海城市文化 IP 和对外传播案例，向用户提供城市形象资源下载、分享、传播服务，为创作者提供交流合作空间。截至 2023 年 6 月，平台已聚集图片、视频、设计等各类城市形象内容资源 65 万，入驻平台的重点机构用户 800 余家、各类内容创作者 27 500 余人。海外账号运营近 3 个月，月触达账户数 300 万个，单条推送最高覆盖 90 万人，实现了对海外用户的有效触达和高频互动。[35] IP SHANGHAI 探索新形势下国际传播的新路径和新方法，提升城市形象传播的大众参与度，更好地讲述中国故事、上海故事。

（二）故事内容 [36, 37]

This is a poem about life and the future. This is a painting about art and imagination. This is a show about love and hope. This is a musical composition about human longing. This is IP SHANGHAI—a comprehensive resource sharing platform that showcases Shanghai's image. IP SHANGHAI originated as part of a popular trend, focused on gathering a massive amount of pictures, videos, sounds, texts, publications, and design materials, as well as international communication projects, activities, cases and other resources. It relies on interaction, mutual assistance, and interconnection to collectively build an aggregated resource library of Shanghai's image, a new platform to tell Shanghai's stories and an innovative place to live out Shanghai's spirit.

这是一首诗，关于生活和远方。这是一幅画，关于艺术和想象。这是一场演出，关于爱情和希望。这是一段乐曲，关于人性之向往。这就是 IP SHANGHAI，一个全方位展示上海城市形象的资源共享平台。在时代浪潮中应运而生的 IP SHANGHAI 汇聚海量的图片、视频、声音、文字、出版物、设计素材，以及对外传播项目、活动、案例等资源，以互动、互助、互联方式共同打造上海形象的聚合资源库、上海故事的传播新平台、上海精神的实践创新地。

IP SAHNGHAI is available for institutions and individuals to register. All types of people from China and elsewhere are welcome to register and use it. IP SHANGHAI is

---

35 看见更美的上海，IP SHANGHAI 首获全国性奖项 [EB/OL]. IP SHANGHAI, (2023-06-16) [2023-09-14]. https://mp.weixin.qq.com/s/V9phYiYfNLdEIIcG_ebMdQ.

36 上海城市形象资源共享平台今天上线！IP SHANGHAI 发布全球征集令 [EB/OL]. 上海发布，(2021-11-08) [2023-09-14]. https://mp.weixin.qq.com/s/owncyC4IHLRCOR5pbTUXMQ.

37 推动城市推广新模式，IP SHANGHAI 上线一年再出发！[EB/OL]. 文汇报，(2022-11-08) [2023-09-14]. https://mp.weixin.qq.com/s/pNTP1j_LQPAS_dyXQWRP6Q.

launching this collection of Shanghai's urban image resources to share with the world. We are striving to build a database of urban image resources that is globally influential while highlighting China and Shanghai's characteristics. Standing at the historical intersection of the two centenary goals, IP SHANGHAI is rising up and surging forward at this important moment.

IP SHANGHAI 开放机构和个人注册，欢迎海内外各界人士注册使用。IP SHANGHAI 启动面向全球的上海城市形象资源征集，全力打造具有全球影响力、凸显中国和上海特点的城市形象资源全库。站在"两个一百年"奋斗目标的历史交汇点上，IP SHANGHAI 应运而生、澎湃前行。

Shanghai is like a special partner. She's an innovative and powerful companion.

上海就像是一位特别的合伙人，有创新的能力，同时也有陪伴的力量。

I think this city is like water. It's very flexible.

我觉得这座城市具有水的特质，充满柔性。

You get opportunities to collaborate with people. You get opportunities to create.

你有机会和他人合作，你有机会去创作。

Every detail of city reflects its culture and history.

在城市的细枝末节处，我都可以找到属于它的文化和底蕴。

In the past year, IP SHANGHAI has received many contributions from talented content creators in Shanghai.

过去一年我们 IP SHANGHAI 接到很多才华横溢的上海内容创作者的来稿。

I produced a short video called *Hanging in There*. The video made me an online celebrity.

我创作的短视频《屏牢》，感觉拿到了一张网红体验卡。

We worked with a foreign team on an international co-production. Together we looked at the Shanghai experience and China's strategies to produce a "Chinese answer sheet" for the world.

我们和外方团队一起进行了国际合拍，我们选取了上海经验、中国的方案，集中向世界展示了中国答卷。

I got brilliant opportunities to work on series of documentaries interviewing expats business owners in Shanghai. Why Shanghai was the right place for them. What their plans are going forward.

我制作了一系列纪录片，采访那些现居住在上海的外国商人。他们为什么将上海作为创业对的优选地。他们对未来有什么规划。

We were luckily to participate in the design work of the CIIE and Automobile Shanghai. We have also raised the voice of Shanghai design in public welfare projects.

我们有幸参与了进博会和上海车展中的设计工作，也在公益项目中传递来自上海设计的声音。

IP SHANGHAI is an online exhibition hall carrying Shanghai's city resources. IP SHANGHAI gives me the opportunity to see different kinds of things going on in Shanghai from a creative perspective. In IP SHANGHAI, we can see the development of Shanghai over the past ten years: Huangpu River and Suzhou Creek, the "Five New Towns", Lin-gang Special Area. Through the stereoscopic city image built by IP SHANGHAI, we can witness the enormous achievements of the past decade and embrace the glory and dreams of Shanghai's next journey. Hopefully, IP SHANGHAI can become a window for the city to engage with the outside world. We hope that more outstanding content creators will join us. We're waiting for you.

IP SHANGHAI 是一座承载上海城市资源的线上展览馆。IP SHANGHAI 让我从创意的视角看到了关于上海的各种各样的内容。在 IP SHANGHAI 可以看见关于上海这十年的变化：一江一河、五大新城、临港新片区。在 IP SHANGHAI 打造的城市形象立体时空里，看见了过去十年的非凡成就，也感受到上海迈上新征程的光荣与梦想。希望 IP SHANGHAI 成为这座城市对外交流的窗口，希望有更多的优秀的内容创作者加入我们，我们在这里等你。

（三）故事分析

1. 数字时代城市形象的叙事主体

移动互联网和智能手机的普及，极大降低了大众参与城市形象叙事、进行国际传播的门槛。为了做好城市形象推广，讲述好城市故事和中国故事，IP SHANGHAI 承认民众对社交舆论场城市形象构建的基础性作用，承认城市形象叙事主体的转向，其目标是打造"政府引导、媒体运营、大众创作、市场参与"的资源共享平台、国际传播平台、内容共创平台和 IP 孵化平台。

作为一个突出视觉表达的城市形象传播平台，IP SHANGHAI 官方给予相应政策和大力支持，媒体投入专业力量建设运营，动员全市各系统和媒体、高校、企业及其他社会组织、机构贡献城市形象资源，鼓励民间内容创作机构、专业创作者和社会大众创作分享符合城市形象作品，汇聚到 IP SHANGHAI 平台，再通过平台以公益或版权形式共享给用户，进行再次创作和再次传播，并通过海外社交媒体账号直接触达海外用户，全面提升城市形象叙事的大众参与度，形成持续更新的城市形象资源共享机制，让不同类型的叙事主体形成内容共创、资源共享、共同传播的合作意识，进而破解新形势下城市形象对外推广的堵点、难点，更好地讲述中国故事、城市故事。[38]

　　2. 数字时代城市国际传播的新形态

　　作为国内首个集聚合征集、共享传播、孵化创新于一体的数字化城市形象资源共享平台，上线以来，IP SHANGHAI 边征集边展示、边推广边发展，充分实践"人人创作、人人展示、人人分享"的人人传播新理念，探索出了一条具有世界影响力、中国特色、上海优势的城市形象传播新路径，助力上海打造国际数字之都，更好地展示"中国式现代化"城市形象，使中国故事、上海声音在"人人共享"的国际传播中发挥更大影响力。

　　上海城市形象资源共享平台 IP SHANGHAI 在第五届进博会新闻中心"上线一年活动"现场发布"全球城市形象数字 IP"与"在上海，为全球"IP SHANGHAI 全球传播企业案例最佳实践榜。"全球城市形象数字 IP"基于社交媒体大数据分析研究，把全球城市形象数字传播最为活跃的国际城市各自的独特形象，以数字 IP 呈现，充分诠释城市 IP 对于城市形象的巨大推动作用，展现数字时代全球城市传播的多元魅力。"在上海，为全球"IP SHANGHAI 全球传播企业案例最佳实践榜充分展示在沪跨国企业、国有企业、民营企业等作为上海经济社会高质量发展的见证者、共创者和共享者，在重大发展议题上不断推动本地实践案例，在国内和国际舞台打响上海城市 IP，使中国智慧、中国经验和中国方案更好地融入全球发展体系。[39]

第三节　模因论与讲好中国故事

一、模因论概述

（一）模因整体观

　　模因（meme）一词由牛津大学教授理查德·道金斯[40]在其 1976 年出版的著作 *The Selfish Gene* （《自私的基因》）一书中创造。作者以基因为基本的复制因子假

38　鲍志恒. IP SHANGHAI, 一种新的城市形象叙事 [EB/OL]. 澎湃全媒体实验室, (2023-06-05) [2023-09-14]. https://mp.weixin.qq.com/s/bc2DR4Twwkj_kshTcNewsw.

39　IP SHANGHAI 迎来一周岁, 带你看见数字世界的上海 [EB/OL]. IP SHANGHAI, (2022-11-01) [2023-09-14]. https://mp.weixin.qq.com/s/I8BmGFXK6erxfbJ981kT3g.

40　道金斯. 自私的基因 [M]. 卢允中, 张岱云, 王兵, 译. 长春：吉林人民出版社, 1998.

想了人类文化的复制因子——模因，模因是一种文化基因，是文化信息传播时的个体单位。它可以复制和模仿任何一个信息，在语言、文化、观念传递的过程中能起到生物进化的作用并对其进行复制和传递。[41] 基因通过遗传得到生命的延续，而模因通过非遗传方式（模仿和复制）在人的大脑之间相互传染而进行传播。

道金斯因《自私的基因》而广为人知，但他最初提出"模因"一词并非是为了开拓一个新的研究领域，而是为了说明除了基因之外还有一种新的复制因子，即模因，这种复制因子在人脑中不断复制传播，从而推动人类文化的进化与发展。也正因如此，模因学说在道金斯提出多年后并未得到较大发展。直到1999年，英国学者苏珊·布莱克摩尔（Susan Blackmore）发表了《模因机器》一书，对模因论的观点进行了完善，并初步建立了模因论的理论框架。在模因论中，最核心的术语是"模因"，它指的是人类文化中的各种元素，模因通过复制和传播实现传承和发展，从而在人类社会中广泛存在。模因论的根本要点是将模因视为一种独立存在的复制因子，其运作完全出于自身利益和生存的考虑，因此模因会不断地自我复制。布莱克摩尔极为强调模仿对于人类发展的重要性，她认为通过"模仿"方式传播的任何东西都可以被视为模因。模因论是基于达尔文进化论的观点，从历时和共时的角度解释了事物之间的普遍联系，并阐释了文化作为具有传承特征的进化规律。[42] 将"模因论"引入我国的是著名语言学家何自然教授。何自然和何雪林于2003年发表论文《模因论与社会语用》，首次将"meme"翻译为"模因"，模因论也因此受到国内学者的广泛关注。

（二）成功模因的特点

模因论是基于生物进化论的基本观点而形成的理论学说，因而模因的存续也遵循"物竞天择，适者生存"的自然规律。模因因其本身的复制能力不同而命运各异。布莱克摩尔指出，"在模因进化的过程中存在着巨大的选择压力。所以在数量极大的潜在的模因中能够生存下来的模因为数并不是很多，只有很少一部分模因能够成功地从一个人的头脑被拷贝到另一个人的头脑，从人的头脑被拷贝到印刷品或者是从人的声音被拷贝到光盘上。我们在生活中经常能碰到的模因都是一些成功的模因，即能在自我复制的竞争中获胜的模因"[43]。

41　赵艳, 李妍. 探析模因论视角下的中英文混用现象 [J]. 学园（教育科研）, 2012 (11): 20-21.

42　薛锋. 从语用三论看语用信息学研究 [D]. 华中科技大学, 2009.

43　Blackmore S. The Meme Machine [M]. Oxford: Oxford University Press, 1999.

这些在自我复制中得以脱颖而出的模因，我们认定其为成功的模因。那么，哪些特点能够使一个模因获得成功呢？道金斯认为，模仿是模因的主要复制方式，而有些模因比其他模因更成功，即能够在复制的竞争中取得优势。模因的成功复制受到三个要素的影响，包括长寿性、多产性和复制忠实性。这就意味着，一个成功的模因在传播过程中能够长时间存在，能够快速产生更多的复制版本，并且能够准确地被复制，保持忠实的复制特征。[44] 也就是说，成功的模因具有三个主要特征，具体如下：

1. 长寿性（longevity）

长寿性指的是模因能够在模因库中长时间保留，即模因能够在纸上或人们的思维中流传很久。如宗教或法规可能能够连续传承数百年。模因的寿命是不同的，有些模因可以被视为"长生不老"，而有些模因可能只存在一段短暂时间。因此，模因存活的时间越长，被复制的可能性就越大。当然，有时候一些模因可能会进入"休眠"状态，在特定环境条件下才会再次"复活"。

2. 多产性（fecundity）

道金斯的研究指出，多产性远比长寿性更重要。基因之间看起来相似，仿佛一排相同的录像磁带，但它们最重要的区别在于对胚胎发育、身体形状和行为的影响。成功的基因是那些能够在与其他基因竞争中对胚胎产生有利影响的基因。这种"有利"意味着基因使胚胎成功发育成为有生殖能力的成年人，并将相同的基因传给后代。道金斯引入了"表现型"这个术语描述基因在身体上的表现，即基因在与其等位基因竞争后对身体产生的影响。基因表现型的影响有两个方面：一是基因在细胞组织中的自我复制；二是基因对外部世界的影响，即影响基因的生存机会。对于模因来说，道金斯认为它们也有两种类型的影响：一是通过利用宿主的社交与模仿能力进行复制；二是模因对外部世界的影响，即影响模因的生存机会。第二种类型的影响取决于环境，而其中复制因子库可能是关键的一部分。理解模因的多产性对于评估其影响力至关重要。成功的模因需要能够持续地复制自身，并且受欢迎的模因会有更多的复制数量。需要注意的是，有些模因虽然能在短时间内迅速传播且大量复制，但它们无法长期存在，流行歌曲就是一个很好的例子。[45]

3. 复制忠实性（copying-fidelity）

模因的成功复制取决于其忠实度，即在复制过程中保留原有模因的核心精髓。忠实度并非指复制完全不变，而是程度的问题。

44　王雪瑜. 模因论下观等值翻译的层次性 [J]. 湖北第二师范学院学报, 2011, 28 (06): 113-116.

45　Dawkins R. The Selfish Gene [M]. New York: Oxford University Press, 1976.

成功的模因往往具备以上三个特点，相互交织且相互制约。此外，模因的成功复制还与人们的认知偏好和关注焦点等息息相关。认知偏好和注意力在模因的复制过程中扮演着重要角色。[46]

（三）模因的分类[47]

模因的复制过程中，内容的原件与复制件在内容和形式上并不完全一致。语言模因在复制和传播的过程中，往往与不同的语境相结合，形成新的组合，构成新的模因复合体。从模因论的角度看，语言模因的复制和传播可以分为两种方式：一种是"内容相同形式各异"的基因型，即通过不同的表达形式传递相同的内容；另一种是"形式相同内容各异"的表现型，即采用相同的形式传递不同的内容。

1. 内容相同形式各异——模因基因型传播

思想或信息模式一旦传播和仿制，就拥有了模因性质。相同信息的模因，在复制和传播的过程中可能表现出相同的形式，也可能呈现出不同的形式，但始终传递着同一内容。同一信息可以以不同的形式在不同的语境中传递。布莱克摩尔在其关于模因进化的研究中指出，这种模因以传递信息内容为主，类似于基因存储在我们的大脑中。

（1）相同的信息直接传递：这类信息可以在适当场合下原封不动地传递，无需修改其内容。可以通过使用引用、口号、经典名言等方式转述他人的话语，在对话中引用名言或警句等方式传递信息。当遇到与原文相似或相近的语境时，模因往往会以直接的方式进行复制和传播。例如，领导人引用巴菲特的投资箴言表达自己要精明投资的决心："贪婪时恐惧，恐惧时贪婪。"也可以使用一些口号、标语、流行语和经典台词在合适的场合传递信息，如"团结就是力量""追求卓越""传承优良传统"等。这些例子都是通过引用的方式将相同的信息直接复制和传递。

（2）相同的信息以异形传递：这种模因以复制信息内容为主，并以纵向递进的方式传播。尽管在复制过程中可能会出现信息变异，使得复制后的表达与原始形式大相径庭，或者在复制过程中出现模因的移植，但这些变化并不会影响原始信息，复制出来的仍然是与复制前相同的内容。

举个例子，当要表达"这部电影很棒"时，人们可能会根据不同的情境使用与"很棒"意思相近的词汇表达，但这些变化并不会改变说话人原本要表达的含义。例如：

46　刘月辉 . 商业广告语言强势模因的顺应性研究 [D]. 湖南农业大学 , 2012.

47　何自然 . 语言中的模因 [J]. 语言科学 , 2005 (06): 54-64.

A. 这电影非常出色。

B. 这部电影超级赞。

C. 这部电影太棒了。

D. 这部电影真是佳作。

通过运用不同的措辞，我们依然能够有效地传递原始信息。在其他场合，类似的语言表达方式也能够用于传递不同的信息。再如，某人名为李华，过去被称为华仔、小华、华哥，在他成为某个团队的领导后，他可能会被称为华队长；如果晋升为部门经理，就可能被称为华经理；如果被提升为总监，那么他可能会被称为华总。在不同的职务和身份下，人们会使用不同的称呼指代同一个人。

2. 形式相同内容各异——模因表现型传播

据前人的研究成果显示，我们可以将模因复制和传播过程中的行为表现视为模因的表现型。这种类型的模因采用相同的表现形式，但根据需要传递不同的内容。例如，流行歌曲会保持原曲调，但歌词会不断地被改编和传唱，我们称之为"旧瓶新酒"或"移花接木"。这种横向并联传播的模因根据需求而产生，形式相似但内容各异。这种模因表现型的研究对我们理解传播和文化演变具有重要意义。

（1）同音异义横向嫁接：语言模因在保留原来结构的情况下，以同音异义的方式横向嫁接。如广告中常用的伪成语就是不改变原来的语言结构，只是根据需要将其中的关键词语换成同音异义词，如"一箭（见）钟情"（箭牌口香糖广告词）、"骑（其）乐无穷"（某摩托车广告词）、"衣（一）鸣惊人"（某服装广告词）。这些例子展示了语言模因在保留原有结构的同时，通过同音异义的方式嫁接新的含义，从而引起人们的注意和共鸣。通过巧妙地利用语言模因，使广告等传播信息的方式更加生动有趣，并且更容易被人们记住。

（2）同形联想嫁接：语言形式没有变化，但嫁接于不同场合导致产生不同的意义联想。如某汽车品牌的广告招牌"颠覆你的驾驶体验"，同样是通过模因的联想嫁接吸引消费者，宣传其汽车产品。这个例子与可能联想到的颠覆社会秩序无关，而是强调该汽车品牌的创新驾驶体验和卓越性能。通过刻意使用可能产生联想的语句渲染和吸引消费者，从而促使他们购买该品牌的汽车。这种利用语言模因的技巧可以增强广告的吸引力和记忆性，为产品或服务树立独特的形象。

（3）同构异义横向嫁接：同构异义横向嫁接指的是语言模因的结构和形式保持不变，但内容被替换为另外的词语。例如，随着电视连续剧《青春有你》的成功播出，"爱你有你"这一表达形式很快就被复制和传播，在不同的场合出现同构异义的模因现象：除了原来的"爱你有你"之外，流传着"追你有你""欢乐有你""竞技有你""梦想有你""成功有你""成长有你"等模因变体。类似的同构异义横向嫁接模因也可以出现在其他语句中，甚至可以是整段篇章。这类模因常常以某个特定结构为样板，在其中套入不同的内容。例如，一些中国古典诗歌、调子和散文的结构形式经常被用来创造同构类推的模因变体。不断涌现出新的模因变体使得语言生动多样，展示了模因在语言传播中的重要作用。

北宋文学家苏轼的《水调歌头》，"明月几时有，把酒问青天。不知天上宫阙，今夕是何年。"语言模因基本上用同构类推方式仿照《水调歌头》，以如下的基本框架复制传播："明星几时有，拍照问粉丝。不知娱乐圈宫殿，此刻是何年。"模仿同构类推的方式创造新的模因变体，展示了模因在语言传播中的创造力和灵活性。通过将原有的诗句或表达形式嫁接到不同的内容上，语言模因能够使信息更加生动有趣，并引起人们的共鸣和关注。

（四）模因的复制阶段

一般说来，模因的复制和传递过程往往经历几个不同的阶段。海利根曾经探讨了模因复制的四个阶段[48]：

1. 同化（assimilation）

根据布鲁塞尔自由大学教授弗朗西斯·海利根（Francis Heylighen）的观点，成功的模因应该能够"传染"其宿主，融入宿主的记忆。当一个新的模因在一个潜在的宿主面前出现时，要想被成功同化，就必须引起宿主的注意、理解和接受。"注意"意味着模因的呈现程度足以引起宿主的关注，而"理解"则意味着宿主能够在自己的认知系统中重新呈现出这个模因。[49]

人的心智并不是一块空白的白板，任何思想都可以在上面留下印记。要使新的观点或新的现象被宿主理解，就必须与宿主已有的认知结构相契合，同时宿主也必须愿意或认真对待这个模因。例如，尽管有人告诉你你穿的鞋子是由外星人特殊合成材料制作的，这种说法虽然不难理解，但由于缺乏足够的证据，你是不会相信的。所以，通常你就不会记住这个说法，而你也不会被该模因同化。无论是什么例子，只有当一个观点或说法具备足够的证据或者符合宿主的认知结构，并且引起兴趣和认真对待，模因才能够成功传播并被同化于宿主的思维中。

2. 记忆（retention）

模因复制的第二阶段是指模因在记忆中的保留时间。根据定义，模因必须在记忆中停留一段时间才能被称为模因。模因在记忆中停留的时间越久，通过感染宿

48 Heylighen F. What Makes a Meme Successful? Selection Criteria for Cultural Evolution. [C]. 15th International Congress on Cybernetics, 1998: 418-423.

49 陈检英. 语言模因产生的隐喻机制 [J]. 文教资料, 2009 (33): 26-28.

并传播自身的机会就越多，这也就是模因的长寿性。记忆的保留时间是有限的，每天我们接触到的信息大部分只能在记忆中停留几个小时。记忆的保留时间长短取决于观点的重要性以及重复的频率等因素。一些学习范式表明，重复是记忆保持的重要保证之一。[50] 因此，模因能否在记忆中长时间保留，关键取决于它的重要性和被重复暴露的频率。那些重要且反复出现的模因更有可能在宿主的记忆中存留下来，进而传播给其他个体。根据上述理论，我们可以认识到记忆对模因的传播至关重要，只有那些在宿主记忆中长时间保留并不断重复的模因，才能产生持久影响并成功传播。

3. 表达（expression）

为了传递给其他个体，模因必须从记忆模式转化为宿主能够感知的有形形式，这个过程可以称为"表达"。表达可以是有意识的，也可以是下意识的。人们走路、工作或穿衣打扮都有可能是模因的表达方式。然而，有一些模因可能永远不会被表达出来。这可能是因为宿主认为这个模因不会引起他人的兴趣，或者不知道如何表达，或者只是下意识地使用，将其保持为秘密。另一方面，如果宿主深信某个模因非常重要，认为应该告诉每个人，那么它就会不断地进行表达。因此，模因的表达取决于宿主的意愿和信仰。一些模因会被积极传达，而其他模因可能被保持为个人的隐私。这种表达行为的存在与模因的传播和影响力密切相关。只有当模因被有效地表达出来，并通过适当的渠道传达给其他个体，才能实现其传播和影响的目标。

4. 传播（transmission）

为了将某个表达传递给其他个体，需要使用可见的载体或媒介。这些载体或媒介应该具有一定的稳定性，以确保表达内容在传递过程中不会失真或变形。例如，音乐可以用声音传递，文章可以用纸笔或电子设备传递。这些可见的形式可以被称为模因的载体，如录音、图像或数字媒体。在传播阶段，可以通过删除某些模因或使用多种不同的手段选择模因的载体。例如，将手稿投入碎纸机或大量出版成书。随着大众传媒的出现，成功模因和失败模因在传播阶段的差异变得更加显著，选择对模因的影响也更加重要。因此，在传播阶段，选择适当的模因载体对于模因的成功传递至关重要。这些载体的稳定性和可见性确保了模因的准确传递，同时也为模因的影响力提供了机会。不同的载体，如音频、视觉媒体或数字平台，为模因的传播提供了多样性的途径。通过选择合适的载体，我们可以更有效地传递和分享模因，扩大其影响力。

50　常威，孙芳琴. 模因论对英语教学的启示 [J]. 黔西南民族师范高等专科学校学报，2010 (01): 65-68.

二、模因效应中的数字化口语传播

模因作为文化传播的基本单位，自诞生以来就必然与文化存在着天然联系，与之相关的理论研究更是为文化信息的传播提供了借鉴意义。"讲好中国故事"绝不仅限于字面的故事传播，更是文化信息的传播，让世界了解中国文化、听到中国声音。

数字时代主要指的是数字技术在各个领域向人类生活全面推进的过程，在这个过程中，互联网是主要的载体和依托。与过去的媒介文化相比，数字文化具有极高的弹性，内容生态更为多样化，文本更加去标准化，并且在不同的时空语境下呈现出不同的形态。在数字时代，国际传播已经演变为一种多元主体、多样价值诉求和多维实践体系的日常行为模式。无论距离多远，互联网和数字媒体终端将各个国家、媒体、企业和个人"平等地"连接起来，并为彼此之间的互动提供了畅通的渠道。这也意味着每个数字网络中的参与者都被赋予了传播的权力。[51] 数字时代的特点是信息的快速流动与共享，以及群体之间的广泛互动和交流。无论是个人还是组织机构，都可以通过数字平台传播和分享信息，从而影响和塑造舆论。这种互联网和数字媒体的广泛应用使传播变得更加平等和开放，每个人都有机会参与和贡献。

在数字时代，互联网和数字媒体的发展为信息传播和参与提供了新的机遇和挑战。它不仅改变了传播的方式和形式，也深刻地影响着社会、文化和经济的发展。随着数字技术的不断创新和进步，数字时代将继续为我们带来更多的可能性和变革。

抖音作为近年发展起来的短视频行业巨头，其受众涵盖了各个年龄段并且突破了国籍束缚，成为普通群众在数字时代进行国际传播的重要途径，而抖音内容的生成多数以模仿复制的方式进行，这与模因论有许多共通之处。因此，利用模因传播的规律可为讲好中国故事、传播中国文化的顺利进行赋能。抖音作为当代大学生触手可及的信息传播平台，为大学生在数字时代的国际传播中讲好中国故事提供了可行的渠道。

（一）模因类型与数字化口语传播

上一节讲述了模因的基本类型。模因传播的载体之一是语言。它体现了语言传播与话语流传的规律，口语中的语言模因主要运用传授知识、交流信息与使用语言

51　常江, 张毓强. 从边界重构到理念重建: 数字文化视野下的国际传播 [J]. 对外传播, 2022 (01): 54-58.

等手段。凭借传播与复制方式的差异，可将语言模因概括为通过相同信息进行异型传递的基因型模因，与通过相同形式而内容表达各异的表现型模因。[52]

1. 基因型模因与讲好中国故事

基因型模因指相同的信息内容通过各种不同的方式自我复制和传播。如何利用基因型模因的这种特点将其作为"说好中国故事"的手段，是本节主要探讨的内容。

用外语讲好中国故事，实质是语言为基，故事为核。这就要求我们具有丰富的语料储备和流畅的语言表达能力，因而丰富与扩大语言材料是前提。当我们拥有一定量的语料储存，在不同语境中想表达思想时，就能自由地选择语言模因。根据基因型模因在语言复制传播的过程中内容不变、形式各异的特性，在英语口语教学中可以直接套用信息，我们可以积累一定的成语、谚语、俗语、名言、诗词名句等作为口语表达的模因库。[53]

例如，谚语中的"Where there's a will, there's a way.（有志者事竟成）""Actions speak louder than words.（行动胜于言辞）""All is fair in love and war.（爱情和战争没有对错）""The early bird catches the worm.（早起的鸟儿有虫吃）"等，这些模因式的复制可以提升我们的表达能力。这些句子被广泛引用和应用于口语、教学以及演讲中，能够增强语言表达的效果和说服力。例如，美国前总统约翰·F.肯尼迪（John F. Kennedy）在其历史性的演讲中曾经说过"If not us, who? If not now, when?（如果不是我们，那么是谁？如果不是现在，那么是何时？）"。这段话传播至今，成为一句经典口号，激励人们积极行动，并具有鼓舞人心的作用。因此，通过运用适当的语言模因，可以为演讲或讲述特定故事增添说服力和表现力。这种模因的复制方式可以让听众更容易理解和接受信息，也能够让他们产生共鸣和影响力。

总而言之，适当运用语言模因可以提升我们的表达能力，并在演讲中产生积极的影响。通过选择合适的模因，我们可以巧妙地引用和应用经典的表达方式，从而加强讲述故事的力量。

2. 表现型模因与讲好中国故事

表现型模因具有相同的形式但不同的内容。它通过对熟悉的语言结构的模仿，变换原始的语言信息内容或成分，以适应实际需求。例如：

原文案：新鲜水果，口感鲜美，营养丰富，让您健康享受。

改写后的表现型模因：产品诱人，品质保证，让您畅快体验。

52　蔡朝晖,刘宇松.语言模因与大学英语口语教学 [J].安徽工业大学学报（社会科学版）,2013,30 (02): 93-94.

53　邹嘉晖.谈模因论在大学英语口语教学中的指导作用 [J].辽宁师专学报（社会科学版）,2018 (04): 59-60.

在这个例子中，表现型模因保留了原文案中的句法结构和词汇选择，但改变了具体的描述词和内容，以便更好地吸引目标受众。通过这种改写，相同的信息在形式上得以保留，但内容发生了变化，以达到更好的传达效果。又如，特洛伊——古代的城邦被雅典联军攻陷的事件，后来也常用来形容战争中的毁灭性失败或者艰难转折的情境。这个例子与古希腊文化相关，通过对广为人知的历史事件进行借用和模仿，使得对特洛伊的既有印象能够快速转化为对相关情境的理解，提高了文化信息的传播效率。

这一策略在讲述故事、传递信息等方面都能发挥重要作用，通过对熟知的文化元素的借用和模仿，可以更加有效地引起听众或读者的共鸣和理解。由此可见，我们在讲述中国故事时，通过对广为人知的文化信息进行借用和模仿，能有效提高文化复制传播的效率。

（二）模因复制阶段对数字化口语传播的启示

1. 同化

同化是模因复制的前提，成功的模因必须能够感染宿主，以便进入人的记忆。在个体与环境发生交互作用的过程中，信息以复制因子的形式出现，在一定条件下能够得以同化。首先，模因载体通过接触个体，或者个体通过外部观察、思考，发现模因的存在；其次，所呈现的模因必须受到个体的注意，即被宿主理解和接受。[54]

这也就启示我们在故事内容的选择上要考虑到是否能够感染到信息接收者，即是否能引起受众的情感共鸣。如果传播内容能够引起接收者的共鸣，那么他们就更有可能对内容产生兴趣，从而更加关注和理解传播内容。因而我们在中国故事的选题上，可以选取具有以下特点的内容：

（1）具有普遍价值的主题：选择具有全球性、普世性的主题，如环境保护、人类健康、世界和平、经济发展等，这些主题具有广泛的关注度和共鸣点，能够吸引不同文化背景的接收者。

（2）人性化的故事：讲述真实、感人的人物故事，突出人性的善良、勇敢、智慧等品质，以打动不同文化背景的观众。

（3）强调共情和情感连接：内容要善于调动受众的情感，让他们能够从故事中找到自己的影子，产生共鸣。可以通过表现人物的喜怒哀乐、家庭亲情、友情等情感元素，拉近与受众的心理距离。

54　邵萍,仲红实.模因理论视角下的跨文化意识培养研究 [J]. 山东社会科学,2012 (06): 160-162.

2. 记忆

模因在认知者的大脑里停留时间越长，被表达和传播的可能性就越大。记忆保留时间的长短要依赖模因的强弱程度，模因越强势，重复的频率越高，被保留的时间就越长。一个新的文化模因必须进入个体的大脑并产生记忆，才能成功地将其感染。有意识地将模因导入并在大脑里加工形成记忆，对推动文化进一步传播发展有着积极的作用。[55]

用外语讲好中国故事实则是中国文化的对外输出。既然是文化输出，就可能会遭到异国受众的排斥。文化排斥反应具有边界属性，人们对外来文化认同较低，对内群文化认同较高。对此，我们在选取对外传播的故事时，需要着重挖掘中国故事与国外文化的共通之处，这样能有效减弱文化的排异反应，使故事的接收者更容易对异国文化产生好感。此外，还要突出故事同中有异之处，这样的地方会激发中国故事受众的好奇心理，使文化模因能在他们脑中停留更久，因而形成更加强势的文化模因，该文化被复制和传播的可能性也就更高。以文化的共通之处为切入点减弱文化的排异反应，再通过同中有异之处激发故事受众的好奇心理，引发其进一步探索思考的动力，这符合模因在记忆阶段的特性，从而使文化被传播复制的效率得到有效提升。例如，中西方都有神话这一文学题材，中西神话作为有限个体追求无限超越、生命存在追求永恒以及人确证自我的一种方式具有共同的特点，但由于地理环境、心理结构和审美情趣等方面的差异又形成了各自神话的变异和差别，这种差异正好迎合了中西美学传统的差异。讲好故事中的共通之处与相异之处，就是在对外讲述中国故事，在传播中国文化。

3. 表达

模因生命周期中的表达指在与他人进行交流时，原宿主将模因从记忆储存模式中导出，使其成为被他人感知的形态的过程。在跨文化情境中，最常见的表达方式是语言表达，其他方式还有肢体语言、行为方式、文本、图片等，我们将这一阶段称为产出阶段。在这一阶段，认知者在较长时间模因记忆的基础上，通过进一步的学习和思考，可以尝试将文化元素聚合后加以选择，把掌握的信息运用到实际的表达中。

这个阶段的模因，若想复制自身传递给其他个体，必须由前一阶段的记忆模式转化为宿主能够感知到的有形体。因此，将我们脑子里的故事转化为可见的物质实体是实现这一飞跃的关键步骤。在数字时代的国际传播中讲好中国故事，借助多媒

55　邵萍,仲红实.模因理论视角下的跨文化意识培养研究[J].山东社会科学,2012(06):160-162.

体和数字技术，我们可以将头脑中的中国故事录制成视频，从而将大脑中的文化模因转化成可见的视频实体，过渡到文化模因的表达阶段。

4. 传播

传播指模因借助一定的有形载体进行传播，这些所需的有形载体通常具有很强的稳定性和广泛的传播性，才能防止信息的流失和变质。

某个表达若想传递给其他个体，需要具备看得见的载体或媒介。它们应有一定的稳定性，以避免表达内容在传递过程中失真或变形。由上可知，模因在经由上一阶段"表达"之后形成了有形可见的物质实体，要完成最后的传播还需借助有形的载体或媒介。因此，找到一个合适的媒介能提高文化模因（上一阶段形成的视频实体）复制传播的效率，从而使得我们讲述的中国故事影响更加深远。抖音作为近年发展起来的短视频行业巨头，其受众涵盖了各个年龄段并且突破了国籍束缚，因而是绝佳的传播媒介，也就形成了我们现在习以为常的抖音短视频。用外语讲好中国故事，只需将视频内容由源语转换成故事受众群体的目标语言并上传到抖音海外版TikTok，就完成了中国故事的国际传播。有效传播的前提是正确的运用和表达，这一阶段需要通过深入体会异质文化、能够设身处地感受其文化，并积极促进目的语所在的异质文化与本族文化的相互融合，即不但能够在对外故事传播中表达出交流者所能理解的信息，还能在本族文化中用恰当的方式表达并传播异质文化的正确信息。

简 答 题

1. 怎么理解数字时代下国际传播主体从"人"到"物"的转变？

2. 数字时代对中国国际传播的影响有哪些？

3. 通过对模因论的学习，什么样的中国故事才能在对外传播中发挥更大的影响力？

讨 论 题

数字时代下，当代大学生应该如何进行中国故事的国际传播？

口 语 题

请结合自身兴趣和经历，用英语录制一个中国故事并上传到抖音海外版TikTok。要求故事中包含"基因型"模因或"表现型"模因的语言表达。

参考文献

[1] 哈罗德·伊尼斯 . 帝国与传播 [M]. 何道宽 , 译 . 北京 : 中国大百科全书出版社 , 2021.

[2] 郭庆光 . 传播学教程 [M]. 2 版 . 北京 : 中国人民大学出版社 , 2011.

[3] 罗伯特·福特纳 . 国际传播 : 全球都市的历史、冲突及控制 [M]. 刘利群 , 译 . 北京 : 华夏出版社 , 2002.

[4] 达雅·屠苏 . 国际传播 : 延续与变革 [M]. 北京 : 新华出版社 , 2004.

[5] 郭可 . 国际传播学导论 [M]. 上海 : 复旦大学出版社 , 2004.

[6] Mowlana H. Shapes of the Future: International Communication in the 21st Century [J]. Journal of International Communication, 1994, 1 (1): 14-32.

[7] 刘继南 , 周积华 , 段鹏 , 等 . 国际传播与国家形象——国际关系的新视角 [M]. 北京 : 北京广播学院出版社 , 2002.

[8] 程曼丽 . 国际传播学教程 [M]. 北京 : 北京大学出版社 , 2006.

[9] 蔡帼芬 . 国际传播与对外宣传 [M]. 北京 : 北京广播学院出版社 , 2000.

[10] 程曼丽 . 国际传播学学科体系建立的理论前提 [J]. 北京大学学报 (哲学社会科学版), 2006 (06): 116-121.

[11] 郭庆光 . 传播学教程 [M]. 北京 : 中国人民大学出版社 , 1999.

[12] 汪名鸣 . 科技发展对人类传播事业的影响 [J]. 科技传播 , 2012, (10): 9-10.

[13] 刘利群 , 张毓强 . 国际传播概论 [M]. 北京 : 中国传媒大学出版社 , 2011.

[14] 刘燕南 , 刘双 . 国际传播效果评估指标体系建构 : 框架、方法与问题 [J]. 现代传播 (中国传媒大学学报), 2018, 40 (08): 9-14.

[15] 邵瑞 . 媒介素养 : 构建国际传播力的一种新途径 [J]. 东南传播 , 2015 (11): 90-92.

[16] 郭可 . 国际传播中的英语强势及影响 [J]. 现代传播 , 2002, (06): 26-29.

[17] 朱凤娟 . 浙江杭州地方性英文媒体发展现状及其建议 [J]. 东南传播 , 2011 (03): 116-117.

[18] 孙有中 . 外语教育与跨文化能力培养 [J]. 中国外语 , 2016 (03): 17-22.

[19] 郭英剑 . 国际传播是外语学科发展新趋向 [N]. 中国社会科学报 , 2022-09-13 (08).

[20] 李宝贵 , 刘家宁 . 区域国别中文国际传播研究 : 内涵、进展与优化策略 [J]. 语言文字应用 , 2022 (01): 44-45.

[21] 王周谊 . 高校学科组织建设与人才培养机制研究——以 "世界文明与区域研究协同创新中心" 为例 [J]. 学位与研究生教育 , 2014 (01): 46-49.

[22] 郭树勇．加强区域国别研究 [EB/OL]．中国共产党新闻网，(2016-02-14) [2023-09-14]．http://theory.people.com.cn/n1/2016/0215/c40531-28123693.html.

[23] 张清俐，宋瑞娟．深化区域与国别研究 [N]．中国社会科学报，2019-01-18 (001).

[24] 杜飞．"英语＋国别与区域研究"复合型人才培养路径探索——基于英语专业本科教学视角 [J]．浙江外国语学院学报，2020 (04): 57-63.

[25] 谢韬，陈岳，戴长征，等．构建中国特色的区域国别学：学科定位、基本内涵与发展路径 [J]．国际论坛，2022 (03): 3-35.

[26] 爱德华·霍尔．超越文化 [M]．居延安，等译．上海：上海文化出版社，1988.

[27] 吴赟．中国特色对外话语体系译介与传播研究：概念、框架与实践 [J]．外语界，2020 (06): 2-11.

[28] 吕俊．翻译学——传播学的一个特殊领域 [J]．外国语，1997 (02): 40-45.

[29] 彭清．传播视角下的民族典籍英译研究 [J]．安徽理工大学学报（社会科学版），2012, 14 (02): 83-86.

[30] 陈道德．传播学教程 [M]．武汉：武汉测绘科技大学出版社，1996.

[31] 沃尔夫拉姆·威尔斯．翻译学：问题与方法 [M]．上海：上海外语教育出版社，2001.

[32] 李云雷．何谓"中国故事" [N/OL]．中国作家网，(2014-01-24) [2023-09-14]．http://www.chinawriter.com.cn/wxpl/2014/2014-01-24/189861.html.

[33] 任仲文．讲好中国故事 [M]．北京：人民日报出版社，2017.

[34] 王一川．中国故事的文化软实力 [M]．南京：江苏人民出版社，2016.

[35] 习近平：讲好中国故事，传播好中国声音 [EB/OL]．求是网，(2021-06-02) [2023-09-14]．http://www.qstheory.cn/laigao/ycjx/2021-06-02/c_1127522386.htm.

[36] 戴木才．中国特色社会主义是改革开放以来党的全部理论和实践的主题 [EB/OL]．求是网，(2017-08-09) [2023-09-14]．http://www.qstheory.cn/dukan/hqwg/2017-08-09/c_1121455809.htm.

[37] 国防大学习近平新时代中国特色社会主义思想研究中心．中国特色社会主义：解决人类问题的中国方案 [N/OL]．光明网，(2019-06-05) [2023-09-14]．https://epaper.gmw.cn/gmrb/html/2019-06-05/nw.D110000gmrb_20190605_1-06.htm.

[38] 李泽泉．中国梦：国家梦、人民梦、世界梦 [N/OL]．浙江日报，(2013-05-17) [2023-09-14]．http://theory.people.com.cn/n/2013/0517/c40531-21520546.html.

[39] 文艺是最好的交流方式（习近平讲故事）[N/OL]．人民网，(2019-07-18) [2023-09-14]．http://paper.people.com.cn/rmrbhwb/html/2019-07-18/content_1936780.htm.

[40] 【每日一习话】中华优秀传统文化是中华民族的文化根脉 [EB/OL]. 央广网，(2021-08-30) [2023-09-14]. http://m.cnr.cn/news/20210830/t20210830_525583604.html.

[41] 习近平谈和平发展：让人类命运共同体建设的阳光普照世界 [EB/OL]. 求是网，(2019-05-13) [2023-09-14]. http://www.qstheory.cn/zhuanqu/bkjx/2019-05/13/c_1124484091.htm.

[42] 国际话语权 [EB/OL]. 百度百科，(不详) [2023-09-14]. https://baike.baidu.com/item/%E5%9B%BD%E9%99%85%E8%AF%9D%E8%AF%AD%E6%9D%83?fromModule=lemma_search-box.

[43] 张国祚 . 努力提高中国国际话语权 [N/OL]. 人民日报，(2017-05-16) [2023-09-14]. http://views.ce.cn/ view/ent/201705/16/t20170516_22849487.shtml.

[44] 王树成 . 争取国际话语权是我们这一代媒体人的使命 [N/OL]. 人民日报，(2016-12-29) [2023-09-14]. http://opinion.people.com.cn/n1/2016/1229/c1003-28984479.html.

[45] 李友梅 . 新论：讲好有世界意义的中国故事 [N/OL]. 人民日报，(2017-03-30) [2023-09-14]. http://theory.people.com.cn/n1/2017/0330/c40531-29179122.html.

[46] 张福海 . 坚持讲好中国故事、传播好中国声音 [EB/OL]. 求是网，(2018-10-31) [2023-09-14]. http://www.qstheory.cn/dukan/qs/2018-10/31/c_1123632534.htm.

[47] 习近平 . 高举中国特色社会主义伟大旗帜为全面建设社会主义现代化国家而团结奋斗——在中国共产党第二十次全国代表大会上的报告 [N/OL]. 人民日报，(2022-10-26) [2023-09-14]. http://politics.people.com.cn/n1/2022/1026/c1024-32551597.html.

[48] 中国社会科学院习近平新时代中国特色社会主义思想研究中心 . 加强我国国际传播能力建设 [N/OL]. 人民日报，(2022-10-27) [2023-09-14]. http://paper.people.com.cn/rmrb/html/2022-10/27/nw.D110000renmrb_20221027_2-10.htm.

[49] 习近平在中共中央政治局第三十次集体学习时强调 加强和改进国际传播工作 展示真实立体全面的中国 [EB/OL]. 人民网，(2022-06-02) [2023-09-14]. http://politics.people.com.cn/n1/2021/0602/c1024-32119745.html.

[50] 陈理 . 讲好中国故事，让世界更好了解中国 [J]. 党的文献，2020 (01): 12-16.

[51] 姜锋，李岩松 . 提升国际传播能力讲好中国故事 [N/OL]. 光明日报，(2021-06-07) [2023-09-14]. https://epaper.gmw.cn/gmrb/html/2021-06/07/nw.D110000gmrb_20210607_3-15.htm.

[52] 中共中央关于党的百年奋斗重大成就和历史经验的决议 [EB/OL]. 人民网，
(2021-11-16) [2023-09-14]. http://politics.people.com.cn/GB/n1/2021/1116/c1001-
32284163.html.

[53] 黄友义. 翻译要为国际传播与社会发展服务 [J]. 上海翻译，2022 (04): 1.

[54] 许钧. "创造性叛逆"和翻译主体性的确立 [J]. 中国翻译，2003 (01): 6-11.

[55] 张杰. 向世界讲好中国故事的翻译原则和策略 [J]. 理论与现代化，2019 (02):
122-128.

[56] 黄友义. 讲好中国故事 引领国际舆论 [J]. 公共外交季刊，2015 (01): 48-52.

[57] Jewitt C. An Introduction to Multimodality [A]. In C. Jewitt (ed.). The Routledge
Handbook of Multimodal Analysis [C]. London: Routledge, 2009: 14-27.

[58] 吴赟，牟宜武. 中国故事的多模态国家翻译策略研究 [J]. 外语教学，2022, 43 (01):
76-82.

[59] 翟石磊. 话语认同与话语协调：论政治话语翻译中的国家意识 [J]. 学术探索，
2017 (05): 28-34.

[60] 荷兰从中国购买 60 万只口罩有质量问题？中国大使回应 [EB/OL]. 人民网，
(2020-03-30) [2022-11-15]. https://baijiahao.baidu.com/s?id=1662544910260802070
&wfr=spider&for=pc.

[61] 杨振武. 把握对外传播的时代新要求 [N]. 人民日报，2015-07-01 (007).

[62] 计亚男.《红星照耀中国》何以历久弥新 [N/OL]. 光明网，(2022-07-01) [2023-09-
14] https://m.gmw.cn/baijia/2022-07/01/35852323.html.

[63] 刘蒙之，张焕敏. 非虚构写作：内涵、特点以及在我国兴起的多维因素 [J]. 媒介
批评，2017 (01): 216-224.

[64] 王树增. 关于《长征》的写作 [J]. 当代长篇小说选刊，2006 (06): 127.

[65] 方维规. 文学解释学是一门复杂的艺术——接受美学原理及其来龙去脉 [J]. 社会
科学研究，2012 (02): 109-137.

[66] 朱立元. 当代西方文艺理论 [M]. 上海：华东师范大学出版社，2014.

[67] 咸佩心，张冬昊. 讲好中国故事 助力中国文化走出去 [J]. 杭州，2019 (38): 62-63.

[68] 印心悦. "美好生活"的中国表达：媒介化视域中的"讲故事" [D]. 安徽大学，
2019.

[69] 常江，张毓强. 从边界重构到理念重建：数字文化视野下的国际传播 [J]. 对外传
播，2022 (01): 54-58.

[70] 何自然，谢朝群，陈新仁. 语用三论：关联论顺应论模因论 [M]. 上海：上海教育
出版社，2007.

[71] 习近平. 加强和改进国际传播工作 展示真实立体全面的中国 [J]. 经济导刊，2021 (05): 2.

[72] 江时学. 论中国的国际话语、话语权及话语力 [J]. 国际关系学研究，2023 (03): 3-19.

[73] 程曼丽. 国际传播主体探析 [J]. 中国传媒报告，2005 (04): 83-87.

[74] 周庆安. 当代中国国际传播的主体视野和身份认同变迁 [J]. 对外传播，2018 (11): 11-13.

[75] 李希光. 软实力与中国梦 [M]. 北京：法律出版社，2013.

[76] Potter E H. Cyber-diplomacy: Managing Foreign Policy in the Twenty-first Century [M]. Montreal: McGill-Queen's University Press, 2002.

[77] 程曼丽. 中国对外传播的历史回顾与展望 (2009—2017) [J]. 新闻与写作，2017 (08): 5-9.

[78] 张晶晶. 传播主体与中国法治传播实践的变迁 [J]. 政法论丛，2021 (06): 147-158.

[79] 高荣. 浅析互联网对国际传播的影响及策略 [J]. 今传媒，2010, 18(12): 131-132.

[80] 姜飞. 美的传播与传播美学——在"三个一百年"意识下讲好中国故事 [J]. 中国记者，2021 (07): 28-33.

[81] 齐卫平. 提升中国共产党执政话语国际传播力 [N/OL]. 人民论坛网，(2023-02-22) [2023-09-14]. http://www.rmlt.com.cn/2023/0222/666631.shtml.

[82] 周庆安. 超越有形疆界：全球传播中的公开外交 [M]. 北京：中国传媒大学出版社，2018.

[83] 沈国放，赵启正. 赵启正谈跨文化交流 [J]. 世界知识，2008 (04): 05-07.

[84] 程小玲. 公共外交视野下我国主流媒体的国际传播力研究 [D]. 武汉大学，2016.

[85] 重温习近平 8·19 讲话：宣传思想部门必须守土有责 [EB/OL]. 中国共产党新闻网，(2013-08-19) [2015-8-19] http://cpc.people.com.cn/xuexi/n/2015/0819/c385474-27483230.html.

[86] 李智. 国际传播 [M]. 北京：中国人民大学出版社，2016.

[87] 钟久萱. 和衷共济同心同行——专访全国人大常委会副委员长、九三学社中央主席韩启德 [J]. 中国统一战线，2011 (10): 9-13.

[88] 靳旭鹏. 中国企业国际传播的四大传播主体 [J]. 对外传播，2021 (03): 51-52.

[89] 邱凌. 国际传播案例库 [M]. 济南：山东大学出版社，2018.

[90] 刘俊梅. INGO 对华"灰色区域"贸易措施的国际法规制困境与应对 [J]. 重庆社会科学，2023 (12): 156-169.

[91] 宋莹莹，李艳.我国语言培训行业供需现状与发展规模 [N]. 语言文字报，2023-06-21 (02).

[92] 王巍.语言传播研究文献计量分析 [J]. 北京印刷学院学报，2023, 31 (04): 1-6.

[93] 宫兆轩.文化作为非政府组织公共议题的传播研究——以孔子学院为例 [J]. 当代传播，2013 (03): 49-51.

[94] 萨托利.政党与政党体制 [M]. 王明进，译.北京：商务印书馆，2006.

[95] 辞海编辑委员会.辞海.上海：上海辞书出版社，1999.

[96] 邵国松.社交媒体如何影响美国总统竞选 [J]. 人民论坛·学术前沿，2020 (15): 83-93.

[97] 黄志敏.国际传播民间传播者研究综述——结合李子柒个案分析 [J]. 新闻传播，2021 (07): 10-12.

[98] 靖鸣，杨瑾怡，冯馨瑶.回归起点：传者身份与身份传播——身份传播学的学科建构及其意义 [J]. 当代传播，2022 (01): 19-26.

[99] WILLIAMS A S. 从 W·E·B·杜波依斯到黑豹党：美国黑人在红色中国 [EB/OL]. 乌有之乡网刊，(2020-07-29) [2023-09-14]. http://www.wyzxwk.com/Article/lishi/2020/07/421604.html.

[100] 译研动态 | "外国人写作中国计划"成果发布暨签约仪式 [EB/OL]. 个人图书馆，(2017-08-23) [2021-05-19]. http://www.360doc.com/content/21/0519/13/75351763_977891002.shtml.

[101] 第 51 次《中国互联网络发展状况统计报告》[EB/OL]. 中国互联网络信息中心，(2023-03-02) [2023-09-14]. https://www.cnnic.cn/n4/2023/0303/c88-10757.html.

[102] 蔡文成，牟琛.日韩学界关于人类命运共同体理念的解读评析 [J]. 世界民族，2022 (06): 17-28.

[103] 中华人民共和国外交部主要职责 [EB/OL]. 外交部，(不详) [2023-09-14]. https://www.mfa.gov.cn/web/wjb_673085/zyzz_673087/.

[104] 外交部发言人办公室.【双语】例行记者会 /Regular Press Conference (2022-7-1) [EB/OL]. 腾讯网，(2022-07-02) [2023-09-14]. https://new.qq.com/rain/a/20220702A02AJS00.

[105] 公司简介 [EB/OL]. 华为，(不详) [2023-09-14]. https://www.huawei.com/cn/corporate-information.

[106] 华为投资控股有限公司 2022 年年度报告 [R/OL]. (不详) [2023-09-14]. https://www-file.huawei.com/minisite/media/annual_report/annual_report_2022_cn.pdf.

[107] Huawei Investment & Holding Co., Ltd. 2022 ANNUAL REPORT [R/OL]. （不详）[2023-09-14]. https://www-file.huawei.com/minisite/media/annual_report/annual_report_2022_en.pdf.

[108] 简介 - 中国国际中文教育基金会 [EB/OL]. 中国国际中文教育基金会，（不详）[2023-09-14]. https://www.cief.org.cn/jj.

[109] 理事长致辞 - 中国国际中文教育基金会 [EB/OL]. 中国国际中文教育基金会，（不详）[2023-09-14]. https://www.cief.org.cn/lsczc.

[110] President's Speech-Chinese International Education Foundation [EB/OL]. 中国国际中文教育基金会，（不详）[2023-09-14]. https://www.cief.org.cn/lsczc.

[111] 章程 - 中国国际中文教育基金会 [EB/OL]. 中国国际中文教育基金会，（不详）[2023-09-14]. https://www.cief.org.cn/zcc.

[112] 孔子学院未更名 改由基金会运行符合国际惯例 [EB/OL]. 中国新闻网，(2020-07-06) [2023-09-14]. https://www.chinanews.com.cn/gn/2020/07-06/9230535.shtml.

[113] 孙春兰出席国际中文教育大会并发表主旨演讲 [EB/OL]. 中华人民共和国中央人民政府，(2019-12-09) [2023-09-14]. https://www.gov.cn/guowuyuan/2019-12/09/content_5459817.htm.

[114] 林语堂 . My Country and My People [M]. 北京：外语教学与研究出版社，2000.

[115] 林语堂 . 吾国与吾民 [M]. 长沙：湖南文艺出版社，2018.

[116] 讲好中国故事 加强国际传播能力建设 | 理论 [EB/OL]. 腾讯网，(2022-06-01) [2024-03-12]. https://new.qq.com/rain/a/20220602A03YOA00.html.

[117] 陈大亮 . 谁是翻译主体 [J]. 中国翻译，2004 (02): 03-07.

[118] 查明建，田雨 . 论译者主体性——从译者文化地位的边缘性谈起 [J]. 中国翻译，2003 (01): 21-26.

[119] 许钧，穆雷 . 翻译学概论 [M]. 南京：译林出版社，2009.

[120] 中共中央马克思恩格斯列宁斯大林作编译局 . 马克思恩格斯选集：第 4 卷 . [M]. 北京：人民出版社，1998.

[121] Wolf M. Mapping the Field: Sociological Perspectives on Translation [J]. International Journal of the Sociology of Language, 2011. (207): 1-28.

[122] Lefever A. Translation, Rewriting and the Manipulation of Literary Fame [M]. Shanghai: Shanghai Foreign Language Education Press, 2004.

[123] Chesterman A. Questions in the Sociology of Translation in Translation Studies at the Interface of Disciplines, in Duarte J, Rosa A & T Seruya (eds), Translation Studies at the Interface of Disciplines [M]. Amsterdam /Philadelphia: John Benjamins Publishing Company, 2006.

[124] 习近平在中共中央政治局第三十次集体学习时强调 加强和改进国际传播工作 展示真实立体全面的中国 [EB/OL]. 国家文物局, (2021-06-01) [2024-02-01]. http://www.ncha.gov.cn/art/2021/6/1/art_722_168306.html61.

[125] 吴赟, 顾忆青. 国家对外话语战略的内涵与规划 [J]. 语言文字应用, 2019 (04): 44-53.

[126] 尹飞舟, 余承法, 邓颖玲. 翻译传播学十讲 [M]. 长沙：湖南师范大学出版社, 2021.

[127] Venuti L.The Translator's Invisibility: A History of Translation [M]. London and New York: Routledge, 1995.

[128] 程维. 跨文化传播视阈下的新闻编译——以《参考消息》防控甲流的几则新闻稿为例 [J]. 上海翻译, 2010 (03): 27-32.

[129] 沈苏儒. 对外报道教程 [M]. 北京：五洲传播出版社, 2004.

[130] 为祖国统一不惜一战，中国的内政轮不着外人管 | 小象漫评 [Z/OL]. 中国日报, (2022-06-20) [2023-09-14]. https://language.chinadaily.com.cn/a/202206/20/WS62affedba310fd2b 29e63be8.html.

[131] 2022 年 5 月 23 日外交部发言人汪文斌主持例行记者会 [EB/OL]. 外交部, (2022-05-23) [2023-09-14]. https://www.mfa.gov.cn/web/fyrbt_673021/202205/t20220523_10691438.shtml.

[132] 胡伟华, 郭继荣. 国际新闻编译中的译者主体意识及语言操控 [J]. 外语电化教学, 2019 (02): 61-66.

[133] 2020 年政府工作报告（双语全文）[R/OL]. 中国日报, (2020-06-01) [2023-09-14]. https://cn.chinadaily.com.cn/a/202006/01/WS603dab66a3101e7ce9741ac9_1.html.

[134] 美国人均预期寿命两年减少近三岁 新冠疫情是罪魁祸首 [EB/OL]. 中国日报网, (2022-09-02) [2023-09-14]. https://language.chinadaily.com.cn/a/202209/02/WS63114780a310fd2b29e75877.html.

[135] 岳静纯. 翻译伦理视角下译者主体性分析 [J]. 文学教育（下）, 2021 (06): 20-23.

[136] 黄友义, 李晶. 做好中央文献翻译 打通国际传播的最后一公里 [J]. 天津外国语大学学报, 2022, 29 (02): 1-10, 110.

[137] 王青. 关联理论视角下外宣翻译中译者的主体性 [J]. 河北科技师范学院学报（社会科学版）, 2013, 12 (03): 120-124.

[138] 中国共产党第十九届中央委员会第六次全体会议公报（双语全文）[R/OL]. 中国日报, (2021-11-12) [2023-09-14]. https://language.chinadaily.com.cn/a/202111/12/WS618dbd3aa310 cdd39bc74e5c.html.

[139] 邵培仁 . 传播学 [M]. 北京 : 高等教育出版 , 2007.

[140] 克劳斯·布鲁恩·延森 . 界定性与敏感性 : 媒介化理论的两种概念化方式 [J]. 曾国华 , 季芳芳 , 译 . 新闻与传播研究 , 2017 (01): 113-125.

[141] 马歇尔·麦克卢汉 . 理解媒介 : 论人的延伸 [M]. 南京 : 译林出版社 , 2019.

[142] 李梦圆 . 融媒时代国际新闻的在地化路径研究——以"侠客岛"为例 [J]. 新媒体研究 , 2021, 7 (05): 75-77.

[143] 张允若 . 外国新闻事业史教程 [M]. 北京 : 高等教育出版社 , 2003.

[144] 熊澄宇 , 廖毅文 . 新媒体——伊拉克战争中的达摩克利斯之剑 [J]. 中国记者 , 2003 (05): 56-57.

[145] 魏佳 . 论新媒体环境下"受众"新特征 [J]. 新闻爱好者 , 2009 (12): 19-20.

[146] 石磊 . 新媒体概论 [M]. 北京 : 中国传媒大学出版社 , 2009.

[147] 洪俊浩 . 从信息时代进入传播时代 , 我们准备好了吗？ [J]. 人民论坛·学术前沿 , 2021 (09): 96-110.

[148] 王晓辉 . 对外传播中不能仅注重"说什么", 还要思考"怎么说" [EB/OL]. 中国网 , (2019-05-15) [2019-05-16]. http://www.china. com.cn/opinion/think/2019-05/16/content_74791747.htm.

[149] 新华社"人工智能时代媒体变革与发展"课题组 . 国内外媒体应用人工智能的现状及影响 [J]. 中国记者 , 2020 (02): 4-9.

[150] Carey J W. Communication as Culture: Essays on Media and Society [M]. London: Routledge, 2009.

[151] 沈正赋 . 对话与传播 : 新时代对外传播的机制创新与全球化适应 [J]. 新闻战线 , 2019 (13): 55-58.

[152] 潘忠党 . 传播媒介与文化 : 社会科学与人文学研究的三个模式 (上) [J]. 学院话语 , 1996 (04): 8-14.

[153] 姜秋杰 . 符号语言学视角下城市形象传播媒介语言研究——以佛山市为例 [J]. 湖南大众传媒职业技术学院学报 , 2017, 17 (03): 21-24.

[154] 尚伟 . 新媒体语言的发展及其规范 [J]. 北华大学学报 (社会科学版), 2017, 18 (04): 11-15.

[155] 萨莫瓦 , 等 . 跨文化交际 [M]. 北京 : 外语教学与研究出版社 , 2000.

[156] Hoskin C, Mirus R. Reasons for the US Dominance of the International Trade in Television Programmes [J]. Media, Culture and Society, 1988 (10): 499-515.

[157] 新华通讯社 - 新华社简介 [EB/OL]. 新华社 , (不详) [2023-09-14]. http://203.192.6.89/xhs/xhsjj.htm.

[158] Full Text of the Report to the 20th National Congress of the Communist Party of China [EB/OL]. CHINADAILY, (2022-10-25) [2023-09-14]. https://www.chinadaily.com.cn/a/202210/25/WS6357e484a310fd2b29e7e7de.html.

[159] 习近平：高举中国特色社会主义伟大旗帜　为全面建设社会主义现代化国家而团结奋斗——在中国共产党第二十次全国代表大会上的报告 [R/OL].学习强国，(2022-10-25) [2023-09-14]. https://www.xuexi.cn/lgpage/detail/index.html?id=17478440677105407928&item_id=17478440677105407928.

[160] 何毅亭．党的二十大的重大意义 [N]. 学习时报，2022-11-11 (001).

[161] 中央广播电视总台招贤纳士进行时 [EB/OL]. 央视网，(2019-06-09) [2023-09-14]. http://m.news.cctv.com/2019/06/07/ARTIeT9Rz5dIy734Ycb5RxlN190607.shtml.

[162] ABOUT US-China Global Television Network [EB/OL]. CGTN,（不详）[2023-09-14]. https://www.cgtn.com/about-us.

[163] 中国印象 | 外国人的中国事 [EB/OL]. CGTN, (2022-10-10) [2023-09-14]. https://mp.weixin. qq.com/s/4-9xkDfqvOkU391Put2yAQ.

[164] 中国国际电视台新媒体：开启国际传播新时代 [EB/OL]. 中国记协网，(2017-11-23) [2023-09-14]. http://www.xinhuanet.com/zgjx/2017-11/23/c_136773282.htm.

[165] 中央广电总台国际在线 [EB/OL]. 国际在线，(2018-10-25) [2023-09-14]. https://news.cri.cn/20181025/3c9752d3-ff8e-b40b-63a4-402d59dd11c3.html.

[166] 外国人笔下的二十四节气小暑 [EB/OL]. 国际在线，(2022-07-07) [2023-09-14]. https://news.cri.cn/20220707/263b9b48-2605-bcb0-58a8-16f9fd093b6d.html.

[167] 外国人笔下的二十四节气寒露 [EB/OL]. 国际在线，(2022-10-08) [2023-09-14]. https://news.cri.cn/20221008/2c50c7c4-da13-a4d1-317f-fe894a8599a8.html.

[168] 外国人笔下的二十四节气小寒 [EB/OL]. 国际在线，(2023-01-05) [2023-09-14]. https://news.cri.cn/20230105/5237318c-aa47-78b5-70a0-3bd76083c6c4.html.

[169] 二十四节气 [EB/OL]. 百度百科，（不详）[2023-09-14]. https://baike.baidu.com/item/ %E4%BA%8C%E5%8D%81%E5%9B%9B%E8%8A%82%E6%B0%94/191597.

[170] 第 49 次《中国互联网络发展状况统计报告》[EB-OL]. 中国互联网络信息中心，(2022-02-25) [2022-04-01]. http://www.cnnic.cn/ n4/2022/0401/c88-1131.html.

[171] 习近平主持中共中央政治局第三十次集体学习并讲话 [EB/OL]. 中国政协网，(2021-06-02) [2022-04-22]. http://www.cppcc.gov.cn/zxww/2021/06/02/ARTI1622594657617104.shtml?eqid=ed8ec018003426c4000000066452104f.

[172] 马歇尔·麦克卢汉.理解媒介：论人的延伸 [M]. 3 版 (中译). 南京：译林出版社，2011.

[173] 黄芙蓉，黄琪，王芬.时政微视频：多模态话语讲好中国故事的政治传播实践：以人民日报《中国一分钟》等为例 [J]. 湖北第二师范学院学报，2021 (06): 102-108.

[174] 赵磊.强者通心：国际传播能力建设 [M]. 北京：国家行政学院出版社，2022.

[175] 福尔切维尔，尤里斯 - 亚帕拉西.多模态隐喻 [M]. 上海：上海外语教育出版社，2018.

[176] Gibbons A. Multi modality, Cognition, and Experimental Literature [M]. New York: Routledge, 2012.

[177] Kress G, Leeuwen V. Reading Images: The Grammar of Visual Design [M]. London: Routledge, 1996.

[178] 邵培仁.传播学 [M]. 3 版.北京：高等教育出版社，2015.

[179] 毛凌滢.互文与创造：从文字叙事到图像叙事 [J]. 江西社会科学，2007, (04): 33-37.

[180] 喻国明，胥伟岚.多模态融合：媒体传播的效能提升及其研究模式 [J]. 传媒观察，2021 (12): 14-20.

[181] 张生祥.翻译传播学：理论建构与学科空间 [J]. 湛江师范学院学报，2013, 34 (1): 116-120.

[182] 陈曦，潘韩婷，潘莉.翻译研究的多模态转向：现状与展望 [J]. 外语学刊，2020 (02): 80-87.

[183] Genette G. Paratexts: Thresholds of Interpretation [M]. Lewin J E, Trans. Cambridge: Cambridge University Press, 1997.

[184] Weissbrod R, Kohn A. Translating the Visual: A Multimodal Perspective [M]. New York: Routledge, 2019.

[185] Dong L. Mulan's Legend and Legacy in China and the United States [M]. Philadelphia: Temple University Press, 2010.

[186] 刘亚琼.习近平关于"讲好中国故事"的五个论断 [J]. 党的文献，2019 (02): 17-23.

[187] 刘燕南，谷征.我国国际传播受众研究的现状与问题探讨 [J]. 现代传播，2012, 34 (09): 24-28.

[188] 刘燕南，史利，等.国际传播受众研究 [M]. 北京：中国传媒大学出版社，2011.

[189] 史安斌，刘长宇.“乌卡”时代的解困型新闻：角色演进与发展态势 [J]. 青年记者，2021 (13): 95-98.

[190] 章晓杰，丁韬文. 讲好中国体育故事——奥林匹克频道的三重战略定位与多向融合维度 [J]. 电视研究，2022 (01): 33-36.

[191] 张颐武. 中华文明具有突出的和平性 [J]. 红旗文稿，2023 (12): 29-31.

[192] 牛慧清，丁韬文. 论中国脱贫攻坚纪录片国际传播的叙事逻辑 [J]. 现代传播 (中国传媒大学学报)，2022, 44 (03): 99-107.

[193] 陈积银，孙月琴. 数据资本化与资本数据化：数据资本主义的批判与应对 [J]. 探索与争鸣，2023, (11): 75-86.

[194] 陈云松，柳建坤. 当代中国国际传播：受众特征与提升路径 [J]. 中国浦东干部学院学报，2022, 16 (03): 84, 129-136.

[195] 丹尼斯·麦奎尔. 受众分析 [M]. 刘燕南，李颖，杨振荣，译. 北京：中国人民大学出版社，2006.

[196] 崔灿，钟新. 精准国际传播的内涵与实践策略 [J]. 对外传播，2022 (07): 4-7.

[197] 外交部：中方愿继续为建设绿色丝绸之路提供强大动能 [EB/OL]. 澎湃新闻，(2023-02-24) [2024-01-27]. https://baijiahao.baidu.com/s?id=17587001690995420005&wfr=spider&for=pc.

[198] 中国关键词. 绿色丝绸之路 [EB/OL]. 中国外文局，当代中国与世界研究院，中国翻译研究院 . (2023-01-16) [2023-09-14]. http://keywords.china.org.cn/2023-01/16/content_85062004.html.

[199] 柴尚金.“一带一路”的思想基础与时代意义 [J]. 前线，2018 (12): 4-8.

[200] 习近平出席“一带一路”国际合作高峰论坛开幕式并发表主旨演讲 [EB/OL]. 中国共产党新闻网，(2017-05-15) [2023-09-14]. http://cpc.people.com.cn/n1/2017/0515/c64094-29274591.html.

[201] 习近平出席亚太经合组织第二十九次领导人非正式会议并发表重要讲话 [EB/OL]. 新华网，(2022-11-18) [2023-09-14]. http://www.news.cn/politics/leaders/2022-11/ 18/c_1129139779.htm.

[202] Xi's Speech at 29th APEC Economic Leaders' Meeting [EB/OL]. XINHUANET, (2022-11-18) [2023-09-14]. https://english.news.cn/20221118/debc87ecfa2f4598a5047b0cc23a5e63/c.html.

[203] 【双语】例行记者会 /Regular Press Conference (2022-6-27) [EB/OL]. 外交部发言人办公室，(2022-06-28) [2023-09-14]. https://mp.weixin.qq.com/s/YmIgXwrNqfe8ebfeApk_cw.

[204] 习近平主持中共中央政治局第三十次集体学习并讲话 [EB/OL]. 中国政府网，(2021-06-01) [2023-09-14]. https://www.gov.cn/xinwen/2021-06-01/content_5614684.htm?lsRedirectHit=20481191&wd=&eqid=cfc434130000030700000004645df24c.

[205] 习近平在中共中央政治局第三十次集体学习时强调加强和改进国际传播工作展示真实立体全面的中国 [EB/OL]. 中华人民共和国司法部，(2021-06-01) [2023-09-14]. http://www.moj.gov.cn/pub/sfbgw/gwxw/ttxw/202106/t20210601_424961.html.

[206] 陈功. 跨越情感与文化的鸿沟：国际传播受众接受度研究 [J]. 现代传播，2021 (02): 71-77.

[207] 董璐. 传播学核心理论与概念 [M]. 2 版. 北京：北京大学出版社，2016.

[208] Nida E A. Principles of Correspondence: The Translation Studies Reader [M]. London: Routledge, 2021.

[209] 申莉. 汉语国际传播与中国文化认同 [J]. 人民论坛，2019 (01): 140-141.

[210] 霍尔. 超越文化 [M]. 何道宽，译. 北京：北京大学出版社，2010.

[211] 严进，杨珊珊. 叙事传输的说服机制 [J]. 心理科学进展，2016 (03): 1125-1132.

[212] 陈小慰. 文化外译受众意识的样本分析：以《中国文化读本英译为例》 [J]. 中国翻译，2015 (04): 76-82.

[213] 蒲红英，王吉祥. 翻译心理学视域下译者受众意识研究 [J]. 昌吉学院学报，2023 (02): 97-102

[214] 费孝通. 费孝通论文化与文化自觉 [M]. 北京：群言出版社，2007.

[215] 钟智翔. 中国故事与中国声音的跨文化翻译与传播 [J]. 天津外国语大学学报，2021, 28 (06): 25-29.

[216] 祝朝伟. 翻译的话语等效与对外话语传播体系创新 [J]. 中国外语，2020, 17 (02): 4-12.

[217] 马克思主义中国化时代化新篇章 [R/OL]. 中国日报，(2022-10-09) [2023-09-14]. https://language.chinadaily.com.cn/a/202210/19/WS634f6276a310f d2b29e7d58e.html.

[218] 携手推进"一带一路"建设. [R/OL]. 新华社，(2017-05-15) [2023-09-14]. http://language.chinadaily.com.cn/ 2017xuexi/2017-05/15/content_29848800.htm.

[219] MO Hong. Full Text of Xi Jinping's Speech on China-U.S. Relations in Seattle [EB/OL]. 中新网, (2015-09-24) [2019-05-07]. http://www.ecns.cn/2015/09-24/182360.shtml.

[220] TED 演讲：如何用英文介绍十二生肖？[G/OL]. 中国日报, (2020-09-22) [2023-09-14]. https://language.chinadaily.com.cn/ a/202009/22/ WS5f69ae64a31024ad0ba7b0e9.html.

[221] 田甜. 跨文化外宣翻译策略研究 [J]. 对外经贸, 2022 (06): 87-90.

[222] 罗慧芳. 新媒体时代加强国际传播能力建设的思考 [EB/OL]. 中国新闻网, (2022-09-20) [2023-09-14]. https://www.chinanews.com.cn/gn/2022/09-20/9856763.shtml.

[223] 哈艳秋, 齐亚宁. 试论中国主流媒体重大事件报道的国家形象传播策略 [N/OL]. 人民网, (2016-12-13) [2023-09-14]. http://media.people.com.cn/n1/2016/1213/ c408848- 28946045.html.

[224] 吴玉兰. 论公共关系视角下的企业品牌塑造 [D]. 华中科技大学, 2005.

[225] 罗昕. 中国网民群体在国际传播中的角色与引导 [J]. 人民论坛, 2022 (13): 34-37.

[226] 郑智斌, 李淑欢. 试论网络时代的个人传播 [J]. 江西社会科学, 2008, 261 (08): 235-239.

[227] 黎永泰, 李文勇. 试论企业文化传播的内涵和特点 [J]. 企业科技与发展, 2010, 284 (14): 217-218, 221.

[228] 李儒俊, 陈凌, 曹葳. 新媒体个人传播对个体文明进程影响研究 [J]. 新媒体研究, 2017, 3 (23): 74-75.

[229] 任翔. web1.0 还是 web3.0 [J]. 出版参考, 2010, (10): 15.

[230] 郭琳. 大数据背景下的智能个人传播之新探 [J]. 今传媒, 2015, 23 (09): 94-95.

[231] 汤天甜. 论中国国家形象宣传片的文化公关与价值输出 [J]. 南京社会科学, 2011 (03): 113-117, 149.

[232] 最新国家形象网宣片《PRC》[EB/OL]. 人民日报, (2023-03-10) [2023-09-14]. https://mp.weixin.qq.com/s/9w5DrTzPCEpqDreWHBRPvg.

[233] 听, 建筑在说话——向世界讲述"一带一路"故事 [EB/OL]. 中国建筑, (2023-01-11) [2023-09-14]. https://www.cscec.com/zgjz_new/xwzx_new/zqydt_ new/202301/3616879.html.

[234] 2022 中国企业国际形象建设十大优秀案例：《听, 建筑在说话 向世界讲述"一带一路"故事》[EB/OL]. 中国建筑, (2023-01-11) [2023-09-14]. https:// mp.weixin.qq.com/ s/Qj1PAA3CksedCeKOUqm-0w.

[235] 联合国驻华系统 [EB/OL]. 联合国在中国 ,（不详）[2023-09-14]. https://china. un.org/zh/about/about-the-un.

[236] The United Nations in China [EB/OL]. United Nations China,（不详）[2023-09-14]. https://china.un.org/en/about/about-the-un.

[237] 联合国 [EB/OL]. 百度百科 ,（不详）[2023-09-14]. https://baike.baidu.com/item/% E8%81%94%E5%90%88%E5%9B%BD/135426.

[238] 刘卓 . "非虚构" 写作的特征及局限 [J]. 文艺理论与批评 , 2018 (01): 113-120.

[239] 周宪 . 认同建构的宽容原则和差异逻辑 载《文学与认同 : 跨学科的反思》 [M]. 上海 : 中华书局 , 2008.

[240] 习近平 . 高举中国特色社会主义伟大旗帜为全面建设社会主义现代化国家而 团结奋斗—— 在中国共产党第二十次全国代表大会上的报告 [J]. 当代江西 , 2022, (11): 4-26.

[241] 董小英 . 叙事学 [M]. 北京 : 中国社会科学出版社 , 2001.

[242] 阮静 . 文化传播背景下讲好中国故事的原则和策略 [J]. 西南民族大学学报（人 文社会科学版), 2017 (05): 178-184.

[243] 邢军纪 . 试论当代中国 "非虚构文学" 的可能性 [J]. 解放军艺术学院学报 , 2011 (01): 60-62.

[244] 朱荣杞 . 论非虚构新闻的叙事逻辑及其表达困境 [J]. 视听 , 2021 (07): 181-182.

[245] 孙珉 , 谢勇 , 韦李珍 . 浸入式体验 : 用非虚构叙事讲好中国故事 [J]. 当代传播 , 2018 (06): 100-103.

[246] 盛芳 . 非虚构写作与 "中国梦" 的有效传播 [J]. 东南传播 , 2022 (02): 49-51.

[247]【中英双语】时代楷模——张桂梅 [R/OL]. 百鸣英语 , (2021-07-05) [2023-09-14]. https://mp.weixin.qq.com/s/ 28P_GoPL7HdqLk-e4vAr0g.

[248] China Keywords. The Spirit of the "Iron Man" [R/OL]. CICG, ACCWS, CATL, (2020-12-02) [2023-09-14]. http://www.china.org.cn/english/china_key_ words/2020-09/30/content_76767482.htm.

[249] 用英文讲述中国抗疫的故事 [R/OL]. Leo 英式英语 , (2020-12-02) [2023-09-14]. https://mp.weixin.qq.com/s/cxKtglLojGw-rmvwaad9Mw.

[250] Hello China 100 集全 (中英字幕) 你好！中国 [G/OL]. (2021-03-09) [2023-09-14]. https://www.bilibili.com/video/BV1iv411h7WT?p=50&vd_source=ff5c37956ec52e fa3a273538d5b4d7ff.

[251] 姬德强，朱泓宇．传播效果研究：从单一测量模式向复合型评估模式转型 [J]. 青年记者，2022 (13): 19.

[252] 王丰．新闻摄影的形象表现力及评价标准 [J]. 新闻传播，2009 (06): 37.

[253] 刘佳．国际战略视域下的中国国际传播能力建设评估体系研究 [J]. 中共中央党校（国家行政学院）学报，2022, 26 (04): 102-110.

[254] 史安斌，刘长宇．后疫情时代国际一流新型主流媒体的指标体系构建：理论探究与实践探索 [J]. 电视研究，2021 (02): 12-16.

[255] 约瑟夫·克拉珀．大众传播的效果 [M]. 单波，柯泽，译．北京：中国传媒大学出版社，2016.

[256] 王峰，黄磊．万物皆媒时代的国际传播路径研究 [J]. 对外传播，2022 (01): 18-22.

[257] 姬德强．平台化突围：我国国际媒体提升传播效能的路径选择 [J]. 中国出版，2021 (16): 8-11.

[258] 胡正荣．国际传播的三个关键：全媒体·一国一策·精准化 [J]. 对外传播，2017, (08): 10-11.

[259] 史慧琴，丁韬文，崔潇．提升讲好中国故事的实践效度——以"一带一路"为视角的观察 [J]. 青年记者，2019 (36): 54-56.

[260] 侯迎忠，玉昌林．智能时代的国际传播效果评估要素：研究回顾与趋势前瞻 [J]. 对外传播，2023 (01): 20-24.

[261] 柯惠新，陈旭辉，李海春，田卉．对外传播效果评估体系的框架研究，全国第一届对外传播理论研讨会论文集 [C]. 北京：中国传媒大学出版社，2009: 375-391.

[262] 李宇．国际传播效果评估的数据驱动与受众调查——以美国全球传媒署为例 [J]. 现代视听，2022 (07): 84-88.

[263] 长月烬明全网主要成绩记录贴 [Z/OL]. 豆瓣，(2023-04-09) [2023-09-14]. https://www.douban.com/group/topic/ 286441761/?_i= 7054994GYnWgFm, 7055184Gql3Tq1.

[264] 《长月烬明》火到国外，看完中国神仙谈恋爱，外国网友说…… [N/OL]. 21 世纪英文报，(2023-05-09) [2023-09-14]. https://mp.weixin.qq.com/s/j7bp2CIgdGrhrvxDjHEK0Q.

[265] 仙侠剧《长月烬明》：敦煌异彩 东方神话 [N/OL]. 中国艺术报，(2023-04-19) [2023-09-14] https://baijiahao.baidu.com/s?id=1763575939530919645&wfr=spider&for=pc.

[266] 习近平在第七十五届联合国大会一般性辩论上的讲话（全文）[EB/OL]. 中国人民政治协商会议全国委员会, (2020-09-23) [2023-09-14]. http://www.cppcc.gov.cn/zxww/2020/09/23/ARTI1600819264410115.shtml?eqid=b7c916160005c0f600000006646143c7.

[267] 刘世昕, 张国, 胡春艳, 等. 现代化新征程的美丽之变 [N]. 中国青年报, 2022-10-22 (004).

[268] 碳中和愿景下我国能源转型五大路径 [J]. 中国石油企业, 2022 (07): 32-33.

[269] 双语丨实现"双碳"目标是一场广泛而深刻的变革 [J/OL]. 理论 ABC, (2022-07-14) [2023-09-14]. https://mp.weixin.qq.com/s/eHfa_mfBMAY9VjCmsZ_eaw.

[270] 王金南, 蔡博峰. 打好碳达峰碳中和这场硬仗 [J]. 中国信息化, 2022 (06): 5-8.

[271] CBN|6th CIIE kicks off in Shanghai [EB/OL]. 21 经济网, (2023-11-06) [2024-01-27]. https://www.21jingji.com/article/20231106/herald/e3c6ff13afffc5b4ec27605a8bda1ac6.html.

[272] 一图尽览|《第六届进博会传播影响力报告》[EB/OL]. 中国国际进口博览会, (2024-01-09) [2024-01-27]. https://mp.weixin.qq.com/s/UTSs19AA4Ddpp6PN-mYFGw.

[273] 李强出席进博会开幕式并演讲，说了 3 个故事 [EB/OL]. 凤凰网, (2023-11-05) [2024-01-27]. https://ent.ifeng.com/c/8USfpaIKuV1.

[274] Jauss H R. Toward an Aesthetic of Reception [M]. Minneapolis: University of Minnesote Press, 1982.

[275] 胡经之, 王岳川. 文艺美学方法论 [M]. 北京：北京大学出版社, 1994.

[276] 张琳. 接受美学视域下短视频如何"讲好中国故事"[J]. 青年记者, 2020 (29): 73-74.

[277] 朱立元. 接受美学导论 [M]. 合肥：安徽教育出版社, 2004.

[278] 张亚丽.《红星照耀中国》的读者意识——从外国人写作中国故事的角度 [J]. 青年记者, 2020 (30): 100-101.

[279] 喻季欣, 郭攀. "讲好中国故事"的文本思考 (一) 精粹中蕴张力 张力中显传播力 [J]. 新闻与写作, 2015 (01): 90-92.

[280] 黄友义.坚持"外宣三贴近"原则，处理好外宣翻译中的难点问题 [J]. 中国翻译, 2004 (06): 29-30.

[281] 孟婧勍 . 接受美学理论在文化传播活动中的应用 [J]. 文化产业，2022 (28):
75-77.

[282] 程曼丽 . 讲好中国故事的传播战略 [J]. 对外传播，2017 (08): 12-13.

[283] 姚洪磊 . 家乡的记忆·生存的真理·生活的诗意——纪录片《舌尖上的中国》
的观照与呈现 [J]. 传媒观察，2015 (02).

[284] 曹茹，郭小旭 . 从接受美学看媒体如何讲好中国故事——隐喻、母题与适度陌
生化 [J]. 出版发行研究，2018 (10): 27-31.

[285] 王嘉婧 . 国家形象塑造中的"中国故事"内容选择 [J]. 新闻界，2016 (18).

[286] 为发展中国家提供宝贵减贫经验（国际人士见证中国决胜全面建成小康社会）
[R/OL]. 人民网，(2020-12-15) [2023-09-14]. http://hi.people.com.cn/n2/2020/1215/
c231187-34474442.html.

[287] 赵艳明，魏铭辰 . 合拍纪录片对外传播叙事的积极实践——以《中国：变革故事》
为例 [J]. 中国电视，2020 (06): 62-67.

[288] 刘涛 . 解读伊瑟尔的"召唤结构" [J]. 文艺评论，2016 (03): 56-60.

[289] 刘小燕，司显柱 . 接受美学视阈下新华社"两会"对外报道模式的嬗变——兼
论媒体如何讲述好中国故事 [J]. 传媒，2017 (13).

[290] 朱鸿军，郑雨珂 . 数字时代算法对国际传播的格局重构 [J]. 对外传播，2022 (11):
9-12.

[291] 张洪忠，任吴炯，斗维红 . 人工智能技术视角下的国际传播新特征分析 [J]. 江西
师范大学学报 (哲学社会科学版), 2022, 55 (02): 111-118.

[292] 程明，赵静宜 . 论智能传播时代的信息生产：流程再造与信息连通 [J]. 编辑之友，
2020 (09): 56-61.

[293] 张洪忠，赵蓓 . 人工智能时代，如何加强我国国际传播能力建设 [EB/OL]. 中国
网 信 杂 志，(2022-04-11) [2023-9-24]. https://mp.weixin.qq.com/s/ssxdUwoeupiy
Xdr6T7Vucg.

[294] 唐炜妮 . 人工智能时代，如何加强我国国际传播能力建设 [N/OL]. 中国新闻网，
(2022-09-24) [2023-09-14]. https://m.chinanews.com/wap/detail/cht/zw/ft9859765.shtml.

[295] 杜小真 . 福柯集 [M]. 上海：上海远东出版社，2003.

[296] 张兵 . 数字时代国际传播基本内涵的多重变迁及创新路径研究 [J]. 对外传播，
2023 (04): 71-75.

[297] 达雅·基山·屠苏. 国际传播：沿袭与流变 [M]. 3 版. 上海：复旦大学出版社，2022.

[298] 程曼丽. 多维建构"数字中国"国际传播话语体系 [N]. 中国社会科学报，2023-01-05 (003).

[299] 王悠然. 体验式媒体引发新闻业转变 [N]. 中国社会科学报，2019-11-6 (003).

[300] 曾祥敏，翁旭东，贾盛云. 视听中国：创新文化传播的话语再造与场景重构 [J]. 电视研究，2022 (12): 27-31.

[301] 赵瑜. 叙事与沉浸：Bilibili "互动短视频"的交互类型与用户体验 [J]. 西南民族大学学报（人文社会科学版），2021, 42 (02): 129-134.

[302] 克劳福德. 游戏大师 Chris Crawford 谈互动叙事 [M]. 方舟，译. 北京：人民邮电出版社，2015.

[303] 姜飞，袁玥. 回应世界之问：新时代人类命运共同体对外传播的四个面向 [J]. 传媒观察，2022 (11): 5-12.

[304] 王晨佳，陆航. 数字时代中国话语国际传播的问题与应对策略 [J]. 陕西师范大学学报（哲学社会科学版），2022, 51 (05): 167-176.

[305] 吴安萍. 大数据、跨学科与多模态话语研究 [M]. 杭州：浙江大学出版社，2019.

[306] 陈峻俊，符家宁. 数字时代红色文化影像国际传播力提升的新进路 [J]. 西华大学学报（哲学社会科学版），2022, 41 (04): 18-26.

[307] 中英双语 | 和音："科技冬奥"展现共创美好未来的力量 [EB/OL]. People Daily, (2022-02-17) [2023-09-14]. https://mp.weixin.qq.com/s/5Cl_Qy4IMbpsxHh2gXzNpw.

[308] 一文读懂！北京冬奥会开幕式背后的"黑科技" [EB/OL]. 网信兴安，(2022-02-08) [2023-09-14]. https://mp.weixin.qq.com/s/JwRokVAkegVjqRSnjfRkvQ.

[309] 北京冬奥口号"一起向未来" 五个字传递怎样的愿景 [EB/OL]. 中国新闻网，(2021-09-17) [2023-09-14]. https://www.chinanews.com.cn/ty/2021/09-17/9568047.shtml.

[310] 科技让北京冬奥会更精彩 [EB/OL]. 广播融媒中心，广东新闻广播，(2021-02-15) [2023-09-14]. https://mp.weixin.qq.com/s/fPgstUg_VyA_LlDZ3avSkQ.

[311] 中国故事丨"数字敦煌"：把过去献给未来 [EB/OL]. 新华社，(2023-07-02) [2023-09-14]. https://news.ifeng.com/c/8R5TEV0qwjQ.

[312] CD 君. 数字敦煌！带你云端畅享"墙壁上的百科全书"…… [EB/OL]. China Daily, (2022-11-15) [2023-09-14]. https://mp.weixin.qq.com/s/-TfTEV-ACAPDyslb0upqhA.

[313] 学部君. 行走中国｜中国传媒大学携手中国日报推出国际传播融视频作品 [EB/
OL]. 中国传媒大学, (2022-10-18) [2023-09-14]. https://mp.weixin.qq.com/s/
N3b1yXMWZIUN6HqgREv8sw.

[314] 把敦煌故事讲给世界听 [EB/OL]. 敦煌研究院, (2021-01-22) [2023-09-14]. https://
www.dha.ac.cn/info/1019/1352.htm.

[315] 上海城市形象资源共享平台今天上线！ IP SHANGHAI 发布全球征集令 [EB/
OL]. 上海发布, (2021-11-08) [2023-09-14]. https://mp.weixin.qq.com/s/owncyC4IHL
RCOR5pbTUXMQ.

[316] 看见更美的上海, IP SHANGHAI 首获全国性奖项 [EB/OL]. IP SHANGHAI,
(2023-06-16) [2023-09-14]. https://mp.weixin.qq.com/s/V9phYiYfNLdEIIcG_
ebMdQ.

[317] 推动城市推广新模式, IP SHANGHAI 上线一年再出发！ [EB/OL]. 文汇
报 , (2022-11-08) [2023-09-14]. https://mp.weixin.qq.com/s/pNTP1j_LQPAS_
dyXQWRP6Q.

[318] 鲍志恒. IP SHANGHAI, 一种新的城市形象叙事 [EB/OL]. 澎湃全媒体实验
室 , (2023-06-05) [2023-09-14]. https://mp.weixin.qq.com/s/bc2DR4Twwkj_
kshTcNewsw.

[319] IP SHANGHAI 迎来一周岁, 带你看见数字世界的上海 [EB/OL]. IP SHANGHAI,
(2022-11-01) [2023-09-14]. https://mp.weixin.qq.com/s/I8BmGFXK6erxfbJ981kT3g.

[320] 道金斯. 自私的基因 [M]. 卢允中, 张岱云, 王兵, 译. 长春: 吉林人民出版社 ,
1998.

[321] 赵艳, 李妍. 探析模因论视角下的中英文混用现象 [J]. 学园 (教育科研), 2012
(11): 20-21.

[322] 薛锋. 从语用三论看语用信息学研究 [D]. 华中科技大学 , 2009.

[323] Blackmore S. The Meme Machine [M]. Oxford: Oxford University Press, 1999.

[324] 王雪瑜. 模因论下观等值翻译的层次性 [J]. 湖北第二师范学院学报 , 2011, 28
(06): 113-116.

[325] Dawkins R. The Selfish Gene [M]. New York: Oxford University Press, 1976.

[326] 刘月辉. 商业广告语言强势模因的顺应性研究 [D]. 湖南农业大学 , 2012.

[327] 何自然. 语言中的模因 [J]. 语言科学 , 2005 (06): 54-64.

参考文献

[328] Heylighen F. What Makes a Meme Successful? Selection Criteria for Cultural Evolution. [C]. 15th International Congress on Cybernetics, 1998: 418-423.

[329] 陈检英. 语言模因产生的隐喻机制 [J]. 文教资料, 2009 (33): 26-28.

[330] 常威, 孙芳琴. 模因论对英语教学的启示 [J]. 黔西南民族师范高等专科学校学报, 2010 (01): 65-68.

[331] 蔡朝晖, 刘宇松. 语言模因与大学英语口语教学 [J]. 安徽工业大学学报 (社会科学版), 2013, 30 (02): 93-94.

[332] 邹嘉晖. 谈模因论在大学英语口语教学中的指导作用 [J]. 辽宁师专学报 (社会科学版), 2018 (04): 59-60.

[333] 邵萍, 仲红实. 模因理论视角下的跨文化意识培养研究 [J]. 山东社会科学, 2012 (06): 160-162.